高等医学教育教材

供医学及医学相关专业使用

医学生职业发展与就业指导教程

第5版

主　编　全　艳　王彩霞

副主编　王　莹　陈婷婷　方　坤　李　昶

编　委　（以姓氏笔画为序）

马维艳（大庆市人民医院）　　　　闫泽源（哈尔滨医科大学）

王　莹（齐齐哈尔医学院）　　　　李　玉（哈尔滨医科大学）

王　然（哈尔滨医科大学）　　　　李　昶（大庆医学高等专科学校）

王廷华（牡丹江医科大学）　　　　李茹冰（哈尔滨医科大学）

王彩霞（哈尔滨医科大学）　　　　杨婷惠（哈尔滨医科大学）

乌日乐（哈尔滨医科大学）　　　　吴彬彬（哈尔滨医科大学）

方　坤（哈尔滨医科大学）　　　　陈婷婷（齐齐哈尔医学院）

孔令杉（哈尔滨医科大学）　　　　罗秋莎（哈尔滨医科大学）

全　艳（哈尔滨医科大学）　　　　赵小文（哈尔滨医科大学）

刘单单（哈尔滨医科大学）　　　　高靖宇（哈尔滨医科大学）

刘潇潇（哈尔滨医科大学）　　　　曹　鹏（哈尔滨医科大学）

人民卫生出版社

·北　京·

版权所有，侵权必究！

图书在版编目（CIP）数据

医学生职业发展与就业指导教程 / 全艳，王彩霞主
编 . -- 5 版 . -- 北京 : 人民卫生出版社，2025. 7.
ISBN 978-7-117-38231-1

Ⅰ. G647.38

中国国家版本馆 CIP 数据核字第 202594U81A 号

人卫智网	www.ipmph.com	医学教育、学术、考试、健康，
		购书智慧智能综合服务平台
人卫官网	www.pmph.com	人卫官方资讯发布平台

医学生职业发展与就业指导教程
Yixuesheng Zhiye Fazhan yu Jiuye Zhidao Jiaocheng
第 5 版

主　　编：全　艳　王彩霞
出版发行：人民卫生出版社（中继线 010-59780011）
地　　址：北京市朝阳区潘家园南里 19 号
邮　　编：100021
E - mail：pmph @ pmph.com
购书热线：010-59787592　010-59787584　010-65264830
印　　刷：廊坊一二〇六印刷厂
经　　销：新华书店
开　　本：850×1168　1/16　　印张：14
字　　数：385 千字
版　　次：2009 年 8 月第 1 版　　2025 年 7 月第 5 版
印　　次：2025 年 8 月第 1 次印刷
标准书号：ISBN 978-7-117-38231-1
定　　价：62.00 元

打击盗版举报电话：**010-59787491**　**E-mail：WQ @ pmph.com**
质量问题联系电话：**010-59787234**　**E-mail：zhiliang @ pmph.com**
数字融合服务电话：**4001118166**　　**E-mail：zengzhi @ pmph.com**

前　言

本教材首次出版以来,分别于2009年、2012年、2015年、2019年进行了出版和再版。每一次再版都紧密结合国家有关大学生就业创业的最新政策和就业形势的变化,以及医学生职业发展的新趋势,进行了相应的调整和修订。本版教材保持了上一版的十章架构和体例,以"认清自我、认清现实、理性决策、有效行动"为脉络,融入了职业生涯规划的基础理论知识,意在引导学生积极探索,认清新时代医学职业所面临的新形势、新任务、新目标,把握就业新政策、新保障、新权益。通过每个章节的实操训练,让学生熟练掌握新时代的就业应聘技巧与创新创业的基本程序和规则,培养健康中国所需的创新精神和创业能力。本次再版理由和价值包括:

一、注入新精神、新政策。党的二十大提出,要推进健康中国建设,把保障人民健康放在优先发展的战略位置,围绕保民生、创新创业和就业提出了一系列新政策、新要求。新版教材以党的二十大为指导,尤其是党的二十届三中全会精神,对进一步全面深化改革、推进中国式现代化做出战略部署。习近平总书记强调:"人民至上、生命至上应该是全党全社会必须牢牢树立的一个理念。"新版教材将以人民为中心的各项新政策新要求贯穿新教材始终,为培养符合中国式现代化建设的医学人才服务。

二、适应社会变化,更新教材内容。三年新型冠状病毒感染疫情给全社会带来了巨大变化,我国医疗卫生事业面临强化公共卫生体系、传染病预防教育以及危机管理等重大课题。新版教材增加了医学生应该具备的后疫情时代基本技能与素养的内容,同时反映了自2023年起取消毕业生就业报到证、线上面试和签约比重加大等新变化。

三、更新教材理念,迎接新机遇新挑战。《中华人民共和国国民经济和社会发展第十四个五年规划和2035年远景目标纲要》为健康医疗创新创业谋划了新的愿景,为医学生就业创业提供了良好的机遇,同时也为医学生就业带来了新的挑战和考验。新版教材与时俱进,更新理念,融入新政策、新目标、新理念,增强了教材的思想性、时代感和针对性。

四、强化育人观念,提升就业指导的可操作性。2024年5月,首届全国大学生职业规划大赛总决赛在上海举办,这是国内首次以促进大学生高质量充分就业为目标而设置的全国性赛事。大赛以"筑梦青春志在四方,规划启航职引未来"为主题,以立德树人、就业育人为主线,努力打造强化生涯教育的大课堂、促进人才供需对接的大平台、服务毕业生就业的大市场,更好实现以赛促学、以赛促教、以赛促就的目标。基于此,新版教材在原教材基本框架之内,紧紧围绕立德树人的核心要求,提升教材的育人效果,增强医学生"献身医学,忠于人民"的信念,同时增加就业指导训练的具体实操性,进而提升医学生全面发展的能力,使医学生切实掌握服务人民健康的真实本领,勇于探索创新,为国家医疗卫生事业发展、增进人民健康福祉作出应有贡献。

参加教材编写的是各高校从事大学生职业生涯规划及就业指导工作的管理者、教师、学生辅导员、其他相关工作人员和研究者。本教材的修订过程得到了编者所在院校领导的大力支持,在此表示衷心感谢!在本书的编写及修订过程中,我们参阅了国内外大量的文献、资料,在此向所有引文作者深表敬意和诚挚的谢意!我们也意识到,主观愿望与现实之间总会有差距。由于水平和经验的局限,教材中的错误与疏漏在所难免,恳请专家、同仁及广大读者给予批评指正,编者将不胜感激。

主编

2025 年 3 月

目　录

第一章　生涯唤醒

广大青年要肩负历史使命,坚定前进信心,立大志、明大德、成大才、担大任,努力成为堪当民族复兴重任的时代新人,让青春在为祖国、为民族、为人民、为人类的不懈奋斗中绽放绚丽之花。

——习近平总书记

> **知识点**
>
> 　　通过本章的学习,唤醒医学生职业生涯规划的意识,帮助医学生正确认识职业及生涯,了解职业生涯基础理论,掌握职业生涯规划的设计步骤;理解医学专业及医学教育的培养目标,明确医学生学业规划的特殊性;增强对医学生职业生涯规划和学业规划的理解与感悟,主动开启自己的职业生涯探索与学业规划。

第一节　你想从事什么样的职业

【迷惘与疑惑】

小张是某医科大学大四的学生。随着毕业季的临近,他和同班同学一样,面临着就业还是继续深造的选择难题。起初,小张受到身边同学的影响,一心想要进入知名医院,认为这才是成功的标志。然而,他忽视了个人兴趣和能力与职业的匹配,盲目地参加各种医院的面试,于是屡遭挫败,自信心严重受挫。在一次偶然的机会中,小张参与了一个关于职业生涯规划的讲座,他开始反思自己的职业规划是否过于单一和功利。讲座中提到,正确的择业应当基于个人兴趣、能力、市场需求及长远发展等多方面因素综合考量。深受启发的小张开始尝试从不同角度审视自己的职业道路。

【理论解析】

一、职业的含义

职业是人们在社会中所从事的作为谋生手段的工作。从社会角度看,职业是劳动者获得的社会角色,劳动者为社会承担一定的义务和责任,并获得相应的报酬;从国民经济活动所需要的人力资源角度来看,职业是指不同性质、不同内容、不同形式、不同操作的专门劳动岗位。

二、生涯的含义

《现代汉语词典》(第7版)对"生涯"一词的解释为:指从事某种活动或职业的生活。还有学者认为：广义的生涯，指社会个体在其整个生命活动的时空中所经历的以接受教育（培训）与职业转换为主轴的一切活动的总和；狭义的生涯，既可以指社会个体在其某一段生命活动的时空里所经历的以教育（培训）与职业转换为主轴的一切活动的总和，也可以指社会个体在其某一生命活动的时空里所经历的以非教育（培训）与职业转换为主轴的一切活动的总和。目前，大多数西方学者所接受的生涯的定义是唐纳德·E·舒伯（Donald E. Super）于1976年提出的论点：生涯是生活里各种事件的演进方向和历程，它统合了人一生中的各种职业和生活角色，由此表现出个人独特的自我发展形态。生涯也是人生从青春期到退休后，一连串有酬或无酬职位的综合。除了职业之外，还包括任何与工作有关的角色，如学生、退休者，甚至包含家庭和公民的角色。

简单来说，生涯就是一个人终身的经历，确定并阐述了人一生所经历的各种角色、所处的各种环境，以及经历的有计划或无计划的事件。每个人都有属于自己的生涯，每个人的生涯都在他自己的脚下进行着，或默默无声，或轰轰烈烈。生涯像水一样流动，你可以通过自我寻觅与探索去改变它的流向，也可以通过行为的调整来完善它，从而提升它的高度。即使社会存在诸多因素不断影响着你生涯的发展，但是你可以从现在开始，认识自己，掌握生涯，贴近生命。

三、职业生涯的含义

麦克弗兰德（McFarland）曾经指出，职业生涯是指一个人依据心中的长期目标所形成的一系列工作选择，包括其相关的教育或培训活动，是有计划的职业发展历程。简单来说，职业生涯是指一个人一生连续从事的职业、职务、职位的过程。人们一生的职业历程，有着种种不同的可能：有的人从事这种职业，有的人从事那种职业；有的人一生变换多种职业，有的人终身位于一个岗位上；有的人不断追求、事业成功，有的人穷困潦倒、无所作为。造成人们职业生涯的差异的因素，有社会环境的影响，也有个人能力、心理、机遇等方面的差异。

【实践指导】

一、职业生涯规划的简易法——"5W法"

1. "5W法"基本内涵　进行职业生涯规划，也可使用一些简便易行的方法。下面向同学们介绍一种"5W法"——用5个"W"归零思考。5个"W"分别是：

（1）Who am I ?（我是谁？）

（2）What will I do ?（我想做什么？）

（3）What can I do ?（我会做什么？）

（4）What does the situation allow me to do ?（环境支持或允许我做什么？）

（5）What is the plan of my career and life ?（我的职业与生活规划是什么？）

2. 运用步骤　先取出五张白纸，一支铅笔，一块橡皮。在每张纸的最上面分别写好上述五个问题。然后，静下心来，排除干扰，按照顺序独立地仔细思考每一个问题。表1-1为前四个问题的回答要点。

如果能够成功回答第五个问题"我的职业与生活规划是什么？"，你就有了最后的答案。做法是：把前四张纸和第五张纸一字排开，然后认真比较第一至第四张纸上的答案，将内容相同或相近的答案用一条横线连起来，你会得到几条连线，其中处于上面的线，是你应该去做的事情，你的职业生涯就应该以此为方向。

表 1-1　职业生涯规划归零思考法各问题回答要点参考表

问题	问题理解	回答要点
1. 我是谁	• 我的性格特点 • 我的特长和能力 • 我的理想 • 我对未来的规划 • 别人对我的评价	认真地分析自己,写下真实答案,反复检查是否有遗漏,若有遗漏则进行补充直至完善,最后按重要程度进行排序
2. 我想做什么	• 我梦寐以求的职业领域是什么 • 童年时期我所憧憬的梦想是什么 • 中学时代我所向往的理想是什么 • 目前我所追求的理想有何变化 • 父母对我的期望有哪些 • 我坚定不移想要从事的职业是什么	从孩童时代开始,追溯自己想要从事的理想职业是什么,然后以年龄增长为线索,列出自己不同年龄、不同阶段的理想职业,然后再进行排序
3. 我会做什么	• 在童年时期,我取得的成就有哪些 • 在小学阶段,我所做出的杰出事迹是什么 • 在中学时期,我取得了哪些成功 • 在大学期间,我有哪些值得骄傲的成就 • 我自认为具备哪些能力 • 在他人眼中,我拥有哪些能力	全面总结自己的能力和潜力,分析自己的兴趣爱好、对一件事的坚持时间和努力程度、对待突发情况的判断能力和执行能力、知识结构是否清晰、知识掌握是否全面、能否主动学习等
4. 环境支持或允许我做什么	• 我能够从室友那里得到哪些帮助和支持 • 我能从同学那里获得哪些帮助和支持 • 学院能够为我提供哪些助力 • 学校能够给予我哪些支持 • 城市能够为我带来哪些支持	从宿舍、班级、学院、学校等由小及大进行环境分析,了解自己在这些环境中能够获得的有利条件和支持,然后按照重要性进行排序

二、测测自己将来想要做什么

高中生涯的终极目标是大学,而大学或研究生阶段则是通向职场的桥梁。作为一名本科生或研究生,你是否曾深思熟虑过自己梦想中的工作是何种模样?在职场的舞台上,你渴望追求的究竟是什么?以下这份测评或许能为你指点迷津。

(一) 不同观点和态度

在以下题目中,你将发现两种不同的观点和态度,A 与 B。请仔细比较,并选择与你日常思考更为接近的选项。

1. A. 做事果断,认为即使有所损失,以后可以再挣回来。

　B. 做事三思而后行,没有切实可靠的赢利把握就不着手做。

2. A. 经济实力是国家繁荣的关键。

　B. 军事力量的强化是国家繁荣的基石。

3. A. 想成为政治家。

　B. 想成为法官。

4. A. 对一个人的了解,始于他 / 她的穿着打扮或居住条件。

　B. 认识一个人不能够仅从外表进行判断。

5. A. 为了大刀阔斧地工作,必须养精蓄锐。

　B. 必要时愿意随时献血。

6. A. 愿意领养孤儿并抚养他们。

　B. 不愿意让其他人在自己家中留宿。

7. A. 购买汽车时,会首要考虑适合全家乘坐的大型车。
   B. 购买汽车时更注重外观和颜色。

8. A. 注意自己和他人的着装。
   B. 对自己和他人的事情不太在意。

9. A. 结婚前确保自己有稳定的住所。
   B. 认为当前的事情最重要,不考虑将来。

10. A. 与他人相处时考虑周全,被认为是细心的人。
    B. 认为自己是一个有判断力的人。

11. A. 不随波逐流,认为自己的生活方式与众不同也无妨。
    B. 愿意与人比较,认为别人有的自己也应该有。

12. A. 为能得到荣誉而努力学习或工作。
    B. 心地善良,乐于在幕后帮助不幸的人。

13. A. 常常自以为是,认为自己的观点总是正确的。
    B. 比较客观,认为必须尊重他人的价值观。

14. A. 希望自己的婚礼能受到媒体关注,并得到赞助。
    B. 希望自己的婚礼比别人的更盛大。

15. A. 被认为有远见,能够预测未来。
    B. 被认为是果断的人。

16. A. 有事业心,即使是小店面也愿意自己经营。
    B. 不愿意从事被人轻视的工作。

17. A. 非常关心佣金和利息。
    B. 在陌生的环境里,对自己的能力和适应性十分关心。

18. A. 认为只有成功的人生才有意义。
    B. 认为人们应该互相帮助。

19. A. 在社会地位和收入之间,更看重前者。
    B. 认为稳定比社会地位更实际。

20. A. 对社会惯例并不重视。
    B. 善于表达并且有幽默感,经常被邀请主持婚礼。

21. A. 乐于与独居老人交谈。
    B. 不愿意为他人做事,觉得麻烦。

22. A. 每天都过得非常充实。
    B. 常常得过且过,只要有足够的生活费就不想工作。

23. A. 认为学习在一生中非常重要,有空就想学习。
    B. 经常考虑如何让别人喜欢自己。

24. A. 总想一举成名。
    B. 对生活没有过高的要求,平淡是真。

25. A. 认为金钱可以买到别人的好感。
    B. 在一生中,爱比金钱更重要。

26. A. 对未来有一种恐惧感,一想到将来就紧张不安。
    B. 认为未来无论成功与否都不重要。

27. A. 总是认为自己还有机会,等待时机再次大展拳脚。
    B. 关心发展中国家人民的生活状况。

28. A. 认为应该尽可能利用亲戚的关系网。

B. 认为亲戚之间应该友好相处,互相帮助。

29. A. 如果来世变成动物,想成为狮子。

B. 如果来世变成动物,想成为熊猫。

30. A. 生活有规律,严格遵守作息时间。

B. 喜欢轻松的生活,讨厌忙碌。

31. A. 有空时想读成功者的传记,从中获得启示。

B. 有空时喜欢看电视或干脆睡觉。

32. A. 认为不赚钱的事情没有意义。

B. 经常请客或送礼给对自己有帮助的人。

33. A. 对于能够决出胜负的事情感兴趣。

B. 擅长改变家居布局和修理东西。

34. A. 对自己的行为非常有信心。

B. 认为合作非常重要,因此注重与他人合作。

35. A. 常常向别人借东西,但不愿意借东西给别人。

B. 经常忘记借进或借出的东西。

36. A. 认为人生由命运决定是错误的。

B. 随波逐流,只想被动地接受命运的安排。

(二) 计算方法

根据你选择的 A 和 B 选项,计算出你属于哪种价值观类型。

自由型:1A,15A,16A,26A,27A,33A,34A

经济型:1B,2A,14A,17A,25A,28A,32A,35A

支配型:2B,3A,13A,15B,18A,24A,29A,31A,36A

小康型:3B,4A,12A,14B,16B,19A,23A,30A

自我实现型:4B,5A,11A,13B,17B,20A,22A,26B

志愿型:5B,6A,10A,12B,18B,21A,25B,27B

技术型:6B,7A,9A,11B,19B,24B,28B,33B

合作型:7B,8A,10B,20B,23B,29B,32B,34B

享受型:8B,9B,21B,22B,30B,31B,35B,36B

(三) 价值观类型解读

1. 自由型

(1)特点:追求独立自主,不愿受他人操控,渴望充分展现个人才华。

(2)参考职业类型:室内设计师、作家、记者、演员、诗人、摄影师等。

2. 经济型

(1)特点:坚信金钱在人际关系中的核心地位,认为金钱至关重要。

(2)参考职业类型:商业领域从业者,尤其是商人。

3. 支配型

(1)特点:渴望成为组织的领导者,不太考虑他人的意见。

(2)参考职业类型:酒店经理、餐厅经理、广告策划、调度员、律师等。

4. 小康型(自尊型)

(1)特点:有强烈的优越感,渴望社会地位和名誉,希望受到尊敬。但当欲望未满足时,会感到自卑。

(2)参考职业类型:会计、银行出纳、法庭速记员、成本估算员、税务员、核算员、打字员、办公室职员、统计员、计算机操作员等。

5. 自我实现型

(1)特点:不关心物质幸福,专注于发挥个性,追求真理。不考虑收入、地位及他人看法,致力于挖掘和展现自己的潜力。

(2)参考职业类型:气象学者、生物学者、天文学家、药剂师、动物学者、化学家、科学报刊编辑、地质学家、植物学者、物理学者、数学家、实验员、科研人员等。

6. 志愿型

(1)特点:富于同情心,把他人的痛苦视为自己的痛苦,乐于默默地帮助不幸的人。

(2)参考职业类型:社会学者、导游、福利机构工作者、咨询人员、社会工作者、教师、护士等。

7. 技术型

(1)特点:性格沉稳,做事有条不紊,对未来持平常心态。

(2)参考职业类型:工程师、飞机机械师、野生动物专家、自动化技师、机械工、电工、火车司机、公共汽车司机、机械制图等。

8. 合作型

(1)特点:人际关系良好,认为朋友是最大的财富。

(2)参考职业类型:公关人员、推销人员、秘书等。

9. 享受型

(1)特点:喜欢安逸的生活,不愿从事任何有挑战的工作。

(2)参考职业类型:无固定职业类型。

【课后作业】

深入了解自己的学校和专业,问问自己,将来想从事什么样的职业。

第二节　你想成为怎样的人才

【迷惘与疑惑】

小雪在大学一年级时,就从学长学姐那里了解到了求职之路的艰辛。她常常感到未来的方向模糊不清,所以经常找辅导员交流。然而,每当辅导员建议她进行职业规划时,她总是感到心里没底。因此,她一再推迟职业规划,直到毕业前才为自己设定了一个求职目标——成为一家中大型医院的临床医生,希望工作地点与住处的距离不超过半小时车程,并且月薪至少达到 6 500 元。但是,尽管她投递了无数份简历,却始终没有收到任何回应。随着同学们一个接一个地收到工作邀请,小雪的焦虑情绪日益加重。看着那些已经制订了职业规划的同学逐渐步入职场,而自己毕业半年后仍在参加招聘会,小雪这才认识到她当初设定的求职目标过于理想化。

【理论解析】

一、医学的定义及性质

(一)医学的定义

医学今天已成为一门系统、独立、庞大的知识体系。由于医学与社会、文化、经济及科学技术发展水平密切相关,受许多因素的制约及影响,医学的内涵也随之变化发展。因此至今仍难以找到关于医学概念较为完整、确切而又为人们所公认的定义。

中世纪阿拉伯医学家阿维森纳(Avicenna,980—1037)在其著作《医典》中,将"医学"定义如下:"医学是科学,我们从中学到在健康时和在不健康时人体的种种状态;健康通过什么方式易于丧失;丧失健康时通过怎样的方式使之恢复健康。换言之,医学就是如何维护健康的技艺和健康丧失后使之恢复健康的技艺。"

《中国百科大辞典》对医学的定义是:医学是一个认识生命活动规律,保持和增进健康,预防和治疗疾病,促进人类实现在身体、心理和社会适应上全面健康的科学知识体系与实践活动。

综合看来,医学基本属于自然科学领域中的生物应用科学,但与社会科学密切相关。它是运用自然科学和某些社会科学的理论、技术与研究方法,认识人体结构、功能和生命活动的规律;研究内外环境因素对机体的影响和所致疾病的发生、发展及其防治规律的科学知识体系。其任务是认识生命现象本质,增进健康,防治疾病,延长寿命,从而保障人类的正常生存和发展。

(二)医学的性质

医学是一门以科学方法和技术手段为人类健康服务的学科,是生物学的实践分支。它不仅涵盖了基础医学理论,也包括了应用这些理论于临床实践的临床医学。在医学的研究范畴中,基础医学致力于对人体结构、功能和病理过程的深入理解,是医学知识体系的基石;临床医学则是将这些基础理论应用于疾病的诊断、治疗和预防,直接服务于患者的健康需求。除此之外,医学还包括法医学、保健医学以及康复医学等。

随着医学研究领域的不断扩大,自然科学与社会科学的融合,以及综合科学、交叉与边缘科学的兴起,医学的科学性质得到了更广泛的探讨。

著名的德国病理学家和社会医学家魏尔啸(R. Virchow,1821—1902)在其讲演中曾指出:"医学本质上是社会科学,而政治在某种意义上也是医学。"曾在德国、美国、苏联从事医学史及社会保健事业研究的著名医史学家西格里斯特(Henry E. Sigerist,1891—1957)明确表示:"当我说与其说医学是一门自然科学,不如说它是一门社会科学时,曾不止一次地使听众们感到震惊。医学的目的是社会的,它的目的不仅是治疗疾病,使某个机体康复,还要使人得到调整,以适应他/她的环境,成为一个有用的社会成员。为了做到这一点,医学经常要用科学的方法,但是它的最终目的仍然是社会的。"

医学可分为现代医学(通常说的西医)和传统医学,后者包括中(汉)医、藏医、蒙医、维医、朝医、彝医、壮医、苗医、傣医等多种医学体系。不同地区和民族都有相应的医学体系,宗旨和目的各不相同。医学同其他科学一样,是人类在长期的生产劳动中,在与自然环境和疾病的斗争过程中产生和发展起来的。医学的发展紧跟着自然科学(如生物学、物理学、化学)和社会科学发展的步伐,因为医学研究的对象是与自然和社会密切相关的人。人不仅具有自然属性,而且具有社会属性。因此,与人类健康与疾病相关的医学也具有自然科学和社会科学的双重属性,是科学精神和人文精神的统一体。

人类历史告诉我们,医学与社会发展、民族盛衰都有直接的关系,同时,不同的社会历史时期、不同国家地区、不同经济文化制度也对人类健康及疾病产生影响。例如,20世纪中上叶感染性疾病和营养性疾病者占大多数,20世纪下半叶则以心脑血管疾病及癌症为主。对医学本质属性的正确认识,有助于我们深刻、全面地掌握医学的本质及发展规律,从而更有效地推动医学科学的发展。

二、医学教育的培养目标

医学形成以来,就一直以"救死扶伤""防治疾病""延长寿命"为目的。但是,一方面,随着人类社会的飞速发展,不仅很多疾病未被消灭,反而还不断出现一些新的疾病,如艾滋病、丙型肝炎、疯牛病(牛海绵状脑病)、禽流感和其他病毒感染传染病等。另一方面,医学科学技术越发展,医疗费用就越昂贵,医疗危机在世界各国不断出现,使传统的医学公正性遇到巨大挑战。面对新问题,医学专家们在对传统医学目的重新审视后,提出了现代医学的四个目的:一是预防疾病和损伤,促进和维持健康;二是解除由病灾引起的疼痛和疾苦;三是照料和治愈有病者,照料不能治愈者;四是避免早衰和追求安详死亡。这些都要求未来医药卫生工作者不仅要具备更扎实、更广博的知识,以及更精湛的医疗技术,而且需要具有心理学、社会学等方面的理论支撑,才能胜任未来医学事业发展的需要。

现代医学教育培养的医学生要面对 21 世纪高科技革命的挑战,其在学校学到的知识、打下的基础、培养的能力和坚定意志,都将成为一种"烙印"伴随医学生职业生涯的始终,终身学习能力的培养也将对其终身业务能力的发展产生重要的影响。医学生不应是死记硬背的"重复型"医学人才,而应是具有创新能力的"创造型""复合型"医学人才。

三、现代医学人才的知识结构

为了适应医学模式的转变,国内外一些医学教育家对医学人才的培养曾做出详细论述。著名的美国医学理论家恩格尔(G. I. Engel)在 1977 年明确指出:"为了理解疾病的决定因素及达到合理的治疗和预防目的,医学模式必须考虑患者、环境以及社会……这就要求一种新的生物、心理、社会模式。"随着医学模式的转变,医疗服务已从对疾病的单纯治疗扩大到预防、保健和康复,从生理扩大到心理,从个体扩大到群体,从生物技术活动扩大到社会活动。因此医学生的知识结构必须做出相应的优化组合,以符合生物 - 心理 - 社会医学模式的要求。

(一)广博的科学文化基础知识

科学文化基础知识是专业知识向纵深发展的源泉,现代医学科学理论无不建立在雄厚的基础理论之上。基础理论知识具有相对稳定性,是医学生将来从事专业工作、科学研究的基础。科学文化基础知识包括与医学相关的自然科学知识和人文社会科学知识。扩展这些知识能拓宽自身的视野,从更为广阔的文化背景上去理解现代医学的发展,更新知识结构,开拓科学思路,及时跟踪现代医学的发展前沿。例如,必要的地理、气象知识有利于了解和把握某些地方病、季节流行病的发病机制及防治措施;史学(人类社会发展史和科学发展史)知识能激发医学生的爱国热情和为科学献身的家国情怀;文学艺术能陶冶医学生的性情,有助于情感的升华;哲学能提高人的思维能力;伦理学和法学能使其明确自身的行为道德规范;心理学有助于了解患者的心理,针对性地开展心理教育和心理治疗等。

(二)宽厚实用的医学专业知识

对医学人才来说,只有熟练掌握现代医学专业知识,才能更好地开展教学、科研、临床及卫生服务工作,提高服务水平。但值得提出的是,长久以来,在医学教育中存在着两种错误倾向:一是单纯强调科学技术教育,忽视人文社会科学知识及其他相邻学科知识,造成学生知识面窄,不利于持续性发展;二是对医学专业知识不分良莠,眉毛胡子一把抓,学生的大脑变成了知识仓库,许多知识在实际工作中用不上,而现实中需要的又未接触,造成了学校教学与实际工作的脱节。现代职业教育强调专业理论知识以应用为目的,以"必须、够用"为度,以讲清概念,强化应用为教学重点。专业教学要加强针对性和实用性,目前,我国医学教育也强调"大基础、小分流""宽口径、多方位"等特点。因此,医学生的医学专业知识和基础科学知识应体现于医学实践中,坚持"以人为本"的原则,不可迷失了医学的方向和目的。

(三)沟通交流、获取信息的知识

良好的语言表达与文字书写能力是医务工作者必备的职业素养。无论是病史采集、病历书写,还是病情记录、出院与手术记录等医疗文书的撰写,均要求医务工作者能够熟练恰当地

运用汉语,有良好的表述沟通能力及严谨、流畅的写作能力;现代社会国家、地区之间的交往日益频繁,熟练地掌握并运用外语(主要是英语),可有效地促进国际医疗卫生和医学科研的交流与合作;信息化、数字化、网络化的时代,要求人们能够熟练使用计算机,善于使用各种搜索引擎,这有助于及时获取和掌握最新科技与信息,紧跟医学发展的步伐。

医学生应重视医学写作、医学英语、医学计算机三门课程的学习,积极参与学校开展的英语、计算机等方面的学习活动,提高自己获取和传递信息的能力。

(四)复合交叉的边缘学科知识

现代科学技术高度分化又高度综合的趋势表明,科学上的一些难题,单靠某个学科的理论知识已难以取得突破。医学科学与自然科学、人文社会科学、工程技术科学等相互交叉渗透,形成了许多边缘交叉学科。这些学科知识,对于现代医学复合型人才来说是必不可少的。

过去,时代要求"一专多能"的人才,这是一种以一门专业为支柱,辅以综合知识的模式。如今,时代提出了更高的要求,即培养"多专多能"的人才。这类人才不仅要有广博的基础知识,还要熟练掌握多门相邻领域的专业知识,这也是"厚基础,宽口径"的专业培养方向。

对于医学来说,重要的边缘交叉学科有分子生物学、生物医学工程、社会心理学、医学信息技术等。医学生获取知识的主要途径有两种:一是课堂教学,二是自学。教材、专著、期刊及网络是知识信息的重要载体,因此,阅读书籍、浏览各种网站是获取多方面知识的重要途径和手段。医学教学过程中的各环节,如实验、讨论、见习、实习、参加讲座等,都是医学生获取知识、经验的重要机会。

四、现代医学人才的能力结构

构成能力结构的要素是多方面的,不同行业、学科专业具有不同的能力结构。从医学院校的培养目标和未来社会对医生能力的共同要求来考量,可将医学生能力结构要素归纳为八方面,即观察力、记忆力、思维力、表达能力、操作能力、应急能力、临诊能力和创造能力。

(一)观察力

观察是一种有目的、有计划的感知,是人对现实的一种主动认知形式。医务人员需要具备敏锐的观察力,患者的神色、气味、声调、精神状态是疾病的直接反应或间接表现。医务人员要运用敏锐的观察力,在诊治疾病的过程中把握复杂因素的变化,进行综合的诊断、治疗和护理。在与患者接触过程中,通过观察了解患者生理、心理需要,及时给予满足或解释,这样可以增进医患关系,提高治疗效果。

(二)记忆力

记忆力是人脑对过去经历过事物的反映能力。记忆的功能是储存和提取人在实践活动中所获得的经验。医护人员要面对众多疾病类型之间的比较、鉴别、诊断,许多疾病的典型症状又十分相似,没有良好的记忆就难以鉴别。疾病过程和治疗方案的千变万化,千百种药的药性及适应证的掌握,信息量庞大而复杂,没有良好的记忆力和一定的记忆方法是难以胜任的。

(三)思维力

思维作为人脑对客观现实的、间接的、概括的反映,是智力活动的核心,是大学生成才最重要的智力因素。医学生将来从事职业的特殊性,要求其在思维上要具有较强的能力。在医疗工作实践中,医生要善于分析问题和综合病情,进行推理和判断,概括出疾病发生、发展的规律。思维的任务在于解决问题,诊断就是解决问题的过程。人体疾病虽然具有共性,但体现在患者身上各有差别,表现各有特点;另外,医学的对象是整体的人,还要着眼于患者的整个生活情况和周围环节的相互关系,避免"头痛医头,脚痛医脚"。思维敏捷性的锻炼对医学生来说十分重要,如抢救危重患者时需要正确、敏锐的判断力,在短时间内迅速提出解决问题的正确意见,措施得当,可以挽救患者的生命。

(四) 表达能力

语言是思维的外在表现,是表达和传递信息的工具。希波克拉底认为,医生有两件东西能治病,一是药物,二是语言。中肯的语义、和谐的语调和清晰的语言,对于患者来说有如一剂良药。言语暗示不仅能影响人的心理和行为,而且能影响人体的生理变化。医务人员在患者面前的每句话,都应该是安慰和鼓励的,都应该给患者带来希望,不可轻率言辞。言语也是重要的治疗手段,尤其在心理治疗中,如癌症患者,如果医生给他鼓励、安慰,他会精神振奋,病情可能随之好转一些。反之,如果医生表现得很绝望,加之患者本身的精神压力,有可能使之一蹶不振,病情恶化。

(五) 操作能力

操作能力是使人的智力转化为物质力量的桥梁,它是用脑和动手的结合,是认识世界和改造世界的结合。操作能力对医学生具有非常重要的意义。医学生将来所要从事的工作是救死扶伤的工作,需要一针一线,一刀一剪地工作,直接关系到人的生命。所以,从基础实验课学习开始就应该注意培养操作能力,积极参与、亲自动手,不能只当旁观者,必须注重从基础到高级的系统训练。在临床实习过程中更要注意这方面的能力培养,多接触患者,多参加换药、手术等医疗工作,为将来毕业后能熟练并精益求精地为患者服务打下良好基础。

(六) 应急能力

应急能力是建立在扎实深入的理论知识和熟练精湛的操作技能基础之上的。这是对医学生的特殊要求,在遇到患者急症求医的时候,应该有条不紊,胆大心细,在短时间内将所学的专业知识运用于实践,使其发挥作用,尤其是在处理急诊患者时,机智果断、不慌不乱的应急能力显得尤为重要。

(七) 临诊能力

医务人员各种能力在实践中的综合应用,体现为临床诊断能力。这种能力的培养对医学生来说是必不可少的,它是在掌握一定专业知识基础上的综合能力,通过观察询问,了解患者的主要疾病症状,抓住主要矛盾,有针对性地去解决问题。

(八) 创造能力

创造能力主要包括发现新事物、提出新理论、开拓新领域、改进工具等。创造能力是一个以相当的知识、技能为前提,以各方面能力协调发展为基础的高层次能力结构。一个医学生如果仅仅满足于背诵一些形态、机制、原则,而缺乏或完全没有研究创新的热情和起码的能力,可以断言,他今后是很难有所作为的。

五、可供医学生选择的智能结构模型

具备合理的智能结构对医学生的成长和发展是非常重要的。拥有合理的智能结构才能合理地掌握知识、运用能力和创新发展。医学生在成长成才的过程中要依据科学的发展途径,综合自身智力、能力及知识获取等各种因素建立合理的智能结构。下面通过智能结构模式图向医学生推荐几种在成长成才的过程中必须建立的合理的智能结构模型,以及智能结构各要素之间的相互作用及规律。

(一) "金字塔"型智能结构

如图 1-1 所示,"金字塔"型智能结构包含知识结构、智力结构、能力结构和创新能力。

1. 知识结构　知识结构由数学、物理、化学、外语、人文社会科学、政治理论、体育等基本课程构成,这是我们对自然界和社会科学所掌握的基本的认知能力,具有宽厚的理论基础是形成智能结构的前提条件。

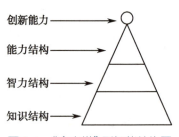

图 1-1 "金字塔"型智能结构图

2. 智力结构 智力结构是指一个人所具有的想象、思维、观察、记忆、分析、判断等能力条件,是在扎实的理论基础之上而形成的综合能力,这是形成智能的重要条件,如果一个人的智力结构不佳,就难以发展能力。

3. 能力结构 能力结构是指提取信息能力、撰写论文能力、实验能力、操作能力等多种实际应用能力,是在实践应用发展中形成较高层次的理论与实践的结合。理论知识是否得到有效的发挥和运用,是评价学生能力层次的依据。

4. 创新能力 创新能力是指通过合理的智能建构而形成的宽厚而扎实的理论知识和适应多种工作需要的能力,善于总结知识、积极思考、肯于钻研,将所学的知识发扬光大,这是智能建构的最高层次,整个大学期间的培养教育都是为了实现这一目标而努力。

(二)"工"字型智能结构

如图 1-2 所示,"工"字型智能结构包括医学基础知识、医学专业知识和医学相关知识。

1. 医学基础知识 基础医学是研究人的生命和疾病现象本质及其规律的学科,课程体系和知识结构庞大而繁杂,代表性门类有:解剖学、遗传学、组织胚胎学、免疫学、微生物学、寄生虫学、生物化学、生理学、病理学、病理生理学、细胞生物学、药理学等学科。

2. 医学专业知识 医学专业知识是研究人体内外环境对健康的影响及增进健康、防治疾病的方法及措施的学科。涉及的学科有:内科学、护理学、外科学、影像学、妇产科学、麻醉学、儿科学、口腔学、预防管理学、医学法学、生物信息学等学科。

3. 医学相关知识 医学相关知识构成了基础医学和专业医学之间的桥梁与纽带,有助于医学生更好地理解和掌握专业知识,同时也形成了相对独立的学科。代表学科有:医学心理学、医学导论学、环境医学、社会医学、医学伦理学、文化素养学、运动医学、领导科学等多种相关医学科学。

(三)"图钉"型智能结构

如图 1-3 所示,"图钉"型智能结构包括综合能力、专业特长和专长领域。

图 1-2 "工"字型智能结构图　　　图 1-3 "图钉"型智能结构图

1. 综合能力 医学生的综合能力要求与其他专业相比较高,是集"金字塔"型智能结构和"工"字型智能结构为一体的综合能力,这是医学生从事专业工作应具备的宽厚而扎实的综合知识结构和基本的技术操作能力。

2. 专业特长 专业特长是从事专业工作的基本技术能力和业务素质。判断一个人是否具有专业特长知识和业务技术能力,主要看其能否胜任本职工作,能否独立应对和解决工作中的具体问题,并能指导他人进行科研和具体工作。

3. 专长领域 专长领域如同"图钉"尖锐的钉尖,是在综合能力与专业特长的坚实基础上,向医学领域某一方向进行的深度钻研与探索。

对于医学生来说,无论哪种智能结构的建立,都要具备渊博的知识,无论是基础知识,还是专业知识和相关知识,医学生都应该广泛涉猎,认真学习,扎实积累;同时拓宽知识的广度、加深知识的深度,了解和掌握知识的各个横纵层面,精益求精,不断提高。用知识武装自己的头脑,实现由知识积累的量变经过思维力、判断力和想象力等智力因素的加工整理而达到能力提高的质变。

六、医学生应具备的基本素质

人之成才重在素质。"素质"是指人的内在基础条件,是相对稳定的、具有一定结构的心理因素的总和,它是医学生成长成才的内在因素。不同的社会制度和不同的历史时期对医学生素质的要求不同。总的来说,作为一名医学生应具备以下基本素质:德、识、才、学、体。

(一) 德

"德"主要指道德品质、思想作风的修养。医学生个体品德的形成过程包括三个层次:个性心理品德、伦理道德品质和思想政治品德。

个性心理品德是指专注力,科学的好奇性,认真、持之以恒,不怕失败的心理特征。这种心理品德在儿童时期就表现在玩耍和游戏中,直到成年之后与学习、工作、研究等智力、体力的活动结合起来,成为医学生成才的重要素质之一。

伦理道德品质是指以高尚的思想情操处理人与人之间、个人与社会和集体之间的关系。实际上,它是人的道德修养及其在社会关系中的表现。

思想政治品德是指正确的世界观,以及建立在这个世界观基础上的政治立场和代表先进阶级的先进思想。

人才的个性心理品德、伦理道德品质和思想政治品德三者之间是互相联系、互为影响的。

(二) 识

"识"是指医学生的见识,是医学生正确认识主客观世界,善于审时度势,综合运用各种基本知识和技能,从而锻炼成才的能力;也是观察问题、分析问题和解决问题时有所见解,表现出与众不同的见识的能力。

医学生需要具备审时度势的能力。医学生在精读医学书籍的前提下,要博览群书,这样不仅可使大脑得到适当休息,而且可以从中得到科学创造必备的知识素养。医学科学如茫茫大海,要使理想实现,顺利到达成功彼岸,就要避免思想上的局限性、片面性、盲目性,少走弯路。

医学生要把握时代发展的方向,具有科学预知能力。科学见识,表现在对自然、社会、人类思维规律的把握,以及对科学发展的超前预知能力。美国科学家维纳曾指出:"在科学发展上可以得到最大收获的领域是各种已经建立起来的部门之间的被忽视的无人区",即指明了边缘学科将蓬勃发展的趋势。

(三) 才

"才"是指才智、才能、才干,也就是一个人认识世界、改造世界的能力。这种能力包括基本能力和创造能力。基本能力包括知识、技能和体力。知识和体力是能力的基础,技能是能力的核心。创造能力包括思维能力和人事工作能力。思维能力包括逻辑性思维能力和创造性思维能力,创造性思维能力是创造能力的核心;人事工作能力包括交际能力(表达能力、谈判能力、涉外能力等)和领导能力(管理能力和统率能力等)等。

(四) 学

"学"是指学问和知识,它包括社会科学知识、自然科学知识等多个领域。正如培根所说:"知识就是力量。"知识是能力的基础,知识水平的高低决定着科技人才能力的大小。

首先,要注重构建知识的系统性。对一名医学生来说,今后将从事临床工作和科学研究,应该熟练掌握本学科的知识及许多邻近相关学科的知识。要知其然,也要知其所以然。把所学的知识贯通起来,形成有机的知识网络,系统地上升到学术水平。

其次,要有宽厚而广博的基础知识。凡是在科学上有所成就的人才,都具有宽厚广博的基础知识。知识越多,思路越宽,越容易产生新的观点。随着科学技术的发展,自然科学知识与社会科学知识相互渗透,产生许多新的边缘学科,这就需要我们不断掌握这些知识。没有宽厚广博的基础知识,就很难跟踪新的科学发展。

(五) 体

"体"是指人才的身体健康状况。"救死扶伤、治病救人"是医学生未来的职责和使命,这一职责和使命的实现离不开健康的身体和心理,这就要求医学生必须具有良好的身体和心理素质。身心健康,才能在未来更好地从事医疗卫生服务工作。

以上五个要素中,德是医学生的根本,是才、学、识、体的发展动力。才、学、识三者是既相互联系,又有所区别的有机统一体:才是一个人才必备的条件,它在智能结构中具有关键性的作用;学是医学人才结构中智能方面的基础性要素;识在医学生个体结构中起决定性的作用。体是医学生成长的物质基础。

与此同时,这五个要素也是进行创造性劳动的必要条件。但运用掌握的知识去探索新知识,特别是把知识转化为为患者服务的本领还需要一定的技能,对于医学生来说技能是非常重要的。科学技术的发展促进了技能的提高,技能的提高又可促进科学技术的发展。这些基本技能包括资料调遣技能、设计和计算技能、实验操作技能、业务组织技能和交流表达技能。

七、医学生成长成才过程中非智力因素的作用

医学生要想适应现代卫生事业日益发展的需要,成长为有理想、有道德、有文化、有纪律的合格人才,除了大力培养自身的智力外,还要努力发展、积极开发非智力因素。智力因素是影响一个人能力强弱的重要因素,但大量的事实表明,非智力因素不仅在学生的学习过程中起着重要作用,而且在成才过程中也是较为重要的动力,在某些情况下甚至比智力因素显得更为重要。非智力因素主要包括情绪和情感、意志、性格三方面。

(一) 情绪和情感

情绪和情感是人们对客观事物持有某种态度时产生的体验,是一种十分复杂的心理活动。一般情况下,情绪是情感的外部表现,情感是情绪的内在本质,两者往往密不可分。一名大学生情绪高涨,表现为朝气蓬勃,奋发向上,热情乐观。在学习、生活中热情高涨,就能维持长久的兴趣爱好,能产生克服困难的信心,能直接转化为学习动力。可以说,高涨的热情是发展智力,促使成才的基本动力。因此,医学生应对自己施以积极的影响,调动情感的力量是很重要的。

(二) 意志

意志坚强是医务人员重要的心理素质之一。诊断、处理病情包含了复杂的分析、综合、推理的过程,尤其在病情危急、复杂时,常会遇到很多困难和挫折,在抢救患者时更会遇到病情突变的情况,此时,镇定、果断、顽强及克服困难的精神和勇气便极其重要。而慌乱、优柔寡断、缺乏勇气和毅力的个性,会使得在诊治过程中患得患失、不知所措,容易错误判断、延误病情甚至丧失挽救患者的机会。

(三) 性格

医学生是未来的医务人员,性格对医务人员的影响是显而易见的。例如,具有稳定、愉快、乐观情绪的医生,会给患者以鼓励,增强他们与疾病作斗争的信心,有利于他们身体康复;反之如果医生情绪冲动、易紧张,常易引起失误,轻者加重患者病情,重者危及患者生命。又如,同情心是医生最基本的心理素质之一,有了同情心,才会关心、体贴、爱护、帮助患者;富有同情心的医生,容易使患者产生依赖感,得到患者的积极配合。

【实践指导】

我向往的生活方式探索

作为一名医学生,要学的知识很多,要锻炼的技能很多,要提高的素质很多;作为一名医

务工作者,将来要付出的时间、精力、爱心会更多。选择什么样的职业意味着将来自己要过什么样的生活,你想过自己要过怎样的生活吗?

如表1-2,设想一下,十年后的你拥有怎样的生活状态?请仔细思考下列各项,并根据它们对你的重要性进行评分。

表1-2 我向往的生活方式

生活方式	重要性评分 (1~10分)	生活方式	重要性评分 (1~10分)
居住在喧嚣的市中心		拥有自主安排时间的自由	
居住在宁静的乡村		工作时间非常规律	
居住在文化氛围浓厚的社区		有充裕的时间投入个人爱好中	
居住在便于孩子接受教育的地区		有锻炼身体的时间和场地	
在一地安居乐业		工作之余能够参与社会公益活动	
担任领导或管理角色		有足够时间与朋友相聚	
不断学习新知,丰富自我		每日有专属时间陪伴家人	
尽我所能,回馈社会		和家人共度假期时光	
生活充满挑战与创新		积极参与社区建设	
有较高的社会声望		经常旅行,开阔视野	
拥有宽敞舒适的生活空间		和父母同住,享受家庭温暖	
工作稳定,有可靠的保障		与配偶和孩子共同生活	
拥有丰厚的经济收入		有时间指导孩子学习	
拥有高效率的工作团队		有亲密无间的朋友	
对财务有自主权		每月有固定的储蓄计划	

☼ 思考:

(1)你最看重的生活要素是哪三项?为什么它们对你来说至关重要?

_____

_____

(2)根据刚才的填写情况,请描述你十年后最期待的三个生活场景。

_____

_____

(3)为了达到理想的生活状态,你需要满足哪些条件?

_____

_____

(4)为了满足这些条件,你有哪些具体的行动计划?

_____

_____

（5）当下,你觉得对你最重要的是什么?

_____

_____

_____

_____

[拓展阅读]

大学生应该如何应对"考证热"

有人断言:"21世纪将是职业证书的时代。"近些年在大学校园里出现了"考证热"这样一种现象,很多学生投入大量的精力和财力参加到考证大军的队伍中。一时间,英语四六级、计算机国家二级、健康管理师、电子商务师、项目分析师、LOMA寿险管理师、心理咨询师成为大学生群体中耳熟能详的热门词汇。面对如此"热潮",大学生应该如何面对?

根据人力资源和社会保障部《国家职业资格目录(2021年版)》内容显示,目录调整为72项职业资格。以往的"健康管理师""心理咨询师"等证书已不在之列,所以,大学生在选择"考证"时应根据实际需要来确定。

在大学生看来,通过"考证"有可能获得就业的机会,即便不行也能够成为自身能力的证明,可以在日后相关行业的求职竞争中占据有利地位。伴随着这种认识,很多学生抱着"技多不压身"的观念,认为多拿几张证书就能在求职时更有"底气"。但是不是在大学期间考的证越多越好呢? 答案当然是否定的。一方面,人的时间、精力和经济条件都是有限的。大部分"考证"课程只是学校学习知识的延伸,并不能够完全等同于实际能力的培养和提高,而大学生获取专业知识的主渠道还是大学课堂,如果抱着"证书多多益善"的思想势必会对自己专业课程的学习造成影响。另一方面,很多学生在准备考证的过程中往往是以最终获得证书为目的,从而采取考试突击的学习办法,并没有对资格考试的实际内容做过深入透彻的学习和研究,"高分低能"成了大学生"考证"现象的代名词。

那么我们应该如何对待"考证热"这一现象呢? 哪些证是我们应该考的,哪些证又是我们不该碰的呢?

首先,在决定考证之前,有两个重要问题需要注意。一是从工作需要出发;二是从自己感兴趣、愿意从事的行业发展出发,或是从与自己发展相关的职业出发,从而选择比较适合自己的职业资格认证项目。

其次,应选择高质量的证书。不少学生喜欢报考热门证书,以为热门证书的分量更重。其实,有些热门证书只是阶段流行"产品",往往由于广告效应暂时红火,因此大学生在考证前要认识到:证书不在多,而在于精。用人单位较为关注与招聘职位相关、能体现求职者能力、市场认可度高、高质量的证书。那些通过率高的证书在求职时往往没有多大优势。

最后,需协调专业学习、证书考级与能力实践之间的关系。证书固然重要,但能力才是大学生提升就业竞争力的根本。特别是一些强调专业能力的职位,如医疗技术、管理、营销等岗位,用人单位招聘人才时更看重实际能力而非证书。因此,大学生在考证时,应以提升能力为终极目标,这样就业机会、职位提升、薪酬增长等才会纷至沓来;反之,再权威的证书也只是一张白纸。此外,毕业生在校的各科成绩是否优秀、是否拿过奖学金、是否担任过学生干部、是否有参加社团的经历等,这些条件都非常重要。一个拿过各类证书的毕业生,和一个拥有良好成绩和企业实习经验的毕业生相比,企业一般会选择后者。

【课后作业】

选择一位高年级的同学进行访谈活动,讨论一下医学生的大学生活如何度过。

第三节 你想拥有什么样的人生

【迷惘与疑惑】

小李是某医科大学的学生。刚升入大四的他已经求职两个月了,但一直都没找到适合的工作,于是他来到学校的就业指导中心寻求帮助。经过前期测评和老师对小李的综合分析,指导老师发现,性格开朗且表达能力强的小李非常适合投身于医疗教育领域,而小李本人也怀揣着成为一名杰出医学教师的梦想。在明确了职业方向和目标之后,就业指导中心的老师与小李一起筛选出数家教育机构,帮助他打造个性化的简历,搜集相关职位的具体要求,同时规划成为医学教师的阶段性目标行动计划,还制订了详尽的提升计划以及达成目标的明确时间表等。时光荏苒,一个月的时间匆匆流逝,就业指导中心的老师在进行后续的跟踪回访时,发现小李因对学习成本的顾虑而犹豫不决,导致原先制订的计划未能付诸实践,而小李本人也依旧徘徊在失业的阴霾之下,未能迈出实质性的步伐。

【理论解析】

美国职业指导专家约翰·霍兰德强调:"理论很重要。人们往往在无意识中有洞见,但这不是常态。没有理论,我们会像无头苍蝇一样,对未知领域做大量无效的尝试;拥有理论,我们就能从纷繁复杂的现象中抓住本质。理论是路标、是向导,拥有它,我们才能明白事物的本质和因应方法。"深入学习职业发展的经典理论,可以为我们有效管理自己的职业生涯提供有益的借鉴与指导,帮助我们找到想要拥有什么样的人生。

一、特质 - 因素理论

1909 年,弗兰克·帕森斯(Frank Parsons)在其著作《选择职业》中开创性地提出了特质 - 因素理论,也被称为人职匹配理论。这一理论被认为是最早推进个人职业发展的辅导理论。

该理论提出了职业设计的三要素模式:首先,深入了解自己的特质,包括个人性格、才能、兴趣、局限以及其他个性特征;其次,清楚地掌握各种职业的任职要求,包括所需的知识、技能以及不同职位的利弊、机遇和发展前景;最后,达到个人特质与职业要求的互相匹配。

特性 - 因素理论基于几个核心假设:一是每个人都有一系列可以被客观衡量的特性;二是不同职业需匹配具有相应特质的人才;三是职业选择是一个可行的过程,即实现人职匹配是切实可行的;四是个人特性与工作要求的契合度越高,职业成功的概率越大。

此外,该理论还概述了咨询师帮助个人进行职业选择的三个主要阶段:第一阶段,评估求职者的身体和心理特质,通过心理测试等手段收集求职者的健康状况、能力倾向、兴趣偏好、气质和性格等个人信息,并结合访谈、问卷等方式了解求职者的家庭背景、教育经历和工作经验,进而进行综合评估。第二阶段,分析不同职业的要求并向求职者提供详尽的职业信息,包括职业特性、薪酬福利、工作环境以及晋升机会;求职的入门条件,例如教育背景、专业技能、身体要求、年龄限制、能力及其他心理特征;就业市场的现状。第三阶段,实现人职匹配,咨询师基于对求职者特性和职业要求的理解,协助求职者进行比较和分析,以挑选出既符合其个性又具备成功潜力的职业。人职匹配分为两种策略:因素匹配,即根据职业需求寻找合适的人选;特质匹配,即根据个人特质寻找合适的职业。

二、舒伯的生涯发展理论

(一)理论产生的背景

舒伯首次提出生涯发展理论是在 20 世纪 50 年代。当时,帕森斯的特质 - 因素匹配理论是职业指导的主要理论,包括舒伯早期的职业指导实践,都是在"人职匹配"的思路下进行的。但是借助对自我生涯发展过程的反思以及对生涯模式研究(career pattern study,一项有关生涯发展的长期纵向研究)结果的整理,舒伯认为人职匹配理论固然有优势,但仍然存在以下两点不足:第一,人职匹配理论更关注静态的、初次的职业选择,而忽略长期的生涯发展问题;第二,人职匹配理论强调职业与人的配对,基于人的特质去寻找适合的工作,而没有考虑人的主观能动性。

为了解决这两点不足,舒伯在承认个体差异的基础上,结合其对发展心理学、社会学、现象学、测量学等方面的钻研,提出独特的发展性视角,探讨如何让工作贴近人的生活,并经过长期的思考和研究,最终形成生涯发展理论。

(二)理论的核心内容

1. 生命广度与生涯成熟度　不同于传统的人职匹配理论将主要关注点放在固定时间(主要是青年早期)的职业选择上,舒伯的一大创举就是从时间维度拓展了生涯的概念,提出了生涯发展阶段这一概念。舒伯认为,大多数人的生涯发展由五个连续的阶段组成,每个阶段有一个大概的年龄范围,并且每个阶段都有属于自己的特定任务。

(1)成长期(0~14 岁,亦称儿童期):在与家庭、学校和重要他人的互动中,逐渐发展自我概念,并开始对社会形成初步印象和态度,开始了解工作的意义。

(2)探索期(15~24 岁,亦称青春期):在学业学习、休闲活动及初步工作的不断尝试中,进行自我探索和外部探索,发展一个符合现实的自我概念,并确定职业选择。

(3)建立期(25~44 岁,亦称成年前期):确定一个适当的职业领域并持续努力,逐步晋升并建立起稳固的地位。

(4)维持期(45~64 岁,亦称中年期):接受自身条件的限制,逐步减少创新性工作。通过专注于本职业务、发展新技巧等方式应对新进人员的挑战,全力稳现有的成就与地位。

(5)退出期(65 岁以后,亦称老年期):由于身心机能逐渐衰退,能力逐渐下降,因此从原有工作岗位上隐退,开始减少工作数量,减轻工作负担并发展新的角色,以各种不同的方式填补工作角色的缺失。

这五个阶段并不是完全分离的。在不同的阶段之间存在转换期,即不同阶段之间的过渡和缓冲。这些阶段相互之间存在影响,前期生涯任务的完成程度会影响到后期阶段,但并不必然是线性关系。比如,个体如果没有充分探索,可能会选择不恰当的职业,从而影响其建立和维持工作成就,甚至后来可能又回到探索阶段。

由此可见,区分不同生涯发展阶段的不是年龄,而是发展任务。个体在每个发展阶段都面临该阶段特有的职业发展任务,这些任务源自个人和社会的发展需求,以及社会对个体的期望。个体需要逐一应对和解决这些任务。为了衡量这种状态的差别,在每一个阶段又提出了生涯成熟度的概念。生涯成熟度指的是个体准备应对各阶段职业发展任务的程度。舒伯认为,生涯成熟度是一个多维、复杂的概念,包括态度与认知两个层面,在一定程度上反映了个体生涯发展水平。

2. 生活空间与角色重要性　舒伯在空间维度上扩展了生涯的内涵,强调个体在不同场所扮演的不同生活角色,这些角色的组合形成了个体的生活空间。

舒伯认为,尽管工作角色是大多数人生涯发展的焦点,但并不是唯一重要的角色。不管个人是否愿意,除了工作角色之外,人在一生之中还要扮演子女、学生、休闲者、公民、爱人、父母等角色。这些角色的扮演和塑造，主要活跃于四个不同的场所：家庭、社区、学校和工作场所。角色常常和场所有所对应，但并不是绝对的。

不同的角色通常是同时存在的，而非依次出现。它们之间常常会产生相互促进或损害的效应。通常，某种角色的成功会带动其他角色的成功。例如，一个人如果事业有成，那么他在恋爱和婚姻中也可能获得优势。但如果个人在某一个角色中付出太多的时间和精力，也有可能导致其他角色的失败。比如在休闲者的角色中投入精力过多，可能导致工作出现问题；或者，如果投入过多精力于工作角色，则可能导致作为爱人和父母的角色失败。

3. 生涯模式与生涯彩虹图　舒伯认为，生涯发展阶段和生活角色并非相互独立，而是交叉融合，形成了每个人独特的生涯模式。为了表现更复杂的生涯发展过程，舒伯极富创意地使用图形来展示生涯发展阶段和生活角色之间的融合，绘制了一个多重生涯角色共同发展的生涯彩虹图（图1-4）。在生涯彩虹图中，最外围的是生涯发展阶段与对应的年龄，而里层的每一道"彩虹"都反映了个体的某个重要角色在生涯发展过程中的出现、消失、转换等变动情况。

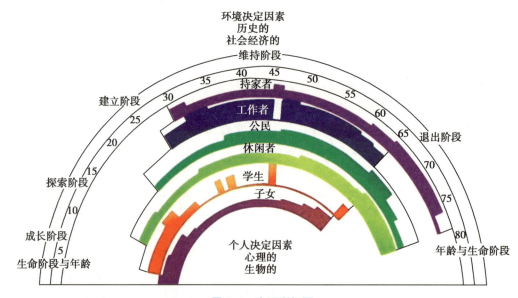

图 1-4　生涯彩虹图

生涯彩虹图直观地展示了生涯发展阶段和生活角色的概念，总结了舒伯的生涯发展理论的精髓；形象而生动地体现了个体的生命广度和生活空间之间的交互影响，将个体复杂的生涯发展凝练为简洁而清晰的图形。生涯彩虹图亦是舒伯各项理论中流传最广的成果之一。

4. 自我概念与最新进展　舒伯提出，生涯发展的各阶段和生活中的不同角色仅仅是表象，真正驱动生涯发展和角色选择的是其理论的核心——自我概念。舒伯认为："生涯发展的过程本质上是一个发展和实现自我概念的过程"（Super，1990）。因此，自我概念是贯穿于生涯广度和生活空间的核心变量。

正是看到了"自我概念"在生涯发展理论中的重要性，舒伯的接班人马克·L·萨维科斯（Mark L. Savickas）延续舒伯后期关于自我概念的建构取向，从适应力的角度提出"生涯建构理论"，成为舒伯生涯发展理论的最新进展。

三、明尼苏达工作适应理论

1964年，美国明尼苏达大学的戴维斯（René V. Dawis）与洛夫奎斯特（Lloyd H. Lofquist）在特质-因素理论的基础上进一步发展，提出了明尼苏达工作适应理论。该理论认为，职业选择和职业发展的重要性不言而喻，但就业后适应性的问题同样至关重要，特别是对于那些在职业上感到不适应的人来说,能否在工作上保持稳定,对其生活质量、自信心以及未来发展具有重大影响。个人与职业之间必须达到一种和谐状态,才能实现持续的职业匹配。其理论模型见图1-5。

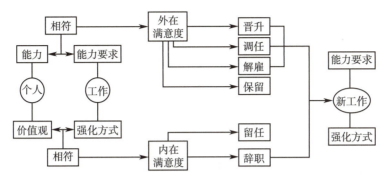

图1-5 明尼苏达工作适应理论模型

明尼苏达工作适应理论引入了两个关键概念——内在满意和外在满意。内在满意指的是个体对自己当前状况的满意程度,如果内在满意度不足,个体会通过辞职、更换工作或减少工作积极性等方式来调整自己的状态;外在满意则指用人单位对个体的满意程度,如果外在满意度不足,用人单位会采取解雇、岗位调整或提供培训等措施来调整状态。内在满意和外在满意需要不断调整,以实现二者之间的平衡。

该理论还提出了工作人格和工作环境这两个重要概念。工作人格指个人的能力与需求;工作环境则指工作对个人能力的要求以及能够满足个人需求的条件。个人能力可以通过标准化测试评估,需求部分则可以通过明尼苏达重要性问卷来了解。该问卷认为个人的需求可以归纳为六方面(表1-3)。

表1-3 明尼苏达重要性问卷

需求	内容
安全	指个人对公司政策稳定性、工作保障以及与管理层的关系等的感受
舒适	指个人对工作量、工作内容的多样性、工作环境、独立工作空间及单位福利等方面的感受
发展空间	包括晋升机会、职业地位、社会认可和声望等
利他	包括对同事的关怀、道德价值观和社会服务意识等
成就	指个人能力发挥和获得成就感的感受
自主性	指在工作中的自主决策权和创造力表现等

明尼苏达工作适应理论与传统的职业发展理论相比,其独特之处在于该理论不仅关注个体对工作的内在满意度,还提出了外在满意度的概念,即个体与用人单位之间的相互适应问题,具有现实的指导意义。当然,明尼苏达工作适应理论也存在一定的局限性,即它主要关注个体当前的工作适应和满意度问题,是针对工作适应阶段而非整个职业发展过程的,它专注于工作选择和适应本身,而没有充分考虑其他潜在因素的影响。

四、生涯建构理论

美国著名的人格心理学家和人本主义心理学的先驱之一乔治·凯利(George Kelly)提出的个人建构理论认为:"每一个人自己就是科学家。"在人生的进程中,个体通过体验周遭的种种现象,逐步以自己的方式构建自己的理论,以此来预测并指导自己的行为。这种行为方式与科学家的行为方式不谋而合,体现了"建构"的本质。在生涯建构理论领域,最具影响力的学者是萨维科斯(Savickas),他主张:"生涯不是自我展现出来的,而是被建构出来的。"建构是一种积极的行动,每个生涯阶段都有其特定的任务,激励个体去完成,从而塑造个人生涯。个体既是生涯的主人也是创造者,因此他倡导自我生命的设计。

生涯建构理论主要包括以下内容:

1. **职业人格** 个体选择所从事的工作是职业人格的主题。职业人格是指与生涯相关的能力、需要、价值观和兴趣等。人格特征是个体步入职场的准备资源,这些资源在家庭中形成,在社区和学校中发展。生涯建构理论认为,职业人格类型和职业兴趣并非固定不变,而是随着时间、地点和社会文化背景的变化而变化。工作环境中规则的相似性可以使具有潜在差异的个体形成多种职业人格类型群体。职业人格类型和职业兴趣是社会意义的即时体现,个体在工作中能够展现出不同的类型特征,而非在工作前就已定型。工作是个体发展的情境,是自我展示的外部形式,也是连接外部世界和自我之间的桥梁。

2. **生涯适应力** 生涯适应力是指个体在适应工作过程所展现的态度、能力和行为。生涯适应力与人生主题和职业人格相一致,人生主题引导人格在工作中的表现,而这种表现又受到生涯适应过程的影响。

生涯建构理论认为,生涯建构是个体为了实现自我概念,在社会角色中不断尝试,达到自我与社会整合的社会心理活动。由于个人和环境不断变化,个人与环境的匹配过程也永远不会停止。生涯建构的过程会连续不断、依次递进,朝着个人与环境匹配性更高的方向发展。适应过程包括从学校到工作、工作间、职业间的过渡和转换,可以分为成长、探索、建立、管理和衰退五个阶段。这五个阶段形成一个适应周期,当出现新的转换时,这个循环会周期性重复。成长指的是对生涯意义进程认知;探索指的是工作信息搜索,做出决策等行为尝试;建立指的是对现有工作形成稳定的承诺;管理指的是在现有工作岗位上进行积极的工作角色管理;衰退指的是从现有工作岗位上退出。

生涯适应力是解决生涯实际问题的应对策略,个体可以利用这些应对策略将职业自我概念与工作角色相结合。萨维科斯将生涯适应力定义为:是个体解决在生涯发展任务、职业角色转换和工作创伤中遇到的陌生、复杂、不确定性问题的一种自我调节能力,是个体在生涯发展过程中应对外部挑战需要具备的核心能力。

3. **人生主题** 人生主题即个体生涯故事的主题,反映了职业行为的原因。个体在自我的职业发展任务、职业转换和工作创伤故事描述中揭示其生涯的基本意义及建构的动力。自我和社会互动的生涯故事可以解释为什么每个人会做出不同的选择,以及做出这些选择对个体的意义。从这些关于工作人生的典型故事中,咨询者可以了解到个体生涯建构的人生主题及其工作人生的动机和意义。

人生主题强调生涯的重要性。生涯建构理论认为,主题包括人生故事中最为关键的因素,这些因素能够赋予个体工作以意义和目标,激发个体对自己工作的热爱和关心,也让其意识到自己的工作对社会的贡献和对他人的重要性。识别人生主题可以加强个体的身份认同感和社会价值感,促进个体与社会的联结。

五、建构生涯愿景

(一)生涯愿景的内涵

在制订职业生涯规划之前,首要任务是回答这个关键问题:"我真正渴望的生活是怎样的?"这就是个人生涯愿景。生涯愿景源自内心深处,是个人毕生追求的终极目标,它代表了个人对未来的憧憬。人在一生中要扮演多种角色,因此生涯愿景也呈现出多元化的特点。总体而言,个人生涯愿景涵盖以下关键要素:

(1)自我形象：你梦想成为怎样的人？若能成为理想中的自己，你将具备哪些特质？

(2)有形财产：你希望积累哪些物质资产？期望达到何种规模？

(3)家庭生活：你心目中理想的家庭生活是怎样的？

(4)个人健康：对于健康、体型、运动及其他身体相关事务，你有何期待？

(5)人际关系：你期望与同事、家人、朋友及其他人建立怎样的关系？

(6)工作状况：你理想中的工作场景是什么？你希望取得哪些成就？

(7)社会贡献：你希望为社会作出怎样的贡献？

(8)个人休闲：你期望的休闲生活是怎样的？

(二)如何建构生涯愿景

如何建构生涯愿景，关键在于培养追求终极目标的能力，而非被次要目标分散注意力，这种能力是推动"自我超越"的动力。当人们投身于自己真正热爱的事业时，便会精神焕发、热情洋溢。面对挑战时，也能展现出坚忍不拔的毅力，认为这是自己应尽的责任，感到所做之事很有价值，从而激发强烈的意愿，自然而然地提升效率。

每个人都有自己的愿景，但很多时候，人们对自己的愿景认识模糊或存在误解，这会导致行动的盲目性。因此，建构生涯愿景关键在于如何澄清自己的愿景。以下三个步骤可以帮助个人澄清自己的愿景：

(1)设想愿景实现的场景(假设你已经获得了梦寐以求的成果，那么……)：这将是怎样的情景？你将如何描述它？你的感受如何？这是否是你真正渴望的感觉？

(2)描述个人愿景(设想你正在实现你一生中最渴望达成的愿望，这些愿望会呈现何种形态？)：回顾你从童年、高中毕业、大学毕业、参加工作至今的个人愿景，哪些已经实现？哪些尚未实现？原因何在？这些愿望涉及自我形象、物质财富、情感生活、个人健康、人际关系、工作和个人休闲等方面。

(3)审视并明确愿景(逐步检视你写下的个人愿景清单及其各个维度，找出最贴近你内心真实感受的部分)：如果你现在就能实现愿景，你愿意接受它吗？假设你已经实现了愿景，它将为你带来什么？你接受了它，你的内心感受又是怎样的？

【实践指导】

一、人生价值清单

如表 1-4 所示，在面临未来重大人生选择时，我们可以使用人生价值清单来探索自己的价值观，了解自己最重视的是什么。

表 1-4 人生价值清单

选项	重要程度				
	1	2	3	4	5
1. 有一个幸福美满的家庭					
2. 赚大钱					
3. 健康而长寿					
4. 持续学习					
5. 有一些知心朋友					
6. 从事自己感兴趣又可发挥专长的工作					
7. 有一套舒适又漂亮的房子					

续表

选项	重要程度				
	1	2	3	4	5
8. 成为国家公务员					
9. 有充裕的金钱与休闲时间					
10. 拥有完美的爱情					
11. 和喜欢的人长久相伴					
12. 拥有自己的公司					
13. 到处旅游,体验不同的生活方式					
14. 成立慈善机构,服务他人					
15. 享受结交新朋友的乐趣					
16. 工作富有挑战性和创造性					
17. 成为名人					
18. 随心所欲地布置自己的环境					
19. 无拘无束地生活					
20. 具有一定的社会声望					

完成人生价值清单后,思考并回答以下问题:

1. 选出这一生对你来说最重要的三个选项,并说出这样选择的原因。

_____

_____

_____

2. 假如只能留下一个最重要的选项,那是什么? 为什么?

_____

_____

_____

3. 当你面临人生的重大决策时,这些选项是如何影响你的?

_____

_____

_____

二、生命线练习

(一) 训练目标

此训练的目的是让学生对自己的人生有所展望和安排,以增加人生的目的性和规划性,为创造理想人生打下基础。

(二) 训练方法

请学生每人准备好一张洁白的纸、一支鲜艳的笔和一支暗淡的笔(比如一支红笔和一支黑笔),用字迹颜色区分心情。

(三) 训练实施

引导语:将纸横放,从中部画一条长长的横线,在末端加上一个箭头。在原点处标上 0,在箭头处标上你为自己预计的寿命数。然后在白纸的顶端写上 ×××(你的名字)的生命线。

这条线标示了你一生的时限,是你脚步的蓝图。

现在请根据你规划的生命长度,找到你目前所在的那个点,标出来。比如你现在 18 岁,就标出 18 岁的那个点。在这点的左边代表着过去的岁月,右边代表着未来。把过去对你有着重大影响的事件用笔标出来。比如你 7 岁上学了,就找到和 7 岁对应的位置,填写上上学这件事。

注意:如果你觉得是快乐的事,就用鲜艳的笔来写,并要写在生命线的上方,如果你觉得快乐非凡,你就把这件事的位置写得更高些。例如:18 岁高考失利……这让你感到非常痛苦,可以在生命线相应下方很深的陷落处留下记载。依次操作,用不同颜色的笔和不同位置的高低,记录你今天之前的生命历程。

然后我们来到未来,把你一生想干的事都标出来,并尽量注明时间。视它们带给你的快乐和期待的程度,标在不同的高度。当然,也请把一些可能遇到的困难——用黑笔大致勾勒出来,这样我们的生命线才称得上完整。

看看是线上面的事件多,还是线下面的事件多。如果大部分都在线以下,是否可以考虑调整一下自己看世界的眼光?

当你把生命线画完后,请把注意力集中在此时此刻。以前的事已经发生过了,哪怕是再可怕的事,也已经过去。你不可能改变它,能够改变的是我们看待它的角度。一个人的成熟度,在于这个人治愈自己创伤的程度。过去是重要的,但它再重要,也没有你的此刻重要。

好好规划你的未来,让它合理而现实,然后根据限期去实现它。请好好保管你的蓝图,时常看看。生命线不是掌握在别人手里,它只有一个主人,就是你自己。无论你的生命线是长是短,每一笔都由你来涂画。

【课后作业】

综合你目前的情况,思考:我的生涯规划有哪些资源可以利用? 有哪些需要去探索?

(全 艳 乌日乐)

第二章 认清自我

幸福生活是靠劳动创造的,大家要保持平实之心,客观看待个人条件和社会需求,从实际出发选择职业和工作岗位,热爱劳动,脚踏实地,在实践中一步步成长起来。

——习近平总书记

 知识点

通过本章的学习,认识兴趣、性格的基本特质,明晰兴趣、性格与职业发展的关系,掌握性格与职业的最佳匹配;明晰自己最擅长并愿意在工作中使用的五项可迁移技能、自我管理技能和专业知识技能;能使用相关资源和方法了解意向职业的技能要求;认识价值观对个人职业选择和发展所起的激励及影响作用,培养良好的职业价值观。通过一系列测试和实践活动,能够根据一定的规则,寻找解决生涯问题的线索,发现自己性格、兴趣、技能、价值观的结合点,找到适合自己的职业方向。

第一节 你喜欢做什么

【迷惘与疑惑】

小钱是某医学院校的大三学生。他兴趣广泛,从小到大学过武术、乒乓球、绘画等,在某些方面还得过奖,可就是没长性,每个爱好只学一阵时间,过段时间就扔一边去了。面对职业选择时,他想知道到底什么才是自己真正的兴趣。

【理论解析】

一、兴趣与职业兴趣

兴趣(interest)是人们以特定的事物或活动为对象,所产生的积极的、带有倾向性和选择性的态度与情绪。兴趣是内在动力和快乐的来源。如果你喜欢美术,你会为欣赏到一幅高水平的画而激动不已;如果你喜欢计算机,使用计算机的系统软件对你来说可能会易如反掌;如果你喜欢开车,你和朋友谈起驾驶来,你可能会眉飞色舞。相反,若是强迫一个擅长音乐的人把兴趣转移到推导数学公式方面,他会感到无用武之地,也会感到苦不堪言。

职业兴趣则是指一个人是否喜爱某种职业,它是一种职业选择与态度方面的倾向。这种倾向不仅影响着人们对工作的投入和热情,还与个人的幸福感和满足感紧密相连。美国芝加哥大学心理学教授米哈里·契克森米哈赖(Mihaly Csikszentmihalyi)一直强调,要做自己真正喜爱的事情才能获得快乐与满足。他提出的心流理论认为:人们的满足感、幸福感往往源于从事某种活动,而不是无所事事或单纯的享乐游玩。能够带来上述意义上的"满足感""幸福感"的活动,就是我们的兴趣所在。

二、兴趣与职业发展的关系

对于兴趣与职业发展的关系,可以从以下三方面来理解:

(一)兴趣有利于提高工作绩效

个体是依靠专业知识和技能参与职业活动的。兴趣是最好的老师,它可以促使个体不断学习,从而提高职业技能。同时,兴趣属于个性心理倾向,它有利于推动人们的工作动机,调动人的潜能,提高积极性,从而充分发挥自己的才干。可以说,兴趣可以从能力与活力两方面提高个体的职业活动水平。

(二)兴趣有利于提高职业满意度

兴趣代表了个体的某种心理偏好。职业兴趣表明了个体对职业的某种心理偏好,从事自己感兴趣的职业,本身就可以获得更高的职业满足感。这种职业满足感是保证职业稳定性和工作满意度的重要因素。

(三)兴趣给个人职业生涯指引方向

兴趣是个人职业生涯的指南针,因为它能够激发个体对特定活动的内在动机和热情,这种热情驱使个体不断探索、不断学习,从而在所选择的职业道路上积累专业知识和技能。当个人的兴趣与工作相匹配时,不仅能提高工作满意度和效率,还能激发创新和持续进步的动力,进而在职业生涯中实现自我。

三、霍兰德职业兴趣理论

1959 年,约翰·霍兰德(John L. Holland)提出了职业兴趣理论。他认为职业兴趣是人格的体现,因此职业兴趣理论又被称为人格类型理论。

霍兰德从整个人格的角度来考察职业选择问题。他认为,人格类型模式和职业类型模式应互相配合,否则人们难以在职业活动中获得自己需要的机会和奖励。霍兰德认为从事同一职业工作的人存在共同的人格,并能划分为不同的类型。因此,他提出了四个假设:①大多数人的人格可以分为现实型、研究型、艺术型、社会型、企业型和常规型 6 种类型。这些类型是在个人与环境的相互作用中形成的,每一种特定人格类型的人会对相应职业类型中的活动感兴趣。②人们所处的职业环境同样也可以划分为上述 6 种类型,各种职业环境大致由同一种人格类型的人占据。③人们寻求的是能够充分施展自己的能力,充分表现和发展自己价值观的职业环境。④个人的行为是由个人的人格及其所处的环境相互作用决定的。

兴趣是描述人格的另一种方式,是职业选择中一个更为普遍的概念,人格是兴趣、价值、需求、技巧、信仰、态度和学习个性的综合体。就职业选择而言,兴趣是个体和职业匹配过程中最重要的因素之一。

(一)兴趣类型

霍兰德认为人格分类模式等同于兴趣分类模式,主要存在 6 种人格类型,所以其人格分类也常作为兴趣分类来介绍。

1. 现实型(R——realistic) 现实型又称为技能型。具有这类倾向的个体往往身体技能及机械协调能力较强,喜欢与不同的工作事务及操作工具打交道。现实型的人稳健、务实,喜欢从事规则明确的活动及技术性工作,甚至热衷于亲自动手创造新事物。这类人不善言谈,对于人际交往及人员管理、监督等活动不太感兴趣。

2. 研究型(I——investigative) 研究型又称为调查型。具有这类倾向的个体喜欢理论思维和数理统计工作,对解决抽象性问题表现出极大的热情。他们通常喜欢通过思考和分析解决难题,而不一定将解决方案转化为具体的操作。这类人喜欢具有创造性和挑战性的工作,不太喜欢那些固定程式化的任务。他们不太喜欢对人员的领导工作及人际交往,独立倾向明显。

3. 艺术型(A——artistic) 具有艺术倾向的个体,对具有创造、想象及自我表现空间的工作表现出明显偏好。他们和研究型倾向的个体的相同之处在于创造倾向明显,对于结构化程度较高的任务及环境都不太喜欢,对于机械性及程式化的工作了无兴趣。艺术型的人也比较喜欢独立行事,不太合群。但和研究型的人不同的是,艺术倾向明显的个体喜欢自我表现,重视自己的感情,直觉力较好,情绪变化更大。

4. 社会型(S——social) 具有社会倾向的个体,倾向于与人打交道的工作。他们通常具有较强的言语能力,善于沟通和表达,乐于与人相处,并乐于提供帮助。这类人往往具有人道主义倾向和较强的责任心。他们习惯于通过商讨和调整人际关系来解决问题,不太喜欢以机械和物品为对象的工作。因此,他们适合从事咨询、培训、辅导及安抚劝说等工作。

5. 常规型(C——conventional) 常规型也称为事务型或传统型。具有这类倾向的个体,喜欢高度有序且要求明晰的工作,对于规则模糊或自由度大的工作不太适应。这类人不喜欢主动做出决策,更习惯于服从,一般较为保守、忠诚、可靠。在与人的工作中,他们倾向于保持一定的距离。常规型的人对社会地位和评价给予较多关注,更倾向于在大型机构中从事一般性工作。

6. 企业型(E——enterprising) 企业型通常也被称为经营型。具有这种兴趣倾向的个体,热衷于制订新的工作计划、事业规划以及建立新的组织结构。他们积极地发挥组织的功能,进行各种活动。这类人喜欢影响、管理、领导他人,通常表现出自信、支配欲和较强的冒险精神。他们不太擅长从事那些需要精细操作或长时间集中心智的工作。

(二)职业类型及其关系

霍兰德认为,主要存在六种与人格类型相对应的环境模式,六大类型并非并列的、有着清晰的边界的。如图2-1所示,他以六边形模型来标示六大类型的相互关系,边和对角线的长度反映了人格类型之间心理上的一致性程度,同时也代表着六种职业类型之间的相似与相容程度,位置相邻的两类职业类型相似性最大。人与职业的适应和匹配也可从该模型中得到体现。六大类型之间的关系如下。

1. 相邻关系 如RI、IR、IA、AI、AS、SA、SE、ES、EC、CE、CR及RC。属于这种关系的两种类型的个体之间共同点较多,例如现实型R、研究型I的人就都不太偏好人际交往,这两种职业环境中也都较少有机会与人接触。

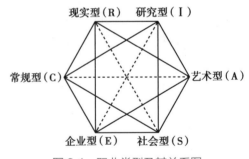

图2-1 职业类型及其关系图

2. 相隔关系 如RA、RE、IC、IS、AR、AE、SI、SC、EA、ER、CI及CS,属于这种关系的两种类型个体之间共同点较相邻关系少。

3. 相对关系 在六边形上处于对角位置的类型之间即为相对关系,如RS、IE、AC、SR、EI及CA,属于这种关系的两种类型个体之间的共同点少。因此,一个人同时对处于相对关系的两种职业环境都非常感兴趣的情况较为少见。

人们通常倾向于选择与自我兴趣类型相匹配的职业环境,如具有现实型兴趣的人希望在现实型的职业环境中工作,这样可以最好地发挥个人的潜能。但在职业选择中,个体并非一定要选择与自己兴趣完全对应的职业环境。这是因为:①个体本身往往是多种兴趣类型的综合体,单一类型显著突出的情况不多见。因此评价个体的兴趣类型时,通常以其在六大类型中得分居前三位的类型组合而成。组合时根据分数的高低依次排列字母,构成其兴趣组型,如

RCA、AIS 等。②影响职业选择的因素是多方面的,选择职业时不仅依据兴趣类型,还需要考虑社会的职业需求及获得职业的现实可能性。因此,在职业选择时个体可能会不断妥协,寻求与相邻职业环境甚至是相隔职业环境的匹配。在这种环境中,个体需要逐渐适应工作环境。

对于大学生和缺乏职业经验的人来说,为了清晰地了解自己的职业兴趣类型和在职业选择中的主观倾向,从而在纷繁的职业机会中找寻到最适合自己的职业,避免职业选择中的盲目行为,可以认识和了解霍兰德的职业兴趣理论。通过职业兴趣测试帮助自己做好职业选择和职业设计,成功地进行职业调整,从整体上认识和发展自己的职业能力。

(三)医学职业与兴趣的适配

医学职业是一项非常特殊的职业,与其他职业相比,它不仅要求从业者具备较高的理论知识和技能,还要求有良好的职业素质和道德观念。能力是职业的基础,而兴趣则是职业选择的关键因素。只有对某一职业有适当兴趣的从业者,才能更好地适应并投入该领域的工作。对于医学生而言,如果其具备研究型(investigative)的人格类型,则更能符合医学职业的要求。

兴趣是个体学习和工作时的内在动力和快乐的源泉,它不仅影响个体的学习和工作的积极性、主动性和愉悦性,还能激发个体的内在倾向性——生涯动机。生涯动机是个人选择学习特定专业或从事特定职业的内在驱动力,它能够激励个人勤奋学习、努力工作,并在专业领域取得成就。因此,无论是从个体个性的角度,还是从人职匹配的角度来看,医学从业者都应该培养对医学职业的兴趣。只有具备了医学职业兴趣,才会对这一职业充满更高的热情和积极性,才会在专业学习和工作过程中积极地投入,并在学习和工作过程中严格自律,承担起医学工作的职业责任。

人的职业兴趣不是天生就有的,它可以通过后天的教育和培养逐渐形成。由于人的兴趣既持久稳定又广泛,医学生如果经过一段时间的专业学习后,仍然发现自己对医学不感兴趣,就应该认真考虑自己的职业兴趣是否更适合其他领域。

【实践指导】

一、霍兰德职业兴趣测评

指导语:本测验量表将帮助你发现和确定自己的职业兴趣和能力特长,从而更好地做出求职择业的决策。如果你已经考虑好或者选择好了自己的职业,本测验将使你的这种考虑或选择具有理论基础,或向你展示其他合适的职业;如果你至今尚未确定职业方向,本测验将帮助你根据自己的情况选择一个恰当的职业目标。本测验共有七部分,每部分测验都没有时间限制,但请你尽快按要求完成。

第一部分　你心目中的理想职业(专业)

思考你对未来职业(或进一步学习的专业)的期望,它可能尚处于模糊构想阶段,也可能已经很明确。请列出你最希望从事的 3 种工作或最希望学习的 3 种专业,按优先顺序排列。

1. _____
2. _____
3. _____

第二部分　你感兴趣的活动

以下罗列了多种活动,请根据你的喜好进行判断。喜欢的活动请在"是"一栏里画√;不喜欢的则在"否"一栏里画√,并请按顺序回答所有问题。

R:现实型活动

1. 装配修理电器或玩具　　　　　　　是□　否□
2. 修理自行车　　　　　　　　　　　是□　否□

3. 用木头做东西 是□ 否□

4. 开汽车或摩托车 是□ 否□

5. 用机器做东西 是□ 否□

6. 参加木工技术学习班 是□ 否□

7. 参加制图描图学习班 是□ 否□

8. 驾驶卡车或拖拉机 是□ 否□

9. 参加机械和电气课程 是□ 否□

10. 修理机器 是□ 否□

统计"是"一栏得分共 _____。

I: 研究型活动

1. 阅读科技图书和杂志 是□ 否□

2. 在实验室工作 是□ 否□

3. 改良水果品种 是□ 否□

4. 研究土壤和金属的成分 是□ 否□

5. 研究自己选择的特殊问题 是□ 否□

6. 解算术或参与数学游戏 是□ 否□

7. 上物理课 是□ 否□

8. 上化学课 是□ 否□

9. 上几何课 是□ 否□

10. 上生物课 是□ 否□

统计"是"一栏得分共 _____。

A: 艺术型活动

1. 绘画、绘图或制作艺术品 是□ 否□

2. 参加话剧 / 戏剧 是□ 否□

3. 设计家具 / 布置室内 是□ 否□

4. 练习乐器 / 参加乐队 是□ 否□

5. 欣赏音乐或戏剧 是□ 否□

6. 看小说 / 读剧本 是□ 否□

7. 从事摄影创作 是□ 否□

8. 写诗或吟诗 是□ 否□

9. 参加艺术(美术 / 音乐)培训 是□ 否□

10. 练习书法 是□ 否□

统计"是"一栏得分共 _____

S: 社会型活动

1. 参与学校或单位的正式活动 是□ 否□

2. 加入社团或俱乐部 是□ 否□

3. 帮助他人解决问题 是□ 否□

4. 照顾儿童 是□ 否□

5. 出席晚会、联欢会、茶话会 是□ 否□

6. 和大家一起出去郊游 是□ 否□

7. 学习心理学 是□ 否□

8. 参加讲座或辩论 是□ 否□

9. 观看或参与体育活动 是□ 否□

10. 结交新朋友　　　　　　　　　是□　否□

统计"是"一栏得分共　　　　　。

E：企业型活动

1. 影响他人的决策　　　　　　　是□　否□

2. 卖东西　　　　　　　　　　　是□　否□

3. 谈论政治　　　　　　　　　　是□　否□

4. 制订计划、参加会议　　　　　是□　否□

5. 以自己的意志影响别人的行为　是□　否□

6. 在团体中担任职务　　　　　　是□　否□

7. 评价他人的工作　　　　　　　是□　否□

8. 结交有影响力的人士　　　　　是□　否□

9. 指导团队的工作　　　　　　　是□　否□

10. 参与政治活动　　　　　　　　是□　否□

统计"是"一栏得分共　　　　　。

C：常规型活动

1. 整理工作或学习的环境　　　　是□　否□

2. 抄写文件和信件　　　　　　　是□　否□

3. 撰写报告或公务信函　　　　　是□　否□

4. 管理个人财务　　　　　　　　是□　否□

5. 参加打字培训班　　　　　　　是□　否□

6. 参加实务培训　　　　　　　　是□　否□

7. 学习商业会计　　　　　　　　是□　否□

8. 参加数据处理培训班　　　　　是□　否□

9. 整理文件和记录　　　　　　　是□　否□

10. 撰写商务信函　　　　　　　　是□　否□

统计"是"一栏得分共　　　　　。

第三部分　你擅长的活动

以下列出的活动，若你能做或可能做到，请在"是"一栏里画√；若不能，请在"否"一栏里画√，并请回答下面的所有问题。

R：现实型活动

1. 熟练使用木工工具，如电锯、电钻和锉刀　是□　否□

2. 掌握万用表的使用方法　　　　是□　否□

3. 能够修理自行车或其他机械设备　是□　否□

4. 能够操作车床、磨床或缝纫机　是□　否□

5. 能给家具和木制品上漆　　　　是□　否□

6. 能读懂建筑图纸　　　　　　　是□　否□

7. 能够修理简单的电器产品　　　是□　否□

8. 能修理家具　　　　　　　　　是□　否□

9. 能修理收音机　　　　　　　　是□　否□

10. 能简单地修理水管　　　　　　是□　否□

统计"是"一栏得分共　　　　　。

I：研究型能力

1. 了解真空管或晶体管的功能　　是□　否□

2. 能够列举富含蛋白质的食品　　　　　是☐　否☐

3. 理解铀的裂变原理　　　　　　　　　是☐　否☐

4. 能用计算器和对数表　　　　　　　　是☐　否☐

5. 熟练使用显微镜　　　　　　　　　　是☐　否☐

6. 能识别星座　　　　　　　　　　　　是☐　否☐

7. 能独立进行调查研究　　　　　　　　是☐　否☐

8. 能解释简单的化学　　　　　　　　　是☐　否☐

9. 理解人造卫星为何不会坠落　　　　　是☐　否☐

10. 经常参与学术会议　　　　　　　　　是☐　否☐

统计"是"一栏得分共 _____ 。

A：艺术型能力

1. 能演奏乐器　　　　　　　　　　　　是☐　否☐

2. 能参与合唱团　　　　　　　　　　　是☐　否☐

3. 独唱或独奏　　　　　　　　　　　　是☐　否☐

4. 扮演剧中角色　　　　　　　　　　　是☐　否☐

5. 能创作简单的乐曲　　　　　　　　　是☐　否☐

6. 会跳舞　　　　　　　　　　　　　　是☐　否☐

7. 能绘画或书法　　　　　　　　　　　是☐　否☐

8. 能雕刻、剪纸或泥塑　　　　　　　　是☐　否☐

9. 能设计板报、服装或家具　　　　　　是☐　否☐

10. 能撰写优秀的文章　　　　　　　　　是☐　否☐

统计"是"一栏得分共 _____ 。

S：社会型能力

1. 具备向不同人群进行说明和解释的能力　是☐　否☐

2. 常参加社会福利活动　　　　　　　　是☐　否☐

3. 能够与他人友好合作　　　　　　　　是☐　否☐

4. 善于与老年人相处　　　　　　　　　是☐　否☐

5. 会邀请人、招待人　　　　　　　　　是☐　否☐

6. 能以简单易懂的方式教育儿童　　　　是☐　否☐

7. 能组织和安排会议等活动　　　　　　是☐　否☐

8. 善于洞察他人需求并提供帮助　　　　是☐　否☐

9. 能够帮助护理患者和伤员　　　　　　是☐　否☐

10. 能够组织社团的各种事务　　　　　　是☐　否☐

统计"是"一栏得分共 _____ 。

E：企业型能力

1. 曾担任学生干部且表现出色　　　　　是☐　否☐

2. 能够在工作中指导和监督他人　　　　是☐　否☐

3. 做事充满能量和热情　　　　　　　　是☐　否☐

4. 能有效利用自身的做法激励他人　　　是☐　否☐

5. 具备强大的销售能力　　　　　　　　是☐　否☐

6. 曾担任俱乐部或社团负责人　　　　　是☐　否☐

7. 能向领导提出建议或反馈意见　　　　是☐　否☐

8. 具备创业能力　　　　　　　　　　　是☐　否☐

9. 了解如何成为优秀的领导者　　是□　　否□

10. 口才好,辩论能力强　　是□　　否□

统计"是"一栏得分共 _____ 。

C:常规型能力

1. 会熟练打印文档　　是□　　否□

2. 能够使用外文打字机或复印机　　是□　　否□

3. 能快速记笔记和抄写文章　　是□　　否□

4. 善于整理保管文件和资料　　是□　　否□

5. 善于处理事务性工作　　是□　　否□

6. 能够使用算盘　　是□　　否□

7. 能快速分类和处理大量文件　　是□　　否□

8. 能熟练使用计算机　　是□　　否□

9. 能搜集数据　　是□　　否□

10. 善于为自己或集体制订财务预算　　是□　　否□

统计"是"一栏得分共 _____ 。

第四部分　你所喜欢的职业

下面列举了多种职业,请逐一认真地看,如果是你有兴趣的工作,请在"是"一栏里画√;如果你不太喜欢、不关心的工作,请在"否"一栏里画√,请回答全部问题。

R:现实型职业

1. 飞机机械师　　是□　　否□

2. 野生动物专家　　是□　　否□

3. 汽车维修工　　是□　　否□

4. 木匠　　是□　　否□

5. 测量工程师　　是□　　否□

6. 无线电报务员　　是□　　否□

7. 园艺师　　是□　　否□

8. 长途公共汽车司机　　是□　　否□

9. 电工　　是□　　否□

统计"是"一栏得分共 _____ 。

I:研究型职业

1. 气象学或天文学者　　是□　　否□

2. 生物学者　　是□　　否□

3. 医学实验室的技术人员　　是□　　否□

4. 人类学者　　是□　　否□

5. 动物学者　　是□　　否□

6. 化学者　　是□　　否□

7. 数学学者　　是□　　否□

8. 科学杂志的编辑或作家　　是□　　否□

9. 地质学者　　是□　　否□

10. 物理学者　　是□　　否□

统计"是"一栏得分共 _____ 。

A:艺术型职业

1. 乐队指挥　　是□　　否□

2. 演奏家   是□ 否□

3. 作家   是□ 否□

4. 摄影家   是□ 否□

5. 记者   是□ 否□

6. 画家、书法家   是□ 否□

7. 歌唱家   是□ 否□

8. 作曲家   是□ 否□

9. 电影电视演员   是□ 否□

统计"是"一栏得分共 _____。

S：社会型职业

1. 街道、工会或妇联干部   是□ 否□

2. 小学、中学教师   是□ 否□

3. 精神病医生   是□ 否□

4. 婚姻介绍所工作人员   是□ 否□

5. 体育教练   是□ 否□

6. 福利机构负责人   是□ 否□

7. 心理咨询员   是□ 否□

8. 共青团干部   是□ 否□

9. 导游   是□ 否□

10. 国家机关工作人员   是□ 否□

统计"是"一栏得分共 _____。

E：企业型职业

1. 厂长   是□ 否□

2. 电视制片人   是□ 否□

3. 公司经理   是□ 否□

4. 销售员   是□ 否□

5. 不动产推销员   是□ 否□

6. 广告部长   是□ 否□

7. 体育活动主办者   是□ 否□

8. 销售部长   是□ 否□

9. 个体工商业者   是□ 否□

10. 企业管理咨询人员   是□ 否□

统计"是"一栏得分共 _____。

C：常规型职业

1. 会计师   是□ 否□

2. 银行出纳员   是□ 否□

3. 税收管理员   是□ 否□

4. 计算机操作员   是□ 否□

5. 簿记人员   是□ 否□

6. 成本核算员   是□ 否□

7. 文书档案管理员   是□ 否□

8. 打字员   是□ 否□

9. 法庭书记员   是□ 否□

10. 人口普查登记员 是□ 否□

统计"是"一栏得分共 _____。

第五部分 你的能力类型简评

表 2-1 和表 2-2 是你在 6 个职业能力方面的自我评定表。你可以先与同龄者比较出自己在每一方面的能力,然后经斟酌后对自己的能力作评估。请在表中适当的数字上画圈。数字越大,表示你的能力越强。注意,请勿全部填同样的数字,因为人的每项能力不可能完全一样。

表 2-1 职业能力自我评分表

能力度	R 型 机械操作能力	I 型 科学研究能力	A 型 艺术创作能力	S 型 解释表达能力	E 型 商业洽谈能力	C 型 事务执行能力
高	7	7	7	7	7	7
	6	6	6	6	6	6
	5	5	5	5	5	5
中	4	4	4	4	4	4
	3	3	3	3	3	3
	2	2	2	2	2	2
低	1	1	1	1	1	1

表 2-2 职业类型自我评分表

能力度	R 型 体育技能	I 型 数学技能	A 型 音乐技能	S 型 交际技能	E 型 领导技能	C 型 办公技能
高	7	7	7	7	7	7
	6	6	6	6	6	6
	5	5	5	5	5	5
中	4	4	4	4	4	4
	3	3	3	3	3	3
	2	2	2	2	2	2
低	1	1	1	1	1	1

这个部分的主要目的是看你的哪个能力比其他能力突出,所以你可以给六个能力排队,然后让能力度不同的能力有不同的数值即可。

比如,一个人觉得自己最强的能力是数学技能,然后是办公技能,然后是领导技能或交际技能,然后是体育技能,最后是音乐技能。

那么,他的评分为 7,6,5,5,4,2 或者 6,5,4,4,3,1。这种情况不会影响得到的结果。

统计得分共 _____。

第六部分 统计和确定你的职业倾向

请将第二部分至第五部分的全部测验分数按表 2-3 填写,并作纵向累加。

表 2-3 霍兰德职业倾向测评成绩统计表

测试	R 型	I 型	A 型	S 型	E 型	C 型
第二部分						
第三部分						
第四部分						
第五部分表 2-1						
第五部分表 2-2						
总分						

请将表 2-3 中的 6 种职业倾向总分按大小顺序依次从左到右排列：

_____ 型，_____ 型，_____ 型，_____ 型，_____ 型，_____ 型。

最高分：_____ 最低分：_____

得分最高的职业类型就是最适合你的职业。然后再找出得分的前三位，得出你的职业兴趣的类型。

第七部分 你所看重的东西——职业价值观

这一部分测验列出了人们在选择工作时通常会考虑的 9 种因素（见所附工作价值标准）。现在请你选出不同的选项填在横线上，并将序号填入下边相应空格上。

最重要：_____ 最不重要：_____

次重要：_____ 次不重要：_____

附：工作价值标准

1. 工资高、福利好。

2. 工作环境（物质方面）舒适。

3. 人际关系良好。

4. 工作稳定有保障。

5. 能提供较好的受教育机会。

6. 有较高的社会地位。

7. 工作不太紧张、外部压力少。

8. 能充分发挥自己的能力特长。

9. 社会需要与社会贡献大。

以上全部测验完毕。

现在，找出分数居第 1 位的职业兴趣代码，对照表 2-4，判断自己适合的职业。

表 2-4 职业索引：职业兴趣代号与其相应的职业对照表

职业兴趣代号	相应的职业
R（现实型）	木匠、农民、操作 X 线的技师、工程师、飞机机械师、鱼类和野生动物专家、自动化技师、机械工（车工、钳工等）、电工、火车司机、长途公共汽车司机、机械制图员、机器修理工、电器师
I（研究型）	气象学者、生物学者、天文学家、药剂师、动物学者、化学家、科学报刊编辑、地质学者、植物学者、物理学者、数学家、实验员、科研人员、科技作者
A（艺术型）	室内装饰专家、图书管理专家、摄影师、音乐教师、作家、演员、记者、诗人、作曲家、编剧、雕刻家、漫画家
S（社会型）	社会学者、导游、福利机构工作者、咨询人员、社会工作者、社会科学教师、学校领导、精神病工作者、公共保健护士

续表

职业兴趣代号	相应的职业
E（企业型）	推销员、进货员、商品批发员、旅馆经理、饭店经理、广告宣传员、调度员、律师、政治家、零售商
C（常规型）	记账员、会计、银行出纳、法庭速记员、成本估算员、税务员、核算员、打字员、办公室职员、统计员、计算机操作员、秘书

　　表 2-5 介绍的是与职业兴趣代号相对应的职业类型，对照的方法如下：首先根据你的职业兴趣代号（得分最高的前三项），在表 2-5 中找出相应的职业，例如，你的职业兴趣代号是 RIA，则牙科技术员、陶艺家等是适合你兴趣的职业。然后寻找与你职业兴趣代号相近的职业，如你的职业兴趣代号是 RIA，那么，其他由这三个字母组合成的编号（如 IRA、IAR、ARI 等）对应的职业，也较适合你的兴趣。

表 2-5　职业兴趣对照表

职业兴趣代号	适合的职业
RIA	牙科技术员、陶艺家、建筑设计师、模型制作者、精细木工、链条制造者等
RIS	厨师、林业工人、跳水运动员、潜水员、染色工、电器维修师、眼镜制作师、电工、纺织机械装配工、服务员、玻璃安装工、发电厂工人、焊接工等
RIE	建筑工程、环境工程、航空工程、公路工程、电力工程、信号工程、通信工程、机械工程、自动化工程、矿业工程、海洋工程、交通工程技术员，绘图员，家政经济人员，计量员，农民，农业机械操作员，清洁工，无线电修理师，汽车修理师，手表修理师，管道工，线路装配工，工具仓库管理员等
RIC	船员、接待员、杂志保管员、牙医助理、制帽师、磨坊工、石匠、机械制造师、机车（火车头）制造师、农业机械装配工、汽车装配工、缝纫机装配工、钟表装配和检验工、电动器具装配工、鞋匠、锁匠、货物检验员、电梯机修工、托儿所所长、钢琴调音师、印刷工、建筑钢铁工人、卡车司机等
RAI	手工雕刻师、玻璃雕刻师、模型制作者、家具木工、皮革制品制作者、手工刺绣师、手工钩针纺织工、排字工、印刷工、图画雕刻师、装订工等
RSE	消防员、交通巡警、警察、门卫、理发师、房间清洁工、屠夫、锻工、开凿工、管道安装工、出租车司机、货物搬运工、送报员、勘探员、娱乐场所服务员、起卸机操作工、灭害虫者、电梯操作工、厨房助手等
RSI	纺织工、编织工、农业学校教师、职业课程教师（如艺术、商业、技术、工艺课程）、雨衣上胶工等
REC	抄水表员、保姆、实验室动物饲养员、动物管理员等
REI	轮船船长、航海领航员、大副、试管实验员等
RES	旅馆服务员、家畜饲养员、渔民、渔网修补工、水手长、收割机操作工、行李搬运工、公园服务员、救生员、登山导游、火车工程技术员、建筑工人、铺轨工人等
RCI	测量员、勘测员、农业工程技师、化学工程技师、民用工程技师、石油工程技师、资料室管理员、探矿工、煅烧工、烧窑工、矿工、保养工、磨床工、取样工、样品检验员、纺纱工、炮手、漂洗工、电焊工、锯木工、刨床工、制帽工、手工缝纫工、油漆工、染色工、按摩工、木匠、建筑工人、电影放映员、勘测员助手等
RCS	公共汽车驾驶员、游泳池服务员、裁缝、建筑工人、石匠、混凝土工、电话修理工、爆破手、邮递员、矿工、裱糊工人、纺纱工等
RCE	打井工、吊车驾驶员、农场工人、邮件分拣员、铲车司机、拖拉机司机等

续表

职业兴趣代号	适合的职业
IAS	经济学家、农场经济学家、财政经济学家、国际贸易经济学家、实验心理学家、工程心理学家、心理学家、哲学家、内科医生、数学家等
IAR	人类学家、天文学家、化学家、物理学家、医学病理学家、动物标本制作者、化石修复者、艺术品管理者等
ISE	营养学家、饮食顾问、火灾检查员、邮政服务检查员等
ISC	侦察员、电视播音室修理员、电视修理人员、法医、医学实验室技师、调查研究者等
ISR	水生生物学者、昆虫学者、微生物学家、配镜师、矫正视力者、细菌学家、牙科医生、骨科医生等
ISA	实验心理学家、普通心理学家、发展心理学家、教育心理学家、社会心理学家、临床心理学家、目标学家、皮肤病学家、精神病学家、妇产科医师、眼科医生、五官科医生、医学实验室技术专家、民航医务人员、护士等
IES	细菌学家、生理学家、化学专家、地质专家、地理物理学专家、纺织技术专家、医院药剂师、工业药剂师、药房营业员等
IEC	档案保管员、保险统计员等
ICR	质量检验技术员、地质学技师、工程师、法官、图书馆技术辅导员、计算机操作员、医院听诊员、家禽检查员等
IRA	地理学家、地质学家、声学物理学家、矿物学家、古生物学家、石油学家、地震学家、原子和分子物理学家、电学和磁学物理学家、气象学家、设计审核员、人口统计学家、数学统计学家、外科医生、城市规划家、气象员等
IRS	流体物理学家、物理海洋学家、等离子体物理学家、农业科学家、动物学家、食品科学家、园艺学家、植物学家、细菌学家、解剖学家、动物病理学家、作物病理学家、药物学家、生物化学家、生物物理学家、细胞生物学家、临床化学家、遗传学家、分子生物学家、质量控制工程师、地理学家、兽医、放射性治疗技师等
IRE	化验员、化学工程师、纺织工程师、食品技师、渔业技术专家、材料和测试工程师、电气工程师、土木工程师、航空工程师、行政官员、冶金专家、原子核工程师、陶瓷工程师、地质工程师、电力工程师、口腔科医生、牙科医生等
IRC	飞机领航员、飞行员、物理实验室技师、文献检查员、农业技术专家、动植物技术专家、生物技师、油管检查员、工商业规划者、矿藏安全检查员、纺织品检验员、照相机修理者、工程技术员、程序员、工具设计者、仪器维修工等
CRI	簿记员、计时员、铸造机操作工、打字员、按键操作工、复印机操作工等
CRS	仓库保管员、档案管理员、缝纫工等
CRE	标价员、实验室工作者、广告管理员、自动打字机操作员、电动机装配工、缝纫机操作工等
CIS	记账员、顾客服务员、报刊发行员、土地测量员、保险公司职员、会计师、估价员、邮政检查员、外贸检查员等
CIE	打字员、统计员、支票记录员、订货员、校对员、办公室工作人员等
CIR	校对员、工程职员、海底电报员、检修计划员、发报员等
CSE	接待员、通讯员、电话接线员、卖票员、旅馆服务员、私人职员、商贸学教师、旅游办事员等
CSR	货运代理商、铁路职员、交通检查员、办公室通信员、簿记员、出纳员、银行财务职员等
CSA	秘书、图书管理员、办公室办事员等
CER	邮递员、数据处理员、办公室办事员等
CEI	推销员、经济分析家等

续表

职业兴趣代号	适合的职业
CES	银行会计、记账员、法人秘书、速记员、法院报告人等
ECI	银行行长、审计员、信用管理员、地产管理员、商业管理员等
ECS	信用办事员、保险人员、各类进货员、海关服务经理、售货员、购买员、会计等
ERI	建筑物管理员、工业工程师、农场管理员、护士长、农业经营管理员等
ERS	仓库管理员、房屋管理员等
ERC	邮政局局长、渔船船长、机械操作领班、木工领班、瓦工领班、驾驶员领班等
EIR	科学、技术和有关周期出版物的管理员等
EIC	专利代理人、鉴定人、运输服务检查员、安全检查员、废品收购人员等
EIS	警官、侦察员、交通检验员、安全咨询员、合同管理者、商人等
EAS	法官、律师、公证人等
EAR	展览室管理员、舞台管理员、播音员、驯兽员等
ESC	理发师、裁判员、政府行政管理员、财政管理员、工程管理员、职业病防治员、售货员、商业经理、办公室主任、人事负责人、调度员等
ESR	家具售货员、书店售货员、公共汽车驾驶员、日用品售货员、护士长、自然科学和工程的行政领导等
ESI	博物馆管理员、图书馆管理员、古迹管理员、食品经理、地区安全服务管理员、技术服务咨询者、超市管理员、零售商品店店员、批发商、出租汽车服务站调度等
ESA	博物馆馆长、报刊管理员、音乐器材售货员、广告商、营业员、导游、(轮船或班机上的)事务长、乘务员、船员、法官、律师等
ASE	戏剧导演、舞蹈教师、广告撰稿人、报刊专栏作者、记者、演员、英语翻译员等
ASI	音乐教师、乐器教师、美术教师、管弦乐指挥、合唱队指挥、歌星、演奏家、哲学家、作家、广告经理、时装模特等
AER	新闻摄影师、电视摄影师、艺术指导、录音指导、丑角演员、魔术师、木偶戏演员、骑士、跳水员等
AEI	音乐指挥、舞台指导、电影导演等
AES	流行歌手、舞蹈演员、电影导演、广播节目主持人、舞蹈教师、口技表演者、喜剧演员、模特等
AIS	画家、剧作家、编辑、评论家、时装艺术大师、新闻摄影师、演员、文学作者等
AIE	花匠、皮衣设计师、工业产品设计师、剪影艺术家、复制雕刻品大师等
AIR	建筑师、画家、摄影师、绘图员、环境美化工、雕刻家、包装设计师、陶器设计师、绣花工、漫画家等
SEC	社会活动家、退伍军人服务官员、工商会事务代表、教育咨询者、宿舍管理员、旅馆经理、饮食服务管理员等
SER	体育教练、游泳指导等
SEI	大学校长、学院院长、医院行政管理员、历史学家、家政经济学家、职业学校教师、资料员等
SEA	娱乐活动管理员、国外服务办事员、社会服务助理、一般咨询者等
SCE	部长助理、福利机构职员、生产协调人员、环境卫生管理人员、戏院经理、餐馆经理、售票员等
SRI	外科医师助手、医院服务员等

续表

职业兴趣代号	适合的职业
SRE	体育教师、职业病治疗者、体育教练、专业运动员、房管员、儿童家庭教师、警察、引座员、传达员、保姆等
SRC	护理员、护理助理、医院勤杂工、理发师、学校儿童服务人员等
SIA	社会学家,心理咨询者,学校心理学家,政治科学家,大学或学院的系主任,大学或学院的教育学教师,大学农业教师,大学工程和建筑课程的教师,大学法律教师,大学数学、医学、物理、社会科学和生命科学的教师,研究生助教,成人教育教师等
SIE	营养学家、饮食学家、海关检查员、安全检查员、税务稽查员、校长等
SIC	描图员、兽医助手、诊所助理、体检检查员、监督缓刑犯的工作者、娱乐指导者、咨询人员、社会科学教师等
SIR	理疗员、救护队工作人员、手足口病医生、职业病治疗助手等

二、兴趣岛

(一)训练目标

通过简单易行的测试帮助学生探索自己的性格特质,了解个人性格特质与职业要求的性格特质相匹配对个人求职就业发展的重要性。

(二)训练方法

由老师带领全班同学共同进行测试,其间,给予一定的指导和讲解。

(三)训练实施

1. 测试 在茫茫的大海上,我们是一群游客,由于轮船搁浅,我们必须上岛,未来有救援船过来的可能性是零,因此可能要一生待在这些岛屿上,那么你会选择下列的哪一个岛屿?

A岛:美丽浪漫的岛屿,岛上遍布美术馆、音乐馆,弥漫着浓厚的艺术文化气息。同时,当地的原住民还保留了传统的舞蹈、音乐与绘画,许多文艺界的朋友都喜欢来这里找寻灵感。

I岛:深思冥想的岛屿,岛上人迹较少,建筑物多僻处一隅,绿野平畴,适合夜观星象。岛上有多处天文馆、博物馆以及科学图书馆等。岛上居民喜好沉思、追求真知,喜欢和来自各地的哲学家、科学家、心理学家等交换心得。

C岛:现代井然的岛屿,岛上建筑十分现代化,是进步的都市形态,以完善的户政管理、地政管理、金融管理见长。岛民个性冷静保守,处事有条不紊,善于组织规划。

R岛:自然原始的岛屿,岛上保留有热带的原始植物林相、自然生态保育很好,也有相当规模的动物园、植物园、水族馆。岛上居民以手工见长,自己种植花果蔬菜、修缮房屋、打造器物、制作工具。

S岛:温暖友善的岛屿,岛上居民个性温和、十分友善、乐于助人,社区均自成一个密切互动的服务网络,人们多互助合作,重视教育,弦歌不辍,充满人文气息。

E岛:显赫富庶的岛屿,岛上的居民热情豪爽,善于企业经营和贸易。岛上的经济高度发展,处处是高级饭店、俱乐部、高尔夫球场。来往者多是企业家、经理人、政治家、律师等。

你必须在15秒内回答以下问题:

(1)如果你必须在其中的一个岛上生活一辈子,成为这里岛民的一员。你第一会选择哪个岛?

(2)你第二会选择哪个岛?

(3)你第三会选择哪个岛?

(4)你绝对不会选择哪个岛?

选好之后,依次记下以上 4 个问题的答案(注意:六个岛屿代表六种典型的职业生涯兴趣类型;第一个选择表示主要兴趣,第二个和第三个表示辅助兴趣)。

2. 测试分析　六个岛事实上分别代表了六种霍兰德职业类型,它们的描述以及相互关系如下:A 岛——艺术型;C 岛——常规型;E 岛——企业型;I 岛——研究型;R 岛——现实型;S 岛——社会型。问题 1 的答案体现了你最显著的职业性格特征、最喜欢的活动类型以及最喜欢(很可能是最适合)的大致职业范围;问题 4 的答案则是你最不喜欢的活动等。具体内容如下:

(1)A 岛——艺术型(artistic)

总体特征:属于理想主义者,具有独创的思维方式和丰富的想象力,直觉强烈,感情丰富。

喜欢的活动:喜欢创造和自我表达类型的活动,如音乐、美术、写作、戏剧。

喜欢的职业:总体来讲,喜欢"非精细管理的创意"类和创造类的工作。如音乐家、作曲家、乐队指挥、美术家、漫画家、作家、诗人、舞蹈家、演员、戏剧导演、广告设计师、室内装潢设计师。

(2)I 岛——研究型(investigative)

总体特征:自主独立,好奇心强烈,敏感,并且慎重,重视分析与内省,爱好抽象推理等智力活动。

喜欢的活动:喜欢独立的活动,比如独自去探索、研究、理解、思考那些需要严谨分析的抽象问题,独自处理一些信息、观点及理论。

喜欢的职业:总体来讲,喜欢以观察、学习、探索、分析、评估或解决问题为主要内容的工作。如:实验室工作人员、物理学家、化学家、生物学家、工程师、程序设计员、社会学家。

(3)C 岛——常规型(conventional)

总体特征:追求秩序感,自我抑制,顺从,防卫心理强,追求实际,回避创造性活动。

喜欢的活动:喜欢固定的、有秩序的活动,如组织和处理数据等。愿意在一个大的机构中处于从属地位,并希望确切知道工作的要求和标准。

喜欢的职业:总体来讲,喜欢有清楚的规范和要求的、按部就班、精打细算、追求效率的工作。如:税务专家、会计师、银行出纳、行政助理、秘书、档案文书、计算机操作员。

(4)R 岛——现实型(realistic)

总体特征:个性平和稳重,看重物质,追求实际效果,喜欢实际动手进行操作实践。

喜欢的活动:愿意从事事务性活动,如户外劳作或操作机器,而不喜欢待在办公室里。

喜欢的职业:总体来讲,喜欢与户外、动植物、实物、工具、机器打交道的工作内容。如:农业、林业、渔业、野外生活管理业、制造业、机械业、技术贸易业、特种工程师、军事工作。

(5)S 岛——社会型(social)

总体特征:洞察力强,乐于助人,善于合作,重视友谊,热情关心他人的幸福,有强烈的社会责任感,总是关心自己的工作能对他人及社会做多大贡献。

喜欢的活动:喜欢与别人合作的活动,帮助别人解决困难。

喜欢的职业:总体来讲,喜欢帮助、支持、教导类工作,如:牧师、心理咨询员、社会工作者、教师、辅导员、医护人员、其他服务性行业人员。

(6)E 岛——企业型(enterprising)

总体特征:为人乐观,喜欢冒险,行事冲动,对自己充满自信,精力旺盛,喜好发表意见和见解。

喜欢的活动:喜欢领导和影响别人,或为达到个人或组织的目的而说服别人,成就一番事业。

喜欢的职业:总体来讲,喜欢那种需要运用领导能力、人际能力、说服能力来达成组织目标的职业。如：商业管理者、市场或销售经理、营销人员、采购员、投资商、电视制片人、保险代理、政治运动领袖、公关人员、律师。

3. 相关解答

（1）是否一定要选择自己感兴趣的职业：如果自己各方面的条件都比较好，有很多的选择，那么在清晰了解自己的情况下，这是最好的。但在现实中，这种情况比较少，我们不妨了解自己的次兴趣，这样的话，也可以给予自己多一些的选择机会、更宽的空间。当知道自己的兴趣所在，但同时又不能按兴趣去选择职业的时候，不妨平时多了解这些方面的资讯，更好地充实自己，这样在机会降临时就不会错过。有时可以把兴趣转化为爱好，同样可以陶冶性情，按兴趣去工作只是让自己更容易成功，生活更加快乐，但并不是让自己幸福快乐的唯一途径。

（2）兴趣是否为选择工作的首要标准：这取决于人生的阶段和个人所处的环境，重要的是要做到无怨无悔。在职业生涯的初识阶段，我们往往需要解决一些很实际的问题，这时可能无法过于强调兴趣。然而，在获得了一定的基础之后，我们可以将自己的兴趣融入工作中，使工作变得更加有特色和高效。有时候，我们需要"熬"过一定的阶段才能实现这一点。例如，从事考古工作并深入了解历史是一项很伟大的工作，但是大多数从事这一行业的人可能一开始的生活条件不会特别好。在这种情况下，你需要接受"兴趣是要付出代价的"这一事实。

【课后作业】

完成实践指导中的霍兰德职业兴趣测评。

第二节 你适合做什么

【迷惘与困惑】

小王是某医科大学临床医学专业大一的学生，经过半年的学习，他觉得自己越来越喜欢所学习的专业，而且成绩也不错。但令他困惑的却是自己的性格，因为他了解到作为医生要不断地与患者打交道，要具备热心和开朗的性格，而他觉得自己性格内向，不善言谈。在面临自己第一次的职业规划时，小王犹豫了，他想知道自己的性格适合从事自己喜爱的临床专业吗。

【理论解析】

一、什么是性格

性格是人对现实的稳定态度和习惯化行为方式的总和，表现为个体独特的心理特征。性格是一种与社会相关最密切的人格特征，并表现在对自己、对别人、对事物所采取的态度和言行上。它是在社会生活中逐渐形成的，同时也受个体的生物学因素影响。

当你向别人介绍自己是一个"活泼""开朗""热情"的人时，或者当你形容自己是一个"文静""细心""友善"的人时，你就是在描述你的性格，或是你的个性或人格特质。

东方古语云："积行成习，积习成性，积性成命。"西方也有名言："播下一个行为，收获一种习惯；播下一种习惯，收获一种性格；播下一种性格，收获一种命运。"可见性格对人的影响有多大。

二、性格与职业发展的关系

每种职业都有独特的行为要求,而这种要求是否与个体的性格行为取向一致,是影响个体职业发展的一个重要因素。因为只有在适合自己性格的工作环境中,个体才能够发挥自己的长处和优势,工作的情感才会越丰富,也就越容易获得工作的满足感和成就感。反之,就不会对工作产生深刻的情感和认识,也就不会有工作的激情。因此,性格与职业之间的适配和对应,可以使我们成为更有效率的工作者。

(一)性格是职业生涯选择的起点和依据

日常生活中,人们都喜欢与自己性格相近的人成为朋友,同样,人们也更倾向于寻找与自己性格类型一致的职业。因为只有当人们的性格与所从事的职业相一致时,才会集中精力去获得自己喜欢的职业知识,才会发挥自身的积极性,关注该职业的前沿和动态,从而积极思考,大胆探索,增强克服困难的勇气和意志,取得良好的工作效果。

(二)性格与发挥个人才能,提高工作效率密切相关

只有当人们的性格与所从事职业的要求一致时,个体才会感到自信,工作便成为一件快乐的事情,并且往往容易取得佳绩。相反,如果个体所从事职业的要求与自己的性格反差太大,甚至格格不入,那么个体便会感到无所适从,当工作成为一件不快甚至痛苦的事情时,想要做出成绩则是一件很难的事情。

(三)性格是保持职业稳定,获得职场成功的重要因素

对于一个人来说,当自己的性格有助于职业发展时,便会对所从事的工作产生兴趣,愿意为之钻研,就越容易取得成绩,进而便会对自己的职业感到满意,工作单位也会给出较高的评价。在这种良好的工作氛围中,个体就更容易保持工作的长期性和稳定性,并将自身的潜能最大限度地调动起来,在自己长期专注的方向上做出艰苦的努力,取得职场的成功。

另外,"工作"作为人类的社会生活经验之一,也会持续不断地对人们的人格特质进行修正,使得人格特质逐渐发生转变。例如,害羞内向的你也许因为某种因素报考了教育专业,而不得不学习当一位老师,经过多年课程教学的锻炼之后,你很有可能会发现再也没有人相信你也曾经有过"害羞内向"的阶段了。

所以,多方位去了解你的人格特质,但不要被目前以为"是"的人格特质限制了生涯发展。

三、MBTI 人格理论

(一)MBTI 人格理论介绍

MBTI(Myers-Briggs Type Indicator)是一种迫选型、自我报告式的性格评估测试,用于衡量和描述人们在获取信息、做出决策、对待生活等方面的心理活动规律和性格类型。MBTI 主要应用于职业发展、职业咨询、团队建议、婚姻教育等方面,是目前国际上应用较广的人才甄别工具。

MBTI 人格理论的基础是著名心理学家卡尔·荣格(Carl G. Jung)关于心理类型的划分,由美国心理学家布里格斯(Katherine C. Briggs)和她的女儿迈尔斯(Isabel Briggs Myers)根据荣格的心理类型理论和她们对于人类性格差异的长期观察和研究而著成。经过了长达 50 多年的研究和发展,MBTI 已经成为当今全球较为著名和权威的性格测试。

(二)MBTI 人格理论的指标

MBTI 衡量的是个人的类型偏好,即倾向性。所谓"偏好"是一种天生的倾向性,是一种特定的行为和思考方式。这些偏好并无优劣之分,却形成人与人之间的不同。它们各自识别了一些人类正常和有价值的行为,也可能成为误解和偏见的来源。MBTI 通过了解人们在做事、获取信息、决策等方面的偏好来从四个维度对人进行分析,每个维度包括两个相对的极点,代表不同的偏好倾向。

1. 外倾(extroversion,简称E)- 内倾(introversion,简称I)维度 外倾和内倾作为一种态度,指个体从何处获得精神能量,个体的注意力集中于何处。

外倾指的是人们觉察和判断的焦点多集中于外在世界或他人,较为关注周遭所发生的事件或人物。在工作中,外倾的人观点较多,通常首先发言,他们很容易和周围的人沟通,会通过和其他人之间的讨论来解决问题。

内倾指人们的觉察和判断,均以其对自身内在世界的兴趣为基础,较为关注自身的想法和观点。他们相对保守、文静,不容易让人了解,并且对自己的情感可以很好地控制,不会宣泄感情。

E-I维度对比,见表2-6。

表2-6 E-I维度对比

外倾(E)	内倾(I)	外倾(E)	内倾(I)
善于表达	通常保留	主动参与	静静反思
自由地表达情绪和想法	情绪和想法不轻易流露	大家	个人
听、说、想同时进行	先听、后想、再说	忘我	思我
朋友圈大	固定的朋友	广度	深度

2. 感觉(sensing,简称S)- 直觉(intuition,简称N)维度 感觉和直觉描述的是个体获取信息所采用的方式。

感觉指个体倾向于通过视觉、听觉、触觉、味觉和嗅觉等方式获取信息,并将这些信息整合从而进一步处理。他们更重视事情的事实与细节,认为所有可被感知的和可被证实的都是能够得到信赖的,因此他们更适合从事应用类的工作,适于做实施执行的工作。

直觉指个体倾向于通过第六感或预感来获取信息,他们喜欢事物的变换与多样性,会更多地去探讨未来的可能性。在没有经验的情况下,他们更倾向于凭自己的直觉做事,会看重将来,对未来的期盼远远大于对现实世界的关注。在工作中,直觉型的人较为重视远景和全貌,因此更适合做策划工作。

S-N维度对比,见表2-7。

表2-7 S-N维度对比

感觉(S)	直觉(N)	感觉(S)	直觉(N)
明确、可测量	可发明、改革	连续的	任意的
细节、细致	风格、方向	重复	变化
现实、现在	革新、将来	享受现在	预测将来
看到、听到、闻到	第六感	基于事实、经验	基于想象、灵感

3. 思考(thinking,简称T)- 情感(feeling,简称F)维度 思考和情感维度描述的是个体通过何种方式做出决策。

善于思考的人通过逻辑分析和客观考虑做出决策,因此,逻辑分析对于他们来说至关重要。在分析问题时,思考型的人倾向于从局外人的角度来看待、分析,他们认为这样会更客观。在工作中,他们注重解决问题,不会仅仅看到眼前利益,会从更长远的角度来考虑问题。

重情感的人倾向于根据个人的主观评价做出决策,他们通常采用与个人的价值取向有关的判断标准,并依此对信息做出分析与判断。在工作中,他们更多地从自己的角度出发来分析问题,并看重眼前的利益。有问题出现时,他们会将自己作为当事人,并从这种角度来看待问题。

T-F 维度对比,见表 2-8。

表 2-8 T-F 维度对比

思考(T)	情感(F)	思考(T)	情感(F)
客观、公正	主观、仁慈	理智、冷酷	善良、善解人意
批评,不感情用事	赏识,也喜欢被表扬	头脑	心灵
清晰	协调	原则、规范	价值、人情
基于分析的	基于体验的	情有可原但法不容恕	法不容恕但情有可原
关注事情和联系	关注人和关系		

4. 判断(judging,简称 J)- 知觉(perceiving,简称 P)维度　判断与知觉用来描述个体与外界打交道的不同方式。

判断这种态度是一种习惯化的行为,它同思考与情感共同作用于外部世界。判断型的人喜欢有序的生活,做事情有规律,喜欢决定性的、有计划的组织和生活方式。在工作中,他们乐于制订和执行计划,如果没有制订好相应的计划,他们就不大可能开始工作。

知觉型的人喜欢灵活、能适应的、自发的生活方式,他们更有好奇心,乐于发现新奇的事物,倾向于追求舒适的生活,并保持一种灵活的生活方式。在工作中,他们喜欢解决具有挑战性的问题,能够灵活地处理问题,并善于抓住机会,对他们而言,适应和理解新环境或情境远比管理它更有趣。

J-P 维度对比,见表 2-9。

表 2-9 J-P 维度对比

判断(J)	知觉(P)	判断(J)	知觉(P)
按部就班	随遇而安	快速判断、决定	喜欢开放、获取
随时控制	不断体验	确定	好奇
明确规则和结构	确定基本方向	最终期限	新的发现
有计划、有条理	灵活的、即兴的	避免"燃眉之急"的压力	从最后关头的压力中得到动力

人的性格是非常复杂的,每个维度都会相互影响。在 MBTI 中,四个维度中的两极组合成了 16 种人格类型,将它们结合起来,有助于更加清晰地对个体的职业性格进行分析和探索。这 16 种人格类型的特征分析见表 2-10。

表 2-10 MBTI 16 种性格及其特征

类型	特征	解决问题模式
ISTJ	详尽、精确、系统、勤劳,关注细节。致力于改善组织程序与过程,无论组织处在发展的顺境还是逆境,都对组织保持忠诚	喜欢完全依据事实,在逻辑框架里进行分析;为获得理想结果,需考虑对人们的影响,然后寻找更多的可能性和其他含义
ISTP	注重实用性,尊重事实,寻求有利方法,具有现实性,只信服被论证的结果。喜欢独立工作,依靠逻辑和足智多谋解决即时出现的组织问题	喜欢依据具体事实,以自身具有的内部逻辑构建问题和解决问题;为获得理想结果,需要考虑其他可能性和对人们的影响
ESTP	行为定向型,讲究实效、足智多谋、注重现实,以最有效的途径解决问题。喜欢事件即时发生,然后在复杂的情境中找到解决问题的方法	喜欢现实、具体地评估环境,然后用逻辑分析以后采取的步骤;为获得理想结果,会考虑对人们的影响,寻找其他可选择的可能性

续表

类型	特征	解决问题模式
ESTJ	理智、善于分析、果断、意志坚定,以系统化的方式组织具体事实。喜欢事先组织细节和操作程序,与他人一起完成任务	喜欢根据相关的事实和细节进行逻辑分析,从而控制情境;为达到理想结果,会考虑更广阔的前景以及对人们和自己的影响
ISFJ	仁慈、忠诚、体谅他人、善良,不怕麻烦,帮助需要帮助的人。喜欢充当后盾,提供支持和鼓励	喜欢完全依据事实,尤其是当应用于人和准则方面时;为获得理想结果,需退一步思考问题的逻辑,然后寻找更多的可能性和其他含义
ISFP	温和、体贴、灵活、具有开放性。富有同情心,尤其对那些需要帮助的人。喜欢在合作和充满和谐气氛的环境中完成他们自己的任务	喜欢从实用的角度考虑对自己和他人真正重要的事物;为获得理想结果,需考虑其他人际关系和其他可能性,然后客观地决定事情
ESFP	友好、开朗、爱开玩笑、活泼,天性喜欢与他人相处。喜欢与其他活泼、快节奏的人一起工作,同时也会根据判断做出不同选择	喜欢对情境进行现实和具体的评估,尤其是对于人更是如此;为获得最佳结果,需增强客观性,从长远的眼光看待不同事物
ESFJ	乐于助人,机智,富有同情心,注重秩序,把与他人相处和谐看得很重要,喜欢组织人们和制订计划完成眼前的任务	喜欢考虑准则以及对人们的影响,也关注相关的事实和有用的细节;为获取理想结果,需识别其他人际关系,然后理智、冷静地分析
INFJ	相信自己的眼光,具有同情心和洞察力,温和地运用影响力。喜欢独立工作或与那些热衷于关注人们的成长与发展问题的小群体共同工作	喜欢识别自己内在观点的可能性,尤其是与人和社会准则有关的问题;为成功实现目标,对定向未来的远见卓识的客观性和现实的细枝末节的问题同样重视
INFP	具有开放性,是理想主义者,具有洞察力,灵活。希望自己的工作被认为是重要的。喜欢独立工作或在能发挥创造性的小团体里工作	思考真正对他人和自己重要的问题,找出具有创造性的可能性;为获得最佳结果,注意搜集事实资料以客观地做出决策
ENFP	热情,富有洞察力和创新性,多才多艺,不知疲倦地寻求新的希望和前景。喜欢在团队中工作,致力于从事能给人们带来更好的改变的事情	喜欢根据自己的价值观和准则探索创造性发展的各种可能性和前景;为获得最佳结果,冷静理智分析,考虑相关的事实资料和各种细节
ENFJ	关注人际关系,理解、宽容和赞赏他人,是良好沟通的促进者。喜欢与他人一起工作,致力于完成与人们的发展有关的各种任务	先判断发展计划能取得的绩效和对人们的影响;为获得最佳结果注意更多事实资料,然后进行理智、冷静的分析
INTJ	独立而极具个性,具有专一性和果断性,相信自己的眼光,漠视众人的怀疑。喜欢独自完成复杂的工程	喜欢以内在的认识制订战略、系统和结构,然后客观地做出决定;为获得最佳结果,会接纳他人和那些使自己的认识更加接近现实的细节资料
INTP	讲究合理性,喜欢理论和抽象的事物,好奇心重,更喜欢构建思想,不太关注环境和人。喜欢单独工作,强调对自己的观点和方法拥有最大的自主权	在寻求各种可能的选择时,喜欢以自身内部的逻辑建构问题和解决问题;为获取最佳结果,需要同时关注现实状况和他人的需求
ENTP	富于创新,具有战略眼光,多才多艺,分析型思维,具有创业能力。喜欢与他人一起从事需要非凡智慧的创始性活动	喜欢探索未来的前景和发展模式,理智地分析每一个正向和反向的结果;为获得最理想结果,关注人们的需要和相关的事实与细节
ENTJ	具有逻辑性、组织性、客观性、果断性。喜欢与他人一起工作,尤其是从事管理工作和制订战略计划时	根据内在的理解进行逻辑分析从而控制局面;为获得理想结果,对事实资料进行现实性决策,同时考虑决策对人们和自己的影响

在MBTI测评结果中,人们在每个维度上只能有一种偏好,如一个人是内倾型的就不可能是外倾型的,是知觉型的就不会是判断型的。但是,这并不代表一个内倾型的人就丝毫没有外

倾的特征,这就好像一个经常使用右手的人并不代表他的左手是没有用处的,很多时候他都需要左右手配合。性格也是如此,一个人如果是内倾型的,就意味着在绝大多数情况下其自然反应是内倾的,但他也有外倾的时候。在特别的情况下,甚至可能主要表现为外倾。所以,不要绝对地看待测评结果。

四、性格与职业的匹配

(一)性格与职业的适配

人的性格倾向,就像分别使用自己的两只手写字一样,虽然都可以写出来,但惯用的那只手写出的字会比另一只手写出的字更好。在工作中,性格与职业的正确适配可以为个体的职业发展提供更广阔的发展空间。试想,如果让一个性格外向、大大咧咧的人去做财务管理工作,让一个性格内向、腼腆害羞的人去做旅游接待工作,他们的工作都将很难取得成绩。

每个人都会沿着自己所属的性格类型发展出个人的行为、技巧和态度,而每一种性格也都存在着潜能和潜在的盲点。因此,了解自己的性格属于哪种类型,适合从事哪种类型的工作,就可以在工作和生活中妥善安排,扬长避短,使工作和生活更加愉快。

MBTI 16 种性格类型的职业倾向,见表 2-11。

表 2-11　MBTI 16 种性格类型的职业倾向

类型	倾向性顺序	适合职业	工作环境偏好
ISTJ	内倾 感觉 思考 判断	会计 / 管理人员 工程师 警察工作 / 法律工作 生产、建筑、保健	注重事实和结果 提供安全、结构和顺序 能保持稳定情绪 努力、任务取向,为了工作不被中断而喜欢独处
ISTP	内倾 感觉 思考 知觉	科研 机械和修理 农业 工程师和科技人员	注重迅速解决问题 目标和行动取向 不受规律限制 着眼于现在的经历
ESTP	外倾 感觉 思考 知觉	市场销售 工程师和技术人员 信用调查 健康技术、建筑 / 生产、娱乐	注重第一手的经验 灵活、注重结果 工作具有灵活性 即时满足需要、技术取向
ESTJ	外倾 感觉 思考 判断	商业管理 银行、金融 建筑 / 生产 教育、技术、服务	注重正确、高效地做事 任务取向,注重组织、结构 提供稳定性和可预知性 实现可行的目标
ISFJ	内倾 感觉 情感 判断	保健专业 教学 / 图书馆工作 办公室管理 个人服务、文书管理	看重有条理的任务 注重安全和隐私 结构清晰、有效率,一致、平静、安静 服务取向
ISFP	内倾 感觉 情感 知觉	机械和维修 工厂操作 饮食服务 办公室工作、家务工作	善于合作、喜爱自己的工作 允许有自己的私人空间 灵活、具有审美能力 谦恭有礼、以人为本

续表

类型	倾向性顺序	适合职业	工作环境偏好
ESFP	外倾 感觉 情感 知觉	保健服务 销售工作／设计 交通工作、管理工作 机械操作、办公室工作	注重现实 行动取向、活泼、精力充沛 适应性强、和谐 以人为本、舒适的工作环境
ESFJ	外倾 感觉 情感 判断	保健服务 接待员 销售 看护孩子、家务工作	喜欢帮助他人 目标明确的人和组织 有组织的，气氛友好的 善于欣赏的，有良心的，喜欢按事实办事
INFJ	内倾 直觉 情感 判断	宗教工作 教学／图书馆工作 媒体专家 社会服务、研究和发展	关注人类的思想和心理健康 具有创造性 协调、安静、有组织的 具有情感、喜欢有反省的时间和空间
INFP	内倾 直觉 情感 知觉	咨询 教学、文学、艺术 戏剧、科学 心理学、写作、新闻工作者	关注他人的价值 合作的氛围 允许有思考的时间和空间 灵活、安静、不官僚
ENFP	外倾 直觉 情感 知觉	教学、咨询 宗教工作 广告、销售、艺术、戏剧 音乐	关注人类的潜能 丰富多彩、积极参与的氛围 活泼的、不受限制的 提供变化和挑战、思想取向
ENFJ	外倾 直觉 情感 判断	销售 艺术家、演艺人员 宗教工作 咨询、教学、保健	愿意为帮助他人而做出改变 支持的、社会化的、和谐的 以人为本、井井有条 鼓励自我表达
INTJ	内倾 直觉 思考 判断	科学 工程师 政治／法律 哲学、计算机专家	注重实现长远规划 有效率的、以任务为重的 允许独自一人和思考 支持创造性和独立、人员是有效率的、多产的
INTP	内倾 直觉 思考 知觉	科学、研究 工程师 社会服务 计算机程序、心理学、法律	喜欢解决复杂问题 鼓励独立、隐私 灵活的、不受限制的、安静的 喜欢自我决定
ENTP	外倾 直觉 思考 知觉	摄影、艺术 市场营销 零售、促销 计算机分析、娱乐	独立处理复杂问题 灵活的、喜欢挑战的、不官僚 求新取向 喜欢冒险
ENTJ	外倾 直觉 思考 判断	管理 操作和系统分析 销售经理 市场营销 人事关系	结果取向、独立的 喜欢解决复杂问题 目标取向、果断 有效率的系统和人 挑战性的、结构性的顽强的人员

　　无论哪种性格类型的人，都有许多具体和丰富的性格特征，而且纯粹属于某一单一性格类型的人不多，大部分人都属于混合型，只是存在着程度的差别。因此，上面关于性格与职业的适配只能提供一个大致的方向，在实际的匹配过程中，还应根据人的性格特征与职业生涯要求的具体情况采取有针对性的方法。同时我们也应认识到，每个偏好、每个类型都没有好坏与对错之分，每种性格类型的人都是独特的，都可以在适合的工作环境中发挥自己的优势。

　　认识自己的性格类型，可以让我们更好地了解自己，理解自己的行为特点，根据自己的性格特点学习、工作和解决问题，但这并不意味着它可以成为约束我们不做某事或不选择某种职业的理由。客观环境的变化和个人的主观调节都会使性格发生改变，所以性格与职业的匹配也并非绝对，而是具有一定弹性的，世界上没有完全适合某种性格的职业，也没有完全不适合某种性格的职业，懂得用己所长，整合资源，才是我们真正应该做到的。

（二）性格与医学职业的适配

　　每一种特定的职业都要求从业者具有适应工作性质的职业性格，良好的职业性格对从业者能力的提高和事业的发展起着极大的推动作用。医学是一门实践性、服务性和风险性都很强的职业，也是一门"健康所系，性命相托"的特殊职业。医学职业的特殊工作性质要求医务人员的诊疗、护理行为要对患者有利，不仅有利于恢复患者的健康，而且有利于减轻患者的经济负担；不仅有利于患者体质的恢复，而且有利于患者精神的愉悦；不仅有利于医学科学的发展，而且有利于促进人类的健康。因此，作为医务工作者，必须具备较好的与人相处共事的能力，并且乐于从事理解、帮助他人的活动，有一颗仁爱之心，这是医务工作者必须具备的人格特质。也就是说，医务人员不仅要有较高的医疗水平，还要有冷静、细心、热忱、负责、诚实、爱心等性格特征，这不仅是我国高等教育人才培养目标和新世纪医学人才培养目标的需要，也是医学生全面发展和成才的需要。

　　MBTI 16 种性格类型的医学职业倾向，见表 2-12。

表 2-12　MBTI 16 种性格类型的医学职业倾向

ISTJ	ISTP	ESTP	ESTJ
适合从事要求利用个人经验和对细节的关注来完成工作的职业，如： ⊕ 医药管理 ⊕ 临床医疗 ⊕ 医学检验 ⊕ 医疗行政	适合从事需要动手操作、数据分析或解决实际问题的职业，如： ⊕ 临床医疗（手术） ⊕ 医学检验 ⊕ 病理技术 ⊕ 医学影像技术	适合从事要求行动力和对必要细节的关注的职业，如： ⊕ 疾病预防控制 ⊕ 卫生监督 ⊕ 检验检疫 ⊕ 医药销售	适合从事需要逻辑分析和组织能力来完成任务的职业，如： ⊕ 医药管理 ⊕ 医疗行政 ⊕ 公共卫生监督 ⊕ 检验检疫
ISFJ	**ISFP**	**ESFP**	**ESFJ**
适合从事能够利用个人经验和亲力亲为的方式来协助他人的职业，如： ⊕ 医学教育 ⊕ 健康护理 ⊕ 医疗服务 ⊕ 医疗保健	适合从事需要友善态度和对细节专注的服务性职业，如： ⊕ 康复治疗 ⊕ 专业护理 ⊕ 卫生保健 ⊕ 营养咨询	适合从事能够利用外向性格和热情来帮助有实际需求人群的职业，如： ⊕ 健康护理 ⊕ 医学教育 ⊕ 儿童保健 ⊕ 社区健康服务	适合从事需要个人关怀来提供服务的职业，如： ⊕ 医学教育 ⊕ 护理 ⊕ 医药咨询 ⊕ 卫生保健
INFJ	**INFP**	**ENFP**	**ENFJ**
适合从事能够促进情感、智力或精神发展的职业，如： ⊕ 医药销售 ⊕ 医药咨询 ⊕ 医疗保健 ⊕ 医学教育	适合从事能够发挥创造力和集中价值观的职业，如： ⊕ 临床医疗 ⊕ 医学研究 ⊕ 医药咨询	适合从事能够利用创新和沟通能力来促进他人成长的职业，如： ⊕ 医药咨询 ⊕ 医学教育 ⊕ 医疗保健 ⊕ 护理	适合从事能够帮助他人在情感、智力和精神上成长的职业，如： ⊕ 医学教育 ⊕ 卫生保健 ⊕ 心理咨询 ⊕ 基础护理

续表

INTJ	INTP	ENTP	ENTJ
适合从事需要智力创造和技术知识来构思、分析和完成任务的职业,如:	适合从事需要基于专业技术知识独立、客观分析问题的职业,如:	适合从事有机会不断面临新挑战的工作,如:	适合从事需要实际分析、战略规划和组织能力来完成任务的工作,如:
⊕ 药物研发 ⊕ 医学研究 ⊕ 医学技术	⊕ 临床医学 ⊕ 医药研发 ⊕ 医学检测 ⊕ 医学技术	⊕ 临床医学 ⊕ 医学研究 ⊕ 医药营销 ⊕ 疾病监控	⊕ 医学管理 ⊕ 医疗行政 ⊕ 检验检疫 ⊕ 医药营销

医学是一门多分支的学科,其专业特点不同,医学教研工作又不尽相同,特别在当今边缘学科和交叉学科兴起的大环境下,医学生应不断分析、评价自己的性格,找出与医学专业不相适应的性格类型,从而扬长避短,不断完善自身的人格塑造,并通过自我评估,结合自己的兴趣、特长和环境因素,找到自己的发展方向,为树立一个良好的自我职业形象、做好自己的职业发展规划打好基础。

【实践指导】

你了解自己的性格吗? 不妨通过以下的测试来试一试吧!

一、测测你的人格特质

表 2-13 是我们常用来形容人格特质的一些词语,仔细想想看你自己具备了哪些特质。请将这些形容词提供给你的好朋友参考,也请他用不同颜色的笔圈选出他认为你所具备的特质。对此看看他所形容的你和你所形容的自己,有些什么异同? 为什么会有这些异同?

表 2-13 形容人格特质的词语

顺从	重视物质	温和	坦白	自然	害羞	勤奋
诚实	有恒心	稳定	谦虚	实际	分析	独立
喜欢解决问题	理性	内向	好奇	重视方法	冷静沉着	批判
具有科学精神	追根究底	深谋远虑	亲和力	人缘佳	喜欢与人接触	乐于助人
为他人着想	随和	宽宏大量	善解人意	温暖	合作	循规蹈矩
喜欢规律	缺乏弹性	节俭	缺乏想象力	传统保守	谨慎	有条理
按部就班	负责任	复杂善变	喜欢变化	缺乏条理	想象力丰富	崇尚理想
情绪化	直觉的	不切实际	不喜欢从众	独创性	较冲动	感性
富冒险性	精力充沛	善于表达	慷慨大方	自信	有领导能力	活泼热情
积极主动	喜欢表现	说服力强				

1. 总结

我有,别人也有的特质是:＿＿＿＿＿＿＿＿＿＿＿＿＿＿＿＿＿＿＿＿＿＿＿＿＿。

我有,别人没有的特质是:＿＿＿＿＿＿＿＿＿＿＿＿＿＿＿＿＿＿＿＿＿＿＿＿＿。

别人有,我没有的特质是:＿＿＿＿＿＿＿＿＿＿＿＿＿＿＿＿＿＿＿＿＿＿＿＿＿。

我的发现:原来我是个＿＿＿＿＿＿＿＿＿＿＿＿＿＿＿＿＿＿＿＿＿＿＿＿的人。

我希望继续保有的特质是:＿＿＿＿＿＿＿＿＿＿＿＿＿＿＿＿＿＿＿＿＿＿＿＿。

我希望改变的特质是:＿＿＿＿＿＿＿＿＿＿＿＿＿＿＿＿＿＿＿＿＿＿＿＿＿＿。

2. **理想我与真实我** 也许你会很高兴地发现你的朋友是真正了解你,或者你很遗憾地发现你的朋友认识的你早已经是"过去式"了,甚至你真的希望能成为朋友眼中的你!"理想我"(你希望成为的样子)与"真实我"(你现在实际的样子)的差距,经常会困扰着许多年轻人。下面,请思考如何缩短理想与现实的鸿沟,让两者更趋向一致,并填写表2-14。

表2-14 理想我与真实我

人格特质描述	我过去的样子	我现在的样子	我希望的样子
乐观的			
爱整洁的			
小心谨慎的			
守信的			
脾气温和的			
彬彬有礼的			
诚实可靠的			
努力勤奋的			
有自信的			
受欢迎的			
独立自主的			
积极进取的			
有耐心的			
体贴的			
幽默的			
热心助人的			
重纪律的			
开朗的			
谦虚的			

[拓展阅读]

自己性格不好怎么办?

有句话说"性格决定命运",我觉得自己的性格不好,孤僻、暴躁,是不是意味着我将很难在事业上有好的发展呢?像我这样的性格可以改变吗?

性格上的孤僻和暴躁并不意味着不能在事业上取得好的发展。"性格决定命运"强调的是一个人的性格可以影响他的行为方式和生活习惯等各方面,进而对他的命运产生影响。但我们要明确的是,性格不能决定一个人智慧的高低和事业的成就。每一种性格的人都会有适合自己的领域和职业,也都可以在自己的领域里有所建树。每个人的性格中都会有闪光点,也都会有盲点。孤僻和暴躁是你性格中的缺点,意味着你也许不适于从事与人打交道的职业,如教师、服务员、公关人员、外交人员、机关干部等,但孤僻和暴躁一定不会是你性格的全部,你应该挖掘出自己性格中的闪光点,找到适合的职业,并在此基础上坚持不懈地努力,一定会取得事业上的进步。另外,性格并不是固定不变的,每个人性格的形成都受到多种因素的影响,只要你了解自己的性格类型和自己性格的优点及缺点,然后发扬性格中的优点,努力克服并摒弃性格中的缺点,那成功的命运就离你不远了!

二、Keirsey 气质类型调查问卷

表 2-15 中所有问题都无所谓对错,更无好坏之分,在答题时不必对每道题多加考虑,只要按你的感觉判断进行作答即可。

表 2-15　Keirsey 气质类型调查问卷

1. 电话铃响的时候,你会	A. 马上第一个去接	B. 希望别人去接
2. 你更倾向于	A. 敏锐而不内省	B. 内省而不敏锐
3. 对你来说哪种情况更糟糕	A. 想入非非	B. 循规蹈矩
4. 同别人在一起,你通常	A. 坚定而不随和	B. 随和而不坚定
5. 哪种事使你感到惬意	A. 做出权威判断	B. 做出有价值的判断
6. 对工作环境里的噪声,你会	A. 抽出时间整顿	B. 最大限度地忍耐
7. 你的做事方式	A. 果断	B. 某种程度的斟酌
8. 排队时,你常常	A. 与他人聊天	B. 仍考虑工作
9. 你更倾向于	A. 感知多于设想	B. 设想多于感知
10. 你对什么更感兴趣	A. 真实存在的东西	B. 潜在的东西
11. 你可能依据什么做出判断	A. 事实	B. 愿望
12. 评价他人时,你易于	A. 客观,不讲人情	B. 友好,有人情味
13. 你希望怎样制定合同	A. 签字、盖章	B. 握手达成契约
14. 你更愿意拥有	A. 工作成果	B. 不断进展的工作
15. 在一个聚会上,你倾向	A. 与许多人交流	B. 只与几个朋友交流
16. 你更倾向于	A. 务实而不空谈	B. 空谈而不务实
17. 你喜欢什么样的作者	A. 直述主题	B. 运用隐喻和象征
18. 什么更吸引你	A. 思想和谐	B. 关系和睦
19. 如果要使某人失望,你通常	A. 坦率、直言不讳	B. 温和、体谅他人
20. 工作中你希望你的行动进展	A. 确定	B. 不确定
21. 你更经常提出	A. 最后、确定的意见	B. 暂时、初步意见
22. 与陌生人交流	A. 使你更加自信	B. 使你伤脑筋
23. 事实	A. 只能说明事实	B. 是理论的例证
24. 你觉得幻想家和理论家	A. 有些讨厌	B. 非常有魅力
25. 在一场热烈的讨论中,你会	A. 坚持你的观点	B. 寻找共同之处
26. 哪一个更好	A. 公正	B. 宽容
27. 你觉得工作中什么更自然	A. 指出错误	B. 设法取悦他人
28. 什么时候你感觉更惬意	A. 做出决定之后	B. 做出决定之前
29. 你倾向于	A. 直接说出你的想法	B. 听别人发言
30. 常识	A. 通常是可靠的	B. 经常值得怀疑

31. 儿童往往不会	A. 做十分有用的事	B. 充分利用想象力
32. 管理他人时,你更倾向于	A. 坚定而严格	B. 宽厚仁慈
33. 你更倾向于作为一个	A. 头脑冷静的人	B. 热心肠的人
34. 你倾向于	A. 将事情办妥	B. 探究各种潜质
35. 在多数情况下,你更	A. 做作而不自然	B. 自然而不做作
36. 你认为自己是一个	A. 外向的人	B. 内向的人
37. 你更经常是一个	A. 讲求实际的人	B. 沉于幻想的人
38. 你说话时	A. 详细而不泛泛	B. 泛泛而不详细
39. 哪句话更像是赞美	A. 逻辑性强的人	B. 情感丰富的人
40. 你更易受什么支配	A. 你的思想	B. 你的体验
41. 当一项工作完成时,你会	A. 处理未了结的事	B. 继续干别的事
42. 你喜欢什么样的工作	A. 有最后期限	B. 随时进行
43. 你是那种	A. 很健谈的人	B. 认真聆听的人
44. 你更容易接受	A. 较直白的语言	B. 较有寓意的语言
45. 你更经常注意的是	A. 恰好在眼前的事物	B. 想象中的事物
46. 成为哪一种人更糟糕	A. 过分心软	B. 顽固
47. 在令人难堪的情况下,你有时表现得	A. 过分无动于衷	B. 过于同情怜悯
48. 你在做出选择时倾向于	A. 小心翼翼	B. 有些冲动
49. 你更喜欢	A. 紧张而不悠闲	B. 悠闲而不紧张
50. 工作中你倾向于	A. 热情与同事交往	B. 保留更多的私人空间
51. 你更容易相信	A. 你的经验	B. 你的观念
52. 你更愿意感受	A. 脚踏实地	B. 有些动荡
53. 你认为你自己更是一个	A. 意志坚强的人	B. 心底温和的人
54. 你对自己哪种品格评价更高	A. 通情达理	B. 埋头苦干
55. 你通常希望事情	A. 已经被安排、确定	B. 只是暂时确定
56. 你认为自己更加	A. 严肃、坚定	B. 随和
57. 你觉得自己是个	A. 好的演说家	B. 好的聆听者
58. 你很满意自己能够	A. 有力地把握事实	B. 有丰富的想象力
59. 你更注重	A. 基本原理	B. 深沉寓意
60. 什么错误看起来比较严重	A. 同情心过于丰富	B. 过于冷漠
61. 你更容易受什么影响	A. 有说服力的证据	B. 令人感动的陈述
62. 哪一种情况下你的感觉更好	A. 结束一件事	B. 保留各种选择
63. 较令人满意的是	A. 确定事情已经做好	B. 只是顺其自然
64. 你是一个	A. 容易接近的人	B. 有些矜持的人
65. 你喜欢什么样的故事	A. 刺激和冒险的	B. 幻想和豪勇的
66. 什么事对你来说更容易	A. 使他人各尽其用	B. 认同他人
67. 你更希望自己具备	A. 意志的力量	B. 情感的力量
68. 你认为自己基本上	A. 禁得住批评和侮辱	B. 禁不住批评和侮辱
69. 你常常注意到的是	A. 混乱	B. 变革的机会
70. 你比较	A. 按照程序办事而非反复无常	B. 反复无常而非按照程序办事

计分表

题号	A	B	题号	A	B	题号	A	B	题号	A	B	题号	A	B	题号	A	B	题号	A	B
1			2			3			4			5			6			7		
8			9			10			11			12			13			14		
15			16			17			18			19			20			21		
22			23			24			25			26			27			28		
29			30			31			32			33			34			35		
36			37			38			39			40			41			42		
43			44			45			46			47			48			49		
50			51			52			53			54			55			56		
57			58			59			60			61			62			63		
64			65			66			67			68			69			70		
合计																				
类型	E 外倾	I 内倾		S 感觉	N 直觉		S 感觉	N 直觉		T 思考	F 情感		T 思考	F 情感		J 判断	P 知觉		J 判断	P 知觉

三、观察与讨论

根据你在 Keirsey 气质类型调查问卷中得出的自己的性格类型,在全班同学中找到与你同一性格类型的人,并坐到一起。

相互说一说自己的性格特点有哪些,通常对对方的印象是什么,在生活和工作中需注意些什么,自己又能从对方的身上学习到什么。

很多人以为自己最了解自己,可以对自己的性格进行正确的分析和评估,其实不然。一个人的生活阅历总是有限的,当用自己的眼光来看待自己的时候,往往由于缺乏客观的横向比较而无法确定自己在人群中的位置,无法对自己的性格类型做出正确的判断。倾听和接受别人对你的评价,虚心学习他人性格上的优点,在一定程度上可以纠正我们对自己性格认识上的偏差。

【课后作业】

完成 Keirsey 气质类型调查问卷。

第三节　你擅长做什么

【迷惘与疑惑】

小郭是某医科大学的学生。随着对医学生就业形势的不断了解,他感到现在学医的人太多了,就业压力又很大。面对众多优秀的同学,他意识到仅凭现在的实力很难脱颖而出。他想学习掌握其他的技能来增强自己的竞争力,可又不知道需要一些什么样的技能才能帮助自己找到心仪的工作。

【理论解析】

一、能力简述

如前所述,明尼苏达工作适应理论认为,当个人能够同时达到内在和外在满意时,个人与环境之间的关系就比较协调,个人的工作满意度会比较高,在该工作领域也能持久发展。做自己能胜任的工作,培养和发展自己的能力,发挥个人潜能,常常是个人选择职业时希望能够得到满足的需要,亦即与能力相关的价值观。由此可见,能力与个人的职业满意度、工作适应性以及职业稳定性都具有直接的相关关系。

(一) 能力的含义

心理学认为,能力是人们成功地完成某种活动时所必需的个性心理特征。它代表一个人完成某种活动时所需要的主观条件,是直接影响活动效率,并使活动顺利完成的个性心理特征。

能力有两种含义:其一是指已表现出来的实际能力和已达到的某种熟练程度,可用成就测验来测量;其二是指潜在能力,即尚未表现出来的心理能量。通过学习或训练后可能发展起来的能力与可能达到的某种熟练程度,可用性向测验来测量。

能力总是和人的某种活动相联系,离开了具体活动,能力就无法形成和表现。例如,在绘画活动中,一个人在色彩鉴别、空间比例关系与亮度关系估算等方面特别好,我们称他具有绘画能力;在音乐活动中,一个人有强烈的曲调感、节奏感和良好的听觉表象,我们说他具有音乐能力。一个人的能力是在掌握知识的过程中形成和发展的,在人的一生中,能力随着年龄的增长有一个从形成、发展到衰退的过程。

(二) 能力的分类

从不同角度、不同依据出发,可对能力做多种不同形式的分类。

1. 按倾向性划分

(1)一般能力:又称普通能力,一般能力是指从事任何活动都必须具备的能力,即智力,包括观察力、记忆力、想象力、注意力和思考能力等。这些能力是我们认识理解客观事物并解决问题的基本能力,是完成任何活动都不可或缺的。

(2)特殊能力:是指某种特殊性的活动才需要的能力,又称专门能力,它常常是某些方面能力的独特结合,专为顺利完成某种活动所必需的,如音乐能力、数学能力等。

一般能力和特殊能力的有机结合是有效完成某种活动的必要保证。在现实生活中,多数人的一般能力不差,但缺乏突出的特殊能力;也有人一般能力很差,但具有惊人的特殊能力。假如有人一般能力不差,又有特殊能力,这二者的和谐统一就是才能,有某种才能的人,如果主观上努力,客观上得以施展,就可发展为天才。

2. 按功能或内容划分

(1)认知能力:指接收、加工、储存和应用信息的能力,是从事各种不同活动所需的最主要的心理条件,也就是一般所讲的智力。

(2)操作能力:是操纵、制作、运动的能力,如劳动能力、艺术表演能力等。它与认知能力的发展密不可分。

(3)社交能力:指人们在社会交往活动中所表现出来的能力,如言语感染力、判别决策力、紧急应变力、组织管理能力等。

3. 按活动性质划分

(1)模仿力:指通过观察别人的行为、活动以取得用相同方式做出反应的能力。儿童这方面的表现比较突出。美国心理学家班杜拉(A. Bandura)认为,模仿是人们彼此相互影响的重要方式,是实现个体行为社会化的基本历程之一。

(2)创造力：指产生新思想和新产品的能力。它与模仿力截然不同，但又有密切联系。人们常常是先模仿，然后才进行创造的。

二、能力与职业发展的关系

能力是一个人能否成功进入职业生涯的先决条件。无论从事什么职业总要有一定的能力作保证。没有任何能力，也就无职业生涯可言。人在其一生之中，要从事各种各样的社会生活和社会生产活动，必须具备与之相适应的多种能力。能力不同，职业选择就有所差异。

能力与职业的关系十分密切，是大学生择业的重要依据。2023年举办的首届全国大学生职业规划大赛就对参赛选手提出了多种能力要求。大赛共有两个赛道，分别是成长赛道和就业赛道。其中，成长赛道要求选手能够将专业知识应用于成长实践，提高通用素质和就业能力。就业赛道对选手的能力要求更全面：在通用素质方面考察选手是否具备抗压能力、思维能力（包括目标岗位所需的逻辑推理、系统分析和信息处理能力）、沟通能力（包括目标岗位所需的语言表达、交流协调能力等）、执行和领导能力（包括目标岗位所需的团队领导、协作、激励和执行能力等）；在就业能力方面主要考察选手是否具备岗位胜任能力，即目标岗位所需的专业能力、实习实践经历、解决实际工作问题的能力等。

对职业的研究表明，职业可以根据工作性质、内容和环境而划分为不同的类型，并且对人的能力也有不同的要求，因此应注意能力类型与职业类型的吻合。能力水平要与职业层次一致或基本一致。对一种职业或职业类型的人来说，由于所承担的责任不同，又可分为不同的层次，不同的层次对人的能力有不同的要求。因而，在根据能力类型确定了职业类型后，还应根据自己所达到或可能达到的能力水平确定相吻合的职业层次。

三、技能的分类

技能是在运用知识解决某种问题的过程中逐步形成的，是在活动中由于练习而巩固了的并在活动中应用的动作方式，是活动方式的概括，它和能力都属于心理过程的范畴。一个人的技能也能随着年龄的增长而不断提高。

技能分为三个类型，即专业知识技能、自我管理技能和可迁移技能。

(一) 专业知识技能

专业知识技能指需要通过教育或者培训才能获得的特别的知识或能力。知识技能不可迁移。它是一些特殊的词汇、程序和学科内容，必须经过有意识的、专门的培训才能掌握。它们常常与专业学习的内容相关。当然，知识技能并非只有通过正式的专业教育才能获得，除了学校课程外，专业会议、课外培训、讲座、研讨班、自学、职业资格认证考试等都可以帮助个人获得知识技能。

(二) 自我管理技能

自我管理技能也被视为一个人的个性品质，常被用来描述或说明个人具有的某些特征，这些特征能够帮助个人更好地适应周围的环境。自我管理技能无论是一个人先天具有的还是后天习得的，都需要练习。它们可以从非工作（生活）领域迁移转换到工作领域。也就是说，耐心、负责、热情、敏捷这些技能并不是通过专门的课程学习到的，而是在日常生活中随时随地培养的。也包括自我心态、自我心智、自我形象、自我激励、自我角色认知、自我时间、自我人际、自我目标、自我情绪、自我行为、自我学习、自我反省等诸多方面的管理技能。

例如，一位大四同学在回顾自己的实习经历后写道："这段经历为我毕业后进入社会作了良好的准备。在这次实习中，我懂得了在工作中不仅需要具备良好的知识技能，还要具备良好的社交能力，才能在工作中营造良好和谐的工作氛围。在工作中要积极主动，要虚心地向同事、前辈请教；要知难而上，不能遇到一点困难就放弃；要严格要求自己，不为自己的失职找借口。平时要和同事多多交流，和谐相处。"

(三) 可迁移技能

可迁移技能也被称为通用技能,是教育学上的术语,意思是说学习过的知识技能和现在用的知识技能虽然不同,但是可以根据学过的知识找到解决现在所需的技能方法。其特征是可以从生活的方方面面,特别是工作之外得到发展,同时可以迁移应用于不同的工作之中,是个人可持续运用的技能。例如,某个人很小的时候就能够说服其父母亲推后其就寝时间。"说服"就是一项非常重要的通用技能,即可迁移技能。在自己的职业规划中,当需要勾画出最核心技能的时候,可迁移技能是需要被最先和最详细叙述的。因为无论自己的需求和工作环境有什么样的变化,它是最能持续运用和最能够依靠的技能。

【实践指导】

一、找出你的可转换于工作的技能

可转换于工作的技能,是指大学生可以从学校转换至工作中的技能,这些技能是确保未来良好工作表现所必需的。请仔细阅读表 2-16 中所列出的 54 项技能,并依各题的要求进行操作。

表 2-16　可转换于工作的技能

1. 保持身体强健	28. 正确地心算
2. 改造及装配东西	29. 参考许多不同的问题解决方法
3. 精准、快速地处理事务	30. 分类并筛选资讯
4. 把小片块放在一起——组合东西	31. 使用自己的感觉解决问题
5. 研究东西如何运动	32. 作曲
6. 手和眼的协调	33. 透过身体、脸部表情及声音传达情感或想法
7. 从事困难的体力劳动	34. 有创意地使用颜色、形状或空间
8. 灵巧地使用双手	35. 想出解决问题的方法
9. 开车、骑脚踏车或机车	36. 迅速、准确地判断人、事、物
10. 修理东西	37. 接受别人的构想并且发扬光大
11. 身体反应迅速	38. 助人
12. 显现身体活动的协调	39. 使用资讯来形成构想
13. 研究和搜集资讯	40. 领导并指挥别人
14. 使用机器工具、打字机、缝纫机、电钻及其他的工具	41. 创意地写作一个故事或一首诗
15. 复习及评估已发生的事	42. 赞美把事情做好的人
16. 注意细节及精密度	43. 与人聊天
17. 遵循说明及图表	44. 主动与初次见面者打交道
18. 以清楚的书写互传资讯	45. 组织人群
19. 从书籍、电视、互联网等渠道获取信息	46. 说服别人接受一个构想或卖给他们某些东西
20. 分析资料及事实	47. 倾听并且查看别人的观点
21. 保存并更新资料	48. 对别人解释如何做事
22. 将资料分类、归档	49. 激励人们并且让他们想做一些事
23. 统计资料	50. 关心别人感受
24. 设计事物、事件及活动	51. 改造、制造东西;善用身边的东西;当场制作
25. 理财及做预算	52. 使人觉得受欢迎并且被接受
26. 提出新构想	53. 透过图画及音乐传达情感或想法
27. 记住数字或包含数字的事物	54. 在团体中或公开的场合表演

1. 请根据表 2-16 中所描述的技能,判断自己的感受,依据自己的感受将这 54 项技能分别填在下面的四个框中。

可以做得非常好	可以做,但不是很好
只要努力,可以做得好	不是我的能力之一

2. 请你看一看 "可以做得非常好" 的那些技能,然后将你认为自己做得好的技能进行排列。

(1) _____

(2) _____

(3) _____

(4) _____

(5) _____

(6) _____

(7) _____

(8) _____

(9) _____

(10) _____

3. 从 "不是我的能力之一" 的那些技能中,挑出一项你认为对你未来职业发展最有用的技能,告诉自己你要设法改善它,并且拟订计划去做。

> *现在我并不具备这项技能,但我要设法培养这项技能。
>
> 我的计划是:

[拓展阅读]

1. 某同学是学临床医学专业的,到医院的人力资源部工作,感觉自己目前尚未完全适应当前的工作。

工作与专业不对口的现象在毕业生求职中是普遍存在的。但是无论毕业生从事的工作是否与专业对口,本科教育打下的专业基础都远远不能满足工作需要,很多经验和技能都需要在实际工作中不断学习和积累。在大学生就业难的大环境下,尽可能放下 "专业不对口" 的包袱,放宽自己的求职范围、寻找更多的就业机会。从长期来看,专业背景并不会对薪资和职业发展产生很大的影响。

尺有所短,寸有所长。临床医学专业的同学在医院从事人力资源工作有自己的优势:首先,临床医学专业学生的医学知识比较全面;其次,对医院的环境和科室机构比较熟悉。人力资源是医院第一位的战略资源,医院通过人力资源的开发会为医院创造尽可能多的价值,提高医疗技术水平、扩大医院品牌效应。行政管理的职业特性需要讲求时效性、讲求办事快速、重细节,周到细致、服务意识要特别强、人际交往能力强。因此,该同学只要发掘自身的专业特点,在结合专业知识的同时发挥综合能力,勤学多问,就能够胜任当前的工作。

2. 某同学在学好专业课的同时,特别注意培养外语和计算机的技能,这对择业真的很重要吗?

某同学在经历了二十几次面试之后,终于找到了一份满意的工作。他总结是外语、计算机的实际运用能力帮助了他,面试的单位中既有教育机构,也有大中型医药公司,但共同的特点是用人单位在注重专业知识的同时,重视外语听说能力、写作能力和计算机操作能力。

专业能力是能力的一种,是求职中必备的条件之一,尤其医学这些专业性较强的领域,但是专业不能代替能力,在培养专业能力的同时应培养各种能力,这可以为就业夯实基础,也可以拓展就业领域。现在大多数用人单位有共同的偏好,一是有相应的工作经验,二是非常注重外语、计算机的技能,三是相应的专业背景,对学生的学习成绩和社会经验有要求之外,注重的是交流沟通的能力,特别是用英语交流的能力,还有分析问题、解决问题的能力,以及主动性。有不少同学热衷于考证,是不是证书越多越好?我们认为,如果证书能够真正体现你的才能,那当然是好的,但是用人单位更注重的是你处理问题、解决问题的能力以及在实践当中处理问题的综合性能力。医学院校毕业生的数量迅速增长和医学的专业性较强,决定了医学生的就业面相对狭窄。医学类多为长线专业,如临床医学本科专业学制为5年,学生的就业目标单一,范围狭窄,就业形势相当严峻。普通医学院校由于自身的知名度不高,其毕业生的出路更加被学校和学生所共同关心。在当前的形势下,医学生如何提高自己的核心竞争力,在众多的毕业生中脱颖而出呢?英语水平已经成为影响医学院校毕业生就业竞争力的重要因素。对外语及计算机水平的要求在就业单位上存在明显差异。三级甲等医院、医药相关的外企、大型医药企业、机关、科研单位等目前比较理想的就业单位,对外语及计算机水平的要求较高,职业声望与外语、计算机水平成正比。

所以,同学们应该在大学学习期间有意识地培养英语、计算机实际应用能力,而不是考过计算机二级,英语通过四、六级考试就一劳永逸,培养终身学习的能力、创新能力和实践能力才是真正的目的。注重沟通能力、团队合作能力及社会交往能力等实际应用能力,正视社会,正视自身,敢于竞争,不怕挫折,在激烈的就业竞争中占据优势。

二、技能分类训练

(一)训练目标

1. 识别你在广义上可迁移技能的熟练程度。

2. 识别你在这些技能上的动机水平,即你对使用这些技能的兴趣。

3. 识别对你的职业发展和进步有用的技能。

4. 识别你想要在将来强调或者弱化的技能。

5. 去勾画一个建立在你的技能基础上的工作满意度蓝图,看看还有什么因素是完成你的蓝图所需要进行的。

6. 把你通过技能分类学到的东西运用到你的职业方向中去。

(二)训练方法

技能分类提供了一种快速识别个人技能的方法。具体而言,就是把几十种技能按不同的栏目进行分类。分类是根据你对技能使用的熟练程度和喜爱程度两个维度进行的。熟练程度是根据你的经验和知识背景去判断的,喜爱程度则要根据你的直觉做出判断。

(三)训练实施

将下列49项技能进行分类,分别填入表2-17中。

(1)团队合作——易于和他人合作完成任务。

(2)想象——对已有的材料进行新的组织,创造出新形象。

(3)推进——加速生产和服务,解决问题使流程顺畅。

(4)执行——根据制度或计划采取行动。

(5)直觉——运用洞察和远见的能力。

(6)概念化——从问题、现象中提炼出相关的观点。

(7)授权——将任务分配给他人,使他人拥有相当的自主权和行动权以利于高效工作。

(8)机械技能——装配、调试、修理和使用机械。

(9)决策——对重要、复杂的事件做决定。

(10)编辑、校对——组织、整理、审定书面材料,检查其中的词汇、句法使用和体裁是否正确,并改正以利出版。

(11)观察——按科学的方法细察数据、人或事所表现的现象和动向。

(12)预算——更经济、更有效地使用金钱或其他资源的计划。

(13)销售——使客户确信个人、公司、产品或服务的价值,增加销售金额。

(14)谈判——为保障权利和利益,通过协商达到意见一致。

(15)发明——产生新观点,提出创新方案,获得新颖成果。

(16)质询——在交流中通过质疑和询问获得关注的信息。

(17)引导变革——施加影响改变现状,并运用决断力或领导力引导新的方向。

(18)应对模糊情景——能自知、有效地应对缺乏清晰性、结构性和确定性的问题。

(19)计算机技能——利用软件,如 Microsoft Word、Excel 和 PowerPoint 等,推进、完成任务和项目。

(20)计划、组织——确定项目目标,制订计划并推进。

(21)设计——对程序、产品或环境进行构建与创新。

(22)评价——对可行性或质量进行测量、评估和鉴定。

(23)适应变化——轻松且快速地适应工作任务与环境的变化。

(24)写作——撰写报告、信件、文章、广告、故事或教育资料。

(25)咨询——通过指导、建议或训练他人,促进其个人成长。

(26)临场发挥——在无准备的情况下有效地思考、演说或行动。

(27)督导——对他人的工作进行监督和指导。

(28)调停——管理冲突、和解分歧。

(29)持续记录——通过日志、流水账、比较或表格等方法保持信息的更新。

(30)处理数字——使用计算、推理、组织等方法解决数字、数量相关的问题。

(31)创意——通过思考、构想、遐想和头脑风暴的方法产生新的想法。

(32)教导、培训——对学生、员工或顾客进行说明、解释和指导。

(33)归类——对人、事或资料进行分组、归类或组织。

(34)归纳总结——整合概念和信息,使不同的元素形成系统的整体。

(35)监控——追踪和控制人或事的发展趋势。

(36)客户服务——有效解决顾客提出的问题、应对顾客投诉,最终使顾客满意。

(37)收集信息——通过书面、搜索引擎或互联网收集、组织信息和数据。

(38)制订战略——为成功达到目标而制订有效的计划或长期战略。

(39)娱乐、表演——为他人进行演唱、舞蹈、演奏等表演或在大众面前阐述观点和演讲。

(40)绘画——素描、绘制插图和油画、拍摄照片等。

(41)指导——为新手提供教导、训练或咨询。

(42)估计——对价值或成本进行评定。

(43)多任务管理——协调多个并发任务,使之有效地被执行。

(44)事务管理——协调事件,做好后勤安排。

(45)公关——保持个人或团队间的良好联系。

(46)激励——使他人充满动力、积极投入,做好最佳表现。

(47)情绪管理——善于管理自己的情绪,如用倾诉的方法;同时善于倾听、接纳别人;可以控制愤怒,保持冷静,有适时的幽默感。

(48)时间管理——确定任务的优先顺序,做好安排,保证任务的及时完成。

(49)分析——用合乎逻辑的方法分析和解决问题。

表 2-17　技能分类表

	非常熟练	可以胜任	不胜任
非常愿意使用			
比较愿意使用			
愿意使用			
最好不使用			
很不愿意使用			

☼ 问题思考:

(1)在"非常熟练"这个栏目中,有哪些你比较强的领域显现出来了?

(2)在"可以胜任"这个栏目中,有哪些技能是你想要加强,以便能够进入理想职业中去的?

(3)被你列入"不胜任"这个栏目中的技能,如果想要进入理想职业领域中去,有没有需要提高的技能?

(4)在你熟练运用的技能和愿意使用的技能之间,有什么样的关系?

(5)至今为止,你的工作是否提供了机会让你去使用你最擅长并且喜欢使用的技能?

(6)对你来说,在工作中你乐意使用的技能有多重要?

(7)你对技能的感受对你的职业进步很重要。哪些是你愿意在将来的职业生涯中强调的技能?

(8)你对技能的感受对你的职业进步很重要。哪些技能是你在将来的职业生涯中试图弱化的?

(9)描述一份理想的工作:头衔是什么? 和你喜欢的技能相关的任务是什么? 根据你的直觉和兴趣回答。

(10)有哪些技能因素阻止了你实现理想中的工作?

(11)完成下面的句子:

我对自己新的了解是_____。

然后,我准备做_____。

【课后作业】

1. 找出 10 个与自己成就相关的故事,确认个人最擅长并愿意在工作中使用的技能。

2. 列出一些你曾经完成的活动或课程,指出其中你已经习以为常的技能。

3. 为你自己写一封推荐信。

第四节 你为什么而努力

【迷惘与疑惑】

小英是某医学院临床医学专业即将毕业的学生,在校园招聘的时候,她陷入了两难的抉择,大城市的私立医院工资高,发展空间也较大,但是编制有限,工作强度较大;县城的社区医院给编制,工资偏低,但是相对稳定,工作压力也较小,父母希望她离家近一点、工作稳定。这让小英不知该如何选择。

【理论解析】

一、什么是价值观

价值观是人们在做选择和判断时所依据的最核心的原则、标准和特质。它构成了个人的内在准则,左右着个人的行为模式、态度表现、观点、信念坚持和理解等,影响着人们认识世界、解读事物、自我认知、自我定位和自我规划的过程,并为人认为自己正当的行为提供了充分的理由。

20世纪70年代以前,有关价值观的概念一直没有定论,直到1973年,美国学者罗克齐将价值观的研究推向了全新的发展阶段,并将其定义为“一个持久的信念,认为一种具体的行为方式或存在的终极状态,对个人或社会而言,比与之相反的行为方式或存在的终极状态更可取”。

罗克齐的定义比较抽象,为了便于理解,本书将价值观定义为:一个人由心中发出的,对周围的客观事物(包括人、事、物)的意义、重要性的总评价和总看法,即人们在做选择和判断时最为看重的原则、标准和品质。价值观是人判断对错、是非的重要尺度。价值观包括内容和强度两种属性:内容属性告诉人们某种方式的行为或存在状态是重要的;强度属性表明其重要程度。当我们根据强度属性来排列一个人的价值观时,就可以获得一个人的价值系统。每个人的价值观都是一个层次,这个层次形成了每个人的价值系统。这个系统通过我们赋予自由、快乐、自尊、诚实、服从、公平等观念的相对重要性程度而形成层级。

二、价值观的激励作用

实践证明,人的不同层次需求都有其相对应的价值观。1943年,美国著名心理学家马斯洛(Abraham Maslow,1908—1970)在《人的动机理论》一文中提出了享誉全球的“需求层次论”。如图2-2所示,需求层次理论把人的需求划分为五个层次,从低到高依次是生理需求、安全需求、归属和爱的需求、尊重需求、自我实现需求。

那么这五种需求所包含的具体内容是什么呢?

(1)生理需求:是人们最原始、最基本的需求,如吃饭、穿衣、住宅、医疗等。若不满足,则有生命危险。它是最强烈的、不可避免的、最底层的需求,也是推动人们行动的强大动力。

(2)安全需求:要求劳动安全、职业安全、生活稳定、希望免于灾难、希望未来有保障等。具体表现在:①物质上的安全需求,如操作安全、劳动保护和保健待遇等;②经济上的安全需求,如避免失业和意外事故、养老等;③心理上的安全需求,如希望解除严酷监督的威胁、希望免受不公正待遇、工作有应付能力和信心。安全需求比生理需求较高一级,当生理需求得到满足以后就要保障这种需求。

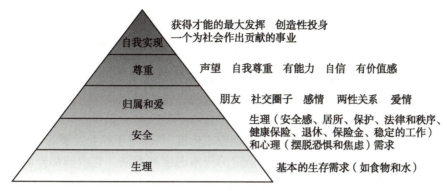

图 2-2 马斯洛需求层次模型

(3)归属和爱的需求：也叫社交的需求，是指个人渴望得到家庭、团体、朋友、同事的关怀爱护理解，是对友情、信任、温暖、爱情的需要。它包括：①社交，希望和同事保持友谊与忠诚的伙伴关系，希望得到互爱等；②归属感，希望有所归属，成为团体的一员，在个人有困难时能互相帮助，希望有熟识的友人能倾吐心里话、说说意见，甚至发发牢骚。而"爱"不单是指两性间的爱，而是广义的，体现在互相信任、深深理解和相互给予上，包括给予和接受爱。

(4)尊重需求：包括自我尊重、自我评价以及尊重别人。尊重的需求也可以划分为：①渴望实力、成就、适应性和面向世界的自信心，渴望独立与自由；②渴望名誉与声望。满足自我尊重的需求可以获得自信、价值与能力体验、力量及适应性增强等多方面的感觉，而阻挠这些需求将产生自卑感、虚弱感和无能感。基于这种需要，愿意把工作做得更好，希望受到别人重视，借以自我炫耀，指望有成长的机会、有出头的可能。这种需求一旦成为推动力，就将会令人具有持久的干劲。

(5)自我实现需求：是最高等级的需求。满足这种需求就要求完成与自己能力相称的工作，最充分地发挥自己的潜在能力，成为所期望的人物。这是一种创造的需求。自我实现意味着充分地、活跃地、忘我地、集中全力全神贯注地体验生活。

五种需求层次在顺序上的"由低到高"是不能更改的，只有当低层次的需求得到满足之后，个人才能关注并致力于满足下一层次的需求。这些需求是强大的内在驱动力，我们所做的事情正是为了满足这些需求。它们在我们的生活中反映出来，就体现为我们的价值观。比如：有的学生比较注重所要从事的工作到底能给自己带来多少收入，而有的学生可能更多地希望所从事的工作是自己的兴趣所在，是自己所喜欢的工作。这两者的不同在很大程度上可以归结于他们所处需求层次的不同，前者在"生理需求""安全需求"的层次上，而后者是在较低层次的需求已经得到满足的情况下，追求对"归属和爱""尊重""自我实现"的需要。图 2-3 标示出了不同层次的需求所对应的价值观。

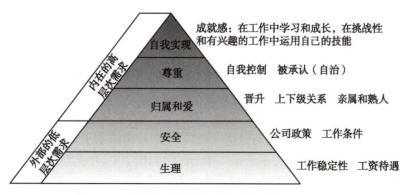

图 2-3 需求层次对应价值观

三、职业价值观

职业价值观也称职业意向,是指人们根据自己的价值观,对社会上各种职业的认知、态度和倾向,反映的是主体需要和社会属性之间的关系,如社会地位、职业报酬、工作环境、职业发展可能性等。它既是求职者职业理想、信念、世界观的直接体现,也是其人生观、价值观在择业问题的最直观表达。

大学生职业价值观是大学生选择职业的期望或标准,是其对于职业发展的可能性、经济报酬、社会地位和求职应付出的代价等相对稳定的根本态度和看法。它由四部分因素构成:一是大学生在职业选择过程中根据自身的兴趣、性格、能力,对就业环境、形势、政策等因素的综合认识和评价;二是大学生在自身人生观、价值观引导下,对将来所从事职业的社会地位、工作性质、稳定程度、发展趋势等择业目标的综合判断;三是大学生在职业需要的驱动下对职业选择过程中可能出现的复杂关系、冲突、问题时表现出的价值立场或价值取向;四是在职业目标确定之后,大学生为实现自身职业目标而采取的手段、形式等。

四、医学职业对价值观的要求

随着时代的发展和社会的进步,人们在生活水平逐步提高的同时,更加注重健康权和生命权,人们在试图通过建立、健全社会医疗保障制度来保护自己生命健康的同时,开始重视另一个维系生命健康的重要支点——医务人员的医德医风。这就给从事医疗卫生职业的工作者提出了与其他从业人员所不同的要求,医疗卫生人员应具备正确的价值观及良好的职业道德素质和职业精神。

医学是神圣的事业,医学院校学生毕业后肩负着消除疾病、救死扶伤、促进医药卫生事业发展,维护和增进人民健康的重大职责,因而树立与职业发展相匹配的正确价值观显得尤为重要。

(一) 正确处理个人需要与社会需要、个人价值与社会价值的关系

医学院校学生应该首先考虑社会需要,担负起社会的责任,要把社会的客观要求同个人的主观愿望有机地统一起来,要以国家和集体的利益为重,实现个人价值和社会价值的有效结合。马克思在《青年在选择职业时的考虑》一文中说:"在选择职业时,我们应该遵循的主要指针是人类的幸福和我们自身的完美。不应认为,这两种利益会彼此敌对、互相冲突,一种利益必定消灭另一种利益;相反,人的本性是这样的:人只有为同时代人的完美、为他们的幸福而工作,自己才能达到完美。"

(二) "救死扶伤"是恒久不变的誓言

"健康所系,性命相托",作为一名医学院校学生,必须面对人生不能承受之重。无论当今社会多么纷繁复杂,无论自己的生活多么压抑困扰,作为一名医疗卫生行业人员,我们面对生命时永远应该冷静、积极、珍惜。医学院校学生誓言,是一份对社会的庄严承诺。选择了医务工作,就选择了"救死扶伤",任何情况都不允许改变医学的初衷,任何理由都不能放任患者不管。处在时代及自身特殊发展时期的医学院校学生应加强自身的人文伦理学习,现今医学模式的转变使人道主义及伦理学在医疗行为中越来越受到重视。秉持"救死扶伤、以人为本"的信念,培养正确的职业态度,才能发挥医学的真正价值。

(三) 科学分析和认识现代社会医疗问题,充分肯定自身职业价值

医疗资源的分配不均、卫生发展与经济发展脱节、医疗保障水平低下、医疗服务市场化,造成了当前的医患矛盾尖锐和医患关系紧张。作为医学院校学生,要正确认识目前存在的问题,应该牢记自己将从事的是一项保护人类健康和生命的崇高职业,抗击疫情时、抗震救灾时、人民的健康受到威胁时,那些默默无闻、奋战在第一线的白衣战士们至今让人铭记在心。

(四) 与时俱进,提升服务理念

医学院校学生要顺应现代医学卫生服务发展潮流,遵循"以人为本"的理念,应该了解和接受现代医学发展趋势,提高服务意识,将"以患者为中心"理念贯穿于整个学习和工作过程中,转变思想观念,学会换位思考,注意尊重和体谅患者,摒弃患者"求医"的陈旧观念,提高自身服务意识、责任意识、事业心和学习工作热情,努力为患者提供高超的医疗技术和高水平的医疗服务。

(五) 终身学习,精益求精

医生的医术和医德直接关系着患者的安全和幸福,只有具备一流的专业技能,才能更好地为患者解除痛苦。医学院校学生应该从现在开始就好好把握学习机会,无论在学校还是已经踏入社会,都应当在专业领域中不断追求、前进、精益求精,不断攀登医学高峰。

(六) 努力才有收获,积累才能成功

繁重的临床工作、过大的科研压力、太高的期望、巨大的风险、不信任的医患关系、医疗工作付出与回报不平衡以及上述问题带来的职业倦怠和悲观心理,都将是医学院校学生职业生涯中面临的考验。但应该相信,随着社会的发展和人类的进步,目前的从医形势只是暂时的。医学生涯是一个漫长的过程,起初是积累经验的艰苦过程,到后来才是享用经验的回报过程。先有诚实勤奋的付出,后有应得的成就,如果急于求成,为追求名利,采用不诚信的方式获取所谓的成就,到最后则将失去一切。

【实践指导】

一、价值观购买

为了帮助你探索出你的价值观,假定给你 8 万块钱以及 34 个购买项目,请你仔细地阅读表 2-18 的 34 个项目,然后在每一个项目后面写下你愿意花多少钱购买它。在所列的 34 个项目上你想怎么花 8 万块钱都可以,比如:你可以在某一项目上花 200 元,而在另一项目上花 4 000 元。要是你对某个项目毫无兴趣,你也可以一毛钱都不花。要是你愿意的话,当然也可以把 8 万块钱都花在某一个项目上。对于怎样使用这笔钱,你有绝对的自由,只是一定要把 8 万块都花光,不能多也不能少。当然,你还可以根据自己的喜好加上另外一些项目(表 2-18 中的内容只是提供一个探索价值观的方法而已)。

表 2-18 购买项目——探索价值观

购买的项目	花费的金额
1. 清除世界上现有的偏见	
2. 帮助患者与穷人	
3. 成为有名的人物(如电影明星、知名专家、宇航员)	
4. 一个能使你的公司多赚 3 倍钱的企划案	
5. 天天按摩并吃到世界上最好的厨师烧的菜	
6. 了解生活的意义	
7. 一种能使大家不再说谎的疫苗	
8. 布置你工作的环境	
9. 成为世界上最富有的人	
10. 当领导	

续表

购买的项目	花费的金额
11. 一次最完美的恋爱	
12. 一栋房子,有着你喜爱的艺术品,室内室外有着全世界最美的风景	
13. 成为全世界最有吸引力的人	
14. 活到一百岁并且不会生病	
15. 接受一个天才精神分析家的精神分析	
16. 一个为你私人所用的,收集名作最完备的图书馆	
17. 送些礼物给父母、妻子 / 丈夫、子女	
18. 清除世界上所有不公平的事	
19. 发现蕴藏 100 万吨的金矿,把它送给你最关心的慈善机构	
20. 被选为今年的杰出人物,受到全世界报纸的赞扬	
21. 精通本行的业务	
22. 除了享受外,什么事都不必做,一切的需要和欲望都会自动地得到满足	
23. 成为世界上最聪明的人	
24. 一种将"真诚"融入全球人际互动的传播机制	
25. 能轻轻松松地做你想做的事情,一点儿也不匆忙	
26. 一个充满着钞票的大房子	
27. 控制 50 万人的命运	
28. 受到全世界人的热爱与崇拜	
29. 有着无限的车票、戏票,使你能观赏各地音乐、舞蹈和戏剧的演出	
30. 新的发型、任你选设计师裁制你的衣服,再给你两星期的时间到美丽的温泉去度假	
31. 成为世界上最好的健康俱乐部的会员	
32. 能免除心理困扰的药物	
33. 拥有一台全能的电脑,要什么情报就有什么情报	
34. 和你的家人一块去旅游	

在你做完这个"预算"后,就可以来"计算"你的价值观了。这 34 个项目中的每一个项目都和某一个价值观关联,详见表 2-19。

表 2-19 每一个项目关联的价值观

1 和 18——公平	7 和 24——诚实	13 和 30——外表的吸引力
2 和 19——人道主义	8 和 25——自主	14 和 31——健康
3 和 20——认可	9 和 26——经济	15 和 32——情绪稳定
4 和 21——成就	10 和 27——权力	16 和 33——知识
5 和 22——快乐	11 和 28——爱	17 和 34——热爱家庭
6 和 23——智慧	12 和 29——美感	

表 2-20 中列举了各价值观的关联解释。

表 2-20　各价值观的关联解释

价值观	解释
公平	不偏不倚的
人道主义	关心别人的利益
认可	能使人觉得自己重要
成就	完成事情
快乐	满足、喜悦
智慧	良好的品味和判断力
诚实	坦白、廉正
自主	独立的能力
经济	物质的占有；财富
权力	对别人的控制权、影响力；权威
爱	温情；温暖地相处
美感	为了美的缘故而欣赏美
外表的吸引力	关心个人身体的外观
健康	关心个人身体的健康
情绪稳定	免于焦虑；心灵平静
知识	真实或情报的追求
热爱家庭	乐于为家庭奉献，孝敬父母，深爱妻子(丈夫)，热爱子女

请把你有花费的项目列于表 2-21，记下项目号码、花费金额，以及关联到的价值观。你在哪三个价值观上花了最多的钱呢？

表 2-21　关联价值观

项目号码	花费金额	价值观

现在再请你完成表 2-22 和表 2-23。

找出在单个项目上你花费最多钱的三个项目。

表 2-22　价值观关联项目

序号	项目号码	价值观
1		
2		
3		

从单个价值观来看,你在哪三种互相组合的项目上花了最多的钱?

表 2-23　项目组合

序号	价值观	花费金额
1		
2		
3		

你对表 2-22 和表 2-23 中所显示的价值观觉得惊讶吗?是不是和你原来所想的一样呢?你能接受这些价值观吗?例如,王同学在表中显示出极高的"美感"价值观,她说:"我一向为自己注重外表而觉得羞耻,我觉得这样似乎很肤浅,然而我真心在乎我的外表,也在乎我周围的事物看起来怎样。现在我领悟到一件事,持有美感的价值观是我的一部分,是我的本质之一,我根本用不着再为此害羞,我学会了接受自己。"已经毕业的李同学:"当我发现自己花钱最多的两项价值观是金钱和权力时,我吓了一跳。我自觉目前我从事的行业很有意思,可是在这个行业里我不可能赚很多钱,也不可能有什么太多的权力。因此我在想自己创业的可能性。"所有的价值观都是中性的,无所谓好的价值观与坏的价值观。比如希望具有权力没什么不好,因为权力是中性的。重要的是你运用权力的方式是建设性的还是破坏性的。在你接受你的价值观后,你便能根据价值观采取行动、订立目标。表现你的价值观(采取行动)才会促使你做出自我完成的、成功的抉择。

二、个人价值观澄清

每个人都有自己独特的价值观,而且不管喜欢与否,生活中的重要他人的价值观也常常会对我们产生影响。重要的不是去评判这些价值的对错,而是去考量他们给自己的生活和职业发展带来的影响,并适时做出调整。同时也需要认识到:很少有工作能够完全满足一个人所有的重要价值观。因此,我们总是要不断地做出妥协和放弃。这是不可避免的,也是必要的。只有对自己的价值观进行澄清和排序,才能知道如何取舍。

下面要进行个人价值观澄清,请把以下 20 种个人价值,根据对你的重要程度进行排序。相信你将对自己的个人价值观有深入的认识和了解,你也将明了自己究竟想要"什么"(注:每个价值后面的句子是对该价值的解释,以便于你对该价值有更好的理解)。

(1)成就——成功;通过决心、坚持和努力而取得的成果。"成就"一词的定义是:"获得成功的结果,达到预定的目标"。

(2)审美——为了欣赏和享受美。

(3)利他——关心别人,为别人的利益而奉献。

(4)自主——独立做出决定的能力。

(5)创造性——产生新思想及革命性的设计。

(6)情绪健康——能够克制焦虑的情绪并有效阻止坏脾气的产生;思绪平静,内心感觉安全。

(7)健康——没有疾病和痛苦,身体总体条件良好。

(8)诚实——公正、正直的行为和忠诚、高尚的品质。

(9)正义——无偏见且公平、正直;遵从真理、事实和理性;公平地对待他人。

(10)知识——为了满足好奇心或求知欲而寻求真理、信息。

(11)爱——建立在钦佩、仁慈基础上的感情。温暖的依恋、热情、献身;无私奉献,忠诚地接纳他人,谋求他人的益处。

(12)忠诚——忠诚于个人、团体、组织或党。

(13)道德——信任并遵守道德标准。

(14)身体外观——关注自己的容貌。

(15)愉悦——是一种惬意的感觉,是伴随着对美好事物的期待和对伟大愿望的拥有而产生的。愉悦不在表面上的高兴,而更在于内心的满足和喜悦。

(16)权力——拥有支配权、权威或影响力。

(17)认可——由于他人的认可而感到自己很重要、很有价值;得到特别的关注。

(18)技能——乐于有效使用知识并完成工作的能力;具有专门技术。

(19)财富——拥有大量物质财富。

(20)智慧——具有洞察内在品质和关系的能力以及洞察力和判断力。

[拓展阅读]

我想做我自己喜欢的事,并且我坚信朝着自己的目标努力,我会不断前进。可是我的父母坚持认为我应该从事更有"钱"途的工作。我究竟选择向前走还是向"钱"走?

他人的价值观会对我们造成影响,之所以会这样,其实这同样是自己的一种选择。也就是说,面对他人的价值观,我们其实可以选择不同的态度和回应,我们可以抗拒、可以顺从、可以不予理睬、可以了解并判断它是否适合自己。那么对于父母的意见,我们为什么常常感到难以违抗却又不心甘情愿呢? 其实,这背后隐藏着我们另一项重要的价值观:就是想与父母有一个良好的关系,想要被他们认可和喜爱。如果认识到这一点,我们就可以把这个困境看做是两种价值观之间的冲突:一方面,我们想要做自己喜欢的事情;另一方面,我们想得到父母的赞许。那么,你就可以考虑:如果我必须要在二者之间做出选择,哪一样对我更重要呢? 事实上,妥协和放弃也是一种能力。现实生活中经常出现"鱼与熊掌不能兼得"的情况。如果父母的赞许对你而言是更重要的,那么起码在你按照他们的意愿生活的时候,你可以不必怨天尤人,而能够接受说"这是我的价值选择"。此外,我们还可以思考一下目标和手段的问题:得到父母的赞许,是否就一定意味着要接受他们的建议呢? 与他们心平气和地沟通交流,是否也能帮助双方消除分歧,维护一个良好的关系呢?

【课后作业】

完成价值观购买和个人价值观澄清活动,明确自己的价值观。

(王彩霞　方　坤　孔令杉)

第三章　认清现实

人有恒业,方能有恒心。一个人有了就业,就容易安定;一个家庭有一人就业,就增加一分稳定的力量。

——习近平总书记

 知识点

　　规划职业生涯并非在真空中进行,每个人的兴趣、性格、能力、生活背景都会影响生涯的决策结果和过程,而不同的职业世界也会对生涯的规划起到很大的影响。因此,本章通过对地域、行业、组织、专业的探索,帮助学生了解医学职业世界的现状,同时带领学生通过具体的职业探索方法,来完成职业环境认识和职业探索等外部探索。

第一节　职业世界的探索方法

【迷惘与疑惑】

　　小沈是护理学专业的学生,她性格开朗活泼、气质好、学习成绩优异,还是学院学生会文艺部部长。毕业时,她不仅通过自己的努力获得了进入三级甲等医院从事护理工作的机会,同时也通过了某航空公司空乘人员的考核。去医院从事自己熟悉的本专业,还是到航空公司成为空姐实现自己周游世界的梦想? 小沈迷惘了。

【理论解析】

一、探索职业世界的维度

　　职业世界是一个由地域、组织、行业以及具体职业所组成的复杂系统。地域(工作场所)探索包括工作的所在位置、环境状况、场所是室内还是户外、工作地点的变化性和安全性等;组织探索要了解组织文化、组织结构、主营业务、行业地位、单位性质、组织里面的职业发展通道等;行业探索包括产业地位、盈利模式、发展前景、人才供需等;职业探索包括应聘条件、工资待遇、升迁情况等。

二、探索职业世界的方法

(一) 直接接触职业世界的方法

　　1. 生涯人物访谈　生涯人物访谈是指学生对自己感兴趣的岗位从业人员进行采访的一种探索性的非正式评估的职业活动,是大学生身处校园了解职场世界的一个行之有效的方法。
　　学生在进行正式访谈前,需要做好以下准备工作。

（1）选定访谈对象：通过多种途径，如家人、同学、老师等的介绍和引荐，或互联网查找等形式，获得自己想拜访的生涯人物。对于高校的大学生来说，访谈的人物最好是选择1~3位工作时间在3~5年的职业人物进行访谈，这样访谈得到的信息有利于大学生毕业之后能够迅速地适应职场环境的变化。如果大学生想进一步了解岗位整个发展脉络的话，也可以进一步采访工作年限超过5年或者10年的行业资深人士。

（2）访谈时间地点安排：在联系访谈对象时，要礼貌地做好自我介绍，并说明本次访谈的目的。每次的访谈时间最好安排在30分钟左右，并能遵守时间安排、不迟到，地点的安排要尽量方便访谈对象。

（3）访谈的形式：访谈的形式最好是当面访谈，如果访谈对象不方便进行当面访谈，也可以采取电话或者网上进行交流。

（4）访谈的内容：访谈前要了解访谈对象的背景资料，同时准备好访谈的问题提纲并将提纲告知访谈对象，以便对方能够做好充足的准备。要提前和对方沟通，确认能否对访谈进行录音录像。

（5）访谈提纲的准备：可以围绕着工作性质、任务或内容；工作环境、就业地点；所需教育、培训或经验；所需个人的资格、技巧和能力；收入或者薪资范围、福利；工作时间和生活形态；相关职业和就业机会；组织文化和规范；未来展望等几方面提出自己想要探索的问题。

2. 职场调研　职场调研的具体步骤如下。

（1）形成自己预期的职业库：对于医学生来说，从上大学开始，就应该对自己专业将来可能的就业方向、自己可能从事的工作有所了解，建立自己的预期职业库。

认真审视自我，根据自身的需要、个性、能力、兴趣及市场需求规划职业生涯并付诸实践就显得尤为重要。因为医科毕业生要准备当一名医生，在专业上有所发展，不可能像其他综合性大学的毕业生那样可以先就业，后择业，而必须在校期间完成知业、择业这个过程，然后再就业、立业。否则一旦选错职业方向或准备不足错失良机，南辕北辙，重新回头要付出很大的代价。另外，以所学的专业为支点，选择、构建相关的职业和知识结构不乏是明智之举，更有利于自身价值的实现。在大学期间，尽量找机会和已毕业的学长联系，了解本专业的就业去向；多向专业老师请教，了解本专业的发展方向，拓展对于专业的了解以及明确未来的发展方向，都会起到关键的作用。因此，在大学校园里学习时，就要做个有心人，为自己将来可能的工作方向建立属于自己的职业库，并和老师、学长建立长期有效的联系。

（2）探索医学职业新方向：随着医药事业的发展和我国卫生工作的实际情况，医学生的就业必须改变以往集中在大中城市和发达地区的趋势，应寻求新的就业方向，而且随着医疗改革的进行，医学职业的分类更加专业化，就业方向也更加多样化。目前，医学生就业的方式与形式发生了很大的变化，由原来单一的进医院从事临床工作，逐渐演化为社区医生、保健医生、营养师、药剂师甚至专业的医药营销人员。

从目前社会发展的角度来看，现在的医学生有更多的就业渠道和发展方向，医学生可以通过更多的途径解决自己的就业问题，找到适合自己发展和成长的新就业方向：

1）面向农村、中小城市的卫生医疗机构就业：国家的发展趋势是力争各地区经济发展的平衡，支持广大农村的城镇化，快速发展的经济必然会促进对卫生的需求。加之长期以来医学毕业生主要在公有制县级以上卫生医疗机构就业，而这些机构现在接纳的毕业生主要是在研究生层面上。因此，医学本科生应该清晰地看到严峻的就业形势，而随着国家医疗体制改革的进行，国家对县、乡级医疗机构的投入加大，为广大的医学生提供更多的发展空间。

2）面向大中城市的社区医疗服务机构的就业：发达地区的人群对医疗的需求不仅是停留在有病治病的层面上，更多地考虑到身心健康、保健、生存质量和就医的方便程度。在环境方面，社区护理、家庭病房、卫生保健等现代化的医疗服务形式必将进入每个小区和家庭。为此，各大中城市建立了许多社区医疗服务机构并给予很大程度政策上的支持,这对医学毕业生将有很大的需求。

3)面向医疗保障部门和卫生执法监督部门的就业:经济的发展必然会带来社会各领域的变革,卫生事业更是首当其冲,国家对医疗保险、农村合作医疗等政策的推出执行,加强医疗卫生中各项事业的细化管理、法律监督等都需要一支懂医疗、会管理的队伍。

4)面向医学研究和相关领域的就业:随着社会的发展,医学的领域在不断扩大,涉及的方面越来越多,这其中有相当一部分是新兴的领域,如医学法律、医学伦理学、医疗设备学和药品的营销等。传统的领域需要不断深化研究,新兴的领域需要不断丰富,医学生应分析好这些领域的形式,开阔视野,寻求机会。

5)面向民营医院及民营医药企业等非公有制医疗机构的就业:随着社会经济的快速发展,民营医院和医药企业如雨后春笋般地出现在国内的各大城市里,一些民营医院和医药企业因其创新的管理和经营模式,也赢得了广泛的市场,这些民营单位往往在接收医学毕业生时机制更加灵活,也为大学毕业生就业开拓了新途径。

6)自主创业:与其四处找工作碰壁,不如自己创业,寻求自己的发展空间。现代社会是知识经济时代,大学生拥有先进的知识和思想,国家有相关的政策扶植,靠自己的打拼也会有一片广阔的天地。

3. **社会实践** 社会实践包括兼职、实习、社会活动、校园活动等。很多大学生在大学期间会有兼职的经历,兼职不仅让大学生获得收入,还能锻炼大学生的能力、使他们了解职业世界。医学是实践科学,实习是了解职业世界的最佳渠道。大学生在校期间还会参加一些学校组织的社会活动,如参加市里各种大型活动,各级职业生涯规划大赛等活动都会对大学生了解职场有所帮助。

(二) 间接接触职业世界的方法

1. **通过出版物了解职业世界** 医学生主要可以通过以下两种出版物来间接了解职业世界。

(1)《中华人民共和国职业分类大典》:《中华人民共和国职业分类大典》是我国唯一的职业分类权威著作。它详尽地描述了各职业的职责和工作内容。例如,若想了解"妇产科医师"这一职业,可以在"专业技术人员"类别下,进一步查找"卫生专业技术人员",然后是"临床和口腔医师",最后定位到"04"细分类别(图3-1)。

> 2-05-01-04 妇产科医师
> 从事妇女生殖系统疾病诊断、治疗、康复、保健、预防和产前检查、待产、接产及孕期、围产期保健、疾病诊断治疗的专业人员。
> 主要工作任务:(1)询问和检查患者,书写病历,记录病案;(2)医嘱或实施化验、影像学、介入方法、穿刺技术以及其他诊断程序;(3)分析化验和检查报告及结果,作出诊断,确定采取保守治疗或手术治疗;(4)开具处方,使用有关医疗辅助设备及药物,治疗妇女生殖系统疾病;(5)制订手术方案,医嘱手术准备,实施手术;(6)术后观察患者病情变化并采取相应措施;(7)在产妇分娩时进行助产、接生;(8)对妇女孕期及围产期出现的不良反应、异常进行治疗;(9)使用药物或器械避免、终止妊娠;(10)采用助孕技术治疗不孕。

图3-1 《中华人民共和国职业分类大典》对"妇产科医师"的介绍

(2)行业报告和白皮书:行业报告和白皮书通常由政府机构、行业组织、研究机构或咨询公司发布,包含了行业内的统计数据、数据分析、趋势预测和专家观点,能够帮助医学生把握医疗行业的现状与趋势。例如,医学生通过《中国卫生健康统计年鉴》可以了解到当前医疗资源的分配情况、疾病负担的变化、医疗服务质量的提升等。

2. **利用网络资源了解职业世界** 网络是获取职业信息最快捷的方式。医学生可以通过中华人民共和国人力资源和社会保障部网站、国家大学生就业服务平台、卫生行业协会网站、猎头服务网站、招聘网站、搜索引擎以及用人单位的官方网站等渠道,获取丰富的职业信息。

3. 利用视听资料了解职业世界 视听资料如视频讲座、纪录片、在线课程、TED演讲、博客等,包含了大量的职业相关信息。医学生可以通过观看与医学职业相关的电影、纪录片、网络视频和电视节目等视听材料,来直观地了解医生的日常工作、医疗环境、医患互动以及医学领域的最新进展。

【实践指导】

一、工作探索

请回答以下问题:

1. 哪3本行业杂志与你感兴趣的职业领域有关? 在哪里可以找到?
_____

2. 这些杂志反映出哪些与职业有关的趋势?
_____

3. 在互联网上寻找专业的就业机会,至少找到5条信息。
_____

4. 通过什么途径可以了解自己专业的就业方向? 如何获得专业就业信息?
_____

二、医学生生涯人物访谈分析

阅读以下材料:

左同学,一名药品经营与管理专业的学生,他和以前的高中同学交流自己的专业时,同学们认为他所学的专业就是"卖药"的,和超市的售货员没有什么大的区别。左同学听同学们这样评价自己的专业很苦恼,对于未来自己专业的前景和发展困惑不已,不清楚自己将来何去何从。为此,他寻求就业指导老师的帮助,就业指导老师建议他做一次生涯人物访谈活动,并为他联系了本校中药学专业一名已经毕业且工作4年的师兄作为访谈人物。左同学积极地与师兄取得了联系,按照老师的指点提前做好各项准备,顺利地完成了人生第一次生涯人物访谈。

左同学的生涯人物访谈记录如下。

1. 访谈时间 2024年7月9日。
2. 访谈方式 面对面。
3. 被访谈人 岳先生,大学本科学历中药学专业,现任山东潍坊某医药公司旗下市场部主任。
4. 访谈内容

问题1:您是如何找到现在的工作的?

答:我是大学毕业后通过自己的师兄介绍进入这家企业的,通过企业的数个月实习,又通过自己之后的不断努力,从销售一步一步干到目前的部门主管。

问题2:您认为哪些精神品质、性格和能力对工作来说是重要的?

答:我在本科毕业后,通过这几年的工作积累,我发现人要想做成一件事情,必须找准方向持之以恒做下去。对于职场新人来说,经验可以在日后的工作中一点点积累。只要自己能够在岗位上努力踏实地做下去,有了体验和经历,就会有更大的发展。做销售工作,需要对市场有敏锐的观察力,因为我们国家的医药行业竞争很激烈,如果做不好,那么很快就会被淘汰。只有抢先摸准医学发展的动向以及医疗市场的脉搏,知道目前临床治疗上都需要什么药品、什么样的药品能够使老百姓的身体更健康等,才能离成功越来越近。

问题3:药品销售这项工作所需要的个人品质、性格和能力与其他工作要求有什么不同?

答:首先是有与人沟通的能力,销售岗位需要这种能力越强越好,因为在销售的时候,大多数都是面对面与顾客交流,如果沟通不好的话,会影响你的销售业绩,有时候甚至会引发矛盾,遭到投诉,工作不保。其次,需要你要有耐心和韧劲,这些既是所有工作顺利进行的前提,也是销售这份工作的成功因素。像我现在所处的岗位,还需要善于发现、分析、解决问题,并能够将其总结归纳。把每一个店面在销售中的问题归纳汇总,制成文字材料经典案例,在日后给销售人员讲课时教授给他们怎样解决、处理这些问题。因为需要给销售人员进行培训,所以我自己还需要勇气,不能怯场。当然这些底气都来自自己日积月累的经验,如果我不是从基层的销售一点一点干到主管,就会与销售们有距离。所以基层的锻炼尤为关键。

问题4:您平常每天在工作中都做些什么?

答:在办公室中处理各经销商的问题与统计销售业绩。根据最新的市场销售信息反馈,判断消费者的需求,定期组织市场调研,收集市场信息,分析市场动向、特点和发展趋势,从而确定销售策略,建立销售目标,制订销售计划。当然这些都只是日常的行政工作方面,其他时间要多参加一些医疗系统的培训,了解目前临床新药特药的研发趋势,以及它们的治病机制。所以医药销售可不是一个卖药那么简单,而是要对老百姓的生命健康负责任的,把价格不贵、疗效好的药品推荐给他们,这是我们医药销售人员的一个使命和责任。

问题5:在这份工作上,男女工作者的机会是否均等?

答:现在的工作基本是男女平等的了。工作嘛,都是有能者居之。只要自己有这个实力就去勇敢拼搏,你就能够争取到自己想要的。

问题6:您觉得现在实现了您的人生价值了吗?您的家庭对您的工作满意吗?

答:我只能说已经完成自己人生的阶段性目标,目前通过自己的努力已经成立了自己的家庭,物质上有房有车,但是我自己的人生价值,是为这个社会和国家的医药卫生事业做点力所能及的事情,目前还没有完全实现这一点,所以我还要继续努力。家庭对我的工作也很满意,我们公司的休假是和国家颁布的放假一致,这使我有充足的时间来陪伴我的家人。

问题7:您对我们大学生有什么建议?

答:上大学期间,在学业上一定要珍惜时间,把自己的专业知识尽全力学好、学精。无论什么专业,只要它存在就有存在的价值,所以不要浑浑噩噩地虚度大学时光。在生活中,要吃苦耐劳,敢于参与实践,要知道实践出真知,你只有自己亲自去做了才会有自己的体会,这是任何人和书本不能教授给你的东西。

访谈结束后,左同学的感受如下:这次的生涯人物访谈对我的帮助很大。通过访谈,我感受到,第一,要充分认识自己,明确自己将来适合从事的岗位,并制订一个科学的职业生涯规划。第二,要积极争取各种与专业相关的学习和实践机会。第三,积累个人良好的信誉,做到言必行,行必果。第四,要注意资源的积累,尤其是与将来要从事的行业相关的人员,要积极联系并请教他们,他们也会提供一些发展机会。第五,要多聆听并吸取前辈、朋友和家人的建议,对自己的发展负责。

读完以上材料,你有什么感受?下面,请你选择一位访谈对象,对其进行访谈,并写出你的访谈感受。

_____

_____

_____

[拓展阅读]

孔同学的困惑

孔同学是一名中药学专业的本科毕业生,和其他既要考研又要找工作的同学不大一样,他的目标很明确,就是要找工作。但是另一个问题来了,自己到底要找什么样的工作呢?他自认为从不曾有什么主见,于是想听听寝室同学的意见。

一天晚上,恰好大家都在寝室,孔同学便把自己的心事说了出来。寝室同学听完困扰他的心事后,纷纷为他出谋划策。甲同学说:"小孔,你去药厂工作吧,那儿赚钱可多了,现在有钱才是硬道理。你知道吗,咱们上届的师兄就在××药厂工作,年薪和咱们学校教授工资差不多。现在特别缺少蓝领。"乙发表了不同看法:"嗯,甲说得对,不过也就咱们师兄那个分厂效益好,他们别的分厂还有开不出来工资的呢。其实,我觉得你还不如去做销售,听说咱们专业的一个师姐在××公司已经做到地区销售经理了,你去找找她,没准能成,据说薪水很高的。"听这么一说,孔同学真有些动心了,想想那么高的工资,应该很快就可以在城市买套住房了,到时候可以把还在家里务农的爸爸妈妈接到城里来住,真是不错的选择。正当他幻想美好的未来时,丙说话了:"小孔,你不要听他们瞎说,真想稳定还得到医院药局。"听这么一说,孔同学刚才憧憬的美好景象立刻消失了,取而代之的是更深的迷茫与彷徨。

焦虑的孔同学来到就业指导中心寻求帮助。他向老师说明了自己的情况后,老师为他指出了需要解决的两个重要问题:一是缺乏对自己的了解,不清楚自己的兴趣、爱好、价值观等,不能明确自己最想从工作中得到什么(例如金钱、荣誉等)。二是缺乏对相关职业的认知,无法清楚了解这些职业的现状和未来发展方向。

在就业指导中心老师的指点下,孔同学才意识到自己的问题所在,他后悔当初没有认真上职业生涯规划课,现在面临就业时才意识到它的重要性。为了帮助孔同学了解自己并建立信心,就业指导中心的老师对他进行了多次辅导。通过职业测试、成就故事等轻松愉快的方式,孔同学逐渐了解了自己,认识到了自己的性格、兴趣、价值观等。随着时间的推移,孔同学对自己的了解越来越深入,逐渐恢复了面对就业难题的信心和勇气。顺利解决第一个问题后,在老师的帮助下,孔同学来到一家药厂的生产车间进行毕业实习。三个月后,他发现自己真的不喜欢这种重复性的工作,于是向药厂领导申请调到销售部门继续实习。在销售部门实习期间,孔同学发现自己不太适合医药销售行业。由于从小生活在乡村,他性情淳厚,缺乏必要的人际沟通技巧,难以胜任销售职业。当他犹豫是否继续在销售岗位上实习时,孔同学家里的县医院刚好来到学校招聘实习生。听到消息后,他也报了名。因为他家就在县里,医院很快就接收了他,并分配他到医院的药局实习。在接下来的半年中,孔同学逐渐意识到这正是自己喜欢的工作。他认真地为每位患者服务,帮助有困难的人,收获了无数的欣慰和喜悦,内心得到了前所未有的满足。通过一年的实习,孔同学清楚地认识了自己曾经矛盾的三个职业,并找到了自己喜欢从事的职业。在毕业典礼上,孔同学高兴地对老师说:"我已经被我们县医院正式录用了,感谢老师对我的指导和帮助,有了这一年的经历,相信我以后做什么事情都会充满信心的。"

【课后作业】

1. 请同学们自由组合成小组,选择一位在职人员进行采访,了解其实际工作情况,并将采访内容整理成书面报告,填写到表 3-1 中。问题可以从职业咨询、生涯经验、人生感悟三方面来设计,具体问题举例如下。

(1)当初在选择学校及专业时,您是如何做出决定的?

(2)您为什么选择现在的职业?您是否从事过其他职业?

（3）您的职位是什么？您的主要职责是什么？

（4）您能列举工作中所要用的工具或设备吗？

（5）您通常如何度过一天？

（6）开始这项工作需要多少年的相关工作经验？

（7）工作中需要哪些才能、必备知识、技巧和能力？

（8）您对目前的薪酬福利满意吗？

（9）您在工作上最有成就感的一件事是什么？它对您的影响是怎样的？

（10）您认为您的职业前景如何？

（11）如果我们想进入您的行业，您能给我们一些意见吗？

表 3-1　生涯人物访谈报告

访谈人物		从事职业	
访谈时间		访谈地点	
职业咨询方面			
生涯经验方面			
访谈心得与反思			

2. 请同学们为自己未来的职业探索进行信息搜集，使用表 3-2 罗列出自己已经掌握和了解的信息以及进一步需要探索的信息，并进行整理分类。

表 3-2　我的职业信息分析表

目标职位	掌握的情况	自身优势	自身劣势	需进一步了解的信息
理想单位 1				
理想单位 2				
较心仪 1				
较心仪 2				
备选 1				
备选 2				
其他 1				
其他 2				

第二节 宏观的医学职业世界

【迷惘与疑惑】

小樊被某医科大学医学检验技术专业录取。接到录取通知书时,发现里面有一张可以选择专业方向的通知,即录取在医学检验技术专业的同学可以选择临床检验技术和病理检验技术两个专业方向。他在两个专业方向的选择上感到很迷茫,听以前的学长说病理检验就业前景好,一般都在三甲医院,但工作环境不如临床检验的好,小樊不知该如何选择。

【理论解析】

一、医疗卫生行业概述

根据《国民经济行业分类》(GB/T 4754—2017),我国的产业划分是:第一产业是指农、林、牧、渔业(不含农、林、牧、渔服务业);第二产业是指采矿业(不含开采辅助活动),制造业(不含金属制品、机械和设备修理业),电力、热力、燃气及水生产和供应业,建筑业;第三产业即服务业,是指除第一产业、第二产业以外的其他行业。其中医疗卫生行业在第三产业中属于卫生和社会工作这一行业门类。

我国的医疗卫生行业包含医疗机构和公共卫生机构。医疗机构,是指依法定程序设立的从事疾病诊断、治疗活动的卫生机构的总称。公共卫生机构指一切能够促进健康、预防疾病、保护健康的机构,包括各级卫生行政机构、疾病控制机构、卫生监督机构、慢性病防治机构、公共卫生研究机构等。这两大机构是医学生专业对口就业的重要组成部分。

2024年8月29日,国家卫生健康委员会公布了《2023年我国卫生健康事业发展统计公报》(以下简称《公报》)。根据《公报》我们可以看到我国医疗卫生行业的发展态势。2023年,全国医疗卫生机构总诊疗人次达到了95.5亿,比上年增长13.5%。全国中医类医疗卫生机构数量达到了92 531家,较前一年增加了12 212家,诊疗人次也比上年增加3.1亿人次。《公报》反映出,随着我国政府对医疗卫生投资的持续增长,医疗卫生资源在质量和数量上均得到提升,卫生服务体系日益完善,健康中国战略的实施也在稳步向前推进。

在资源配置方面,国家高度重视对医疗卫生服务能力的提升,我国医疗卫生资源总量持续增长。《公报》显示,到2023年末,全国医疗卫生机构的床位总数达到了1 017.4万张,医院中,公立医院床位占比高达69.2%。与前一年相比,床位总数增加了34.2万张。每千人口的医疗卫生机构床位数也从2022年6.92张提升至2023年的7.23张。此外,2023年全国医院病床使用率为79.4%,平均住院日为8.8天。

在卫生人员方面,卫生人员的总数,特别是卫生技术人员的增长,显著提升了医疗服务的专业性和质量。《公报》指出,到2023年末,全国卫生人员总数达到了1 523.7万人,较前一年增加了82.7万人,卫生技术人员增加了83.0万人。

基层卫生服务方面,我国基层医疗卫生服务的覆盖面和能力在持续扩大。《公报》提出,到2023年末,全国共有县级(含县级市)医院18 133所、妇幼保健机构1 869所,疾病预防控制中心2 007所,卫生监督所1 712所,这四类县级医疗卫生机构共有382.3万卫生人员。2023年,县级医院诊疗人次达到了14.4亿,乡镇卫生院和村卫生室的诊疗人次分别为13.1亿和14.0亿。此外,全国已设立社区卫生服务中心(站)数量为37 177个,与前一年相比有所增加,社区卫生服务中心(站)人员数也增长了 6.0 万人,增长率为 8.4%。

然而,随着医学毕业生数量的增加和卫生改革的深入,医学生在医院就业的难度逐渐加大。医学生面临的就业形势已经从"精英就业"转变为"大众化就业",竞争更加激烈。医疗机构的发展重点转向提高服务质量和效益,而非单纯扩大规模,对人才的需求也更倾向于急需的专业人才。

面对这一挑战,医学生需要拓宽就业视野,不应局限于传统的临床岗位。实际上,随着人口老龄化的加剧和健康意识的提高,医疗健康产业的需求量将持续增长,为医学生提供了广阔的职业发展空间。

医疗卫生行业的发展离不开专业人才的支撑。医学生应积极适应行业变化,不断提升自身能力,以满足医疗卫生行业对高素质人才的需求。通过深入了解职业世界,医学生可以更好地规划自己的职业发展,实现个人价值与社会需求的有机结合。

二、医疗卫生以及相关机构

(一) 医疗卫生机构

医疗机构是依法成立的卫生机构,由一系列开展疾病诊断、治疗活动的卫生机构组成。医院、卫生院是我国医疗机构的主要形式,此外,还有疗养院、门诊部、诊所、卫生所/室及急救中心等,共同构成了我国的医疗卫生机构。

1. **医院** 医院是以向人民群众提供医疗护理服务为主要目的的医疗机构。其服务对象不仅包括患者和伤员,也包括处于特定生理状态的健康人(如孕妇、产妇、新生儿)以及完全健康的人(如到医院进行体格检查或口腔清洁的人)。根据医院的功能、规模以及提供的服务不同,可以分为综合医院、中医医院、中西医结合医院、专科医院等。专科医院是专门治疗特定疾病或伤害的医院。根据不同的疾病或伤害,可以分为妇产科医院、男科医院、肛肠科医院、耳鼻喉科医院、皮肤科医院、精神病医院、肿瘤医院、传染病医院、儿童医院和康复医院等。

国家根据医院的功能、设施、技术力量等资质评定指标,将医院划分为三个等级,目前确定为三级。

一级医院(病床数不超过 100 张)直接为社区提供医疗、预防、康复、保健等综合服务,属于基层医院,即初级卫生保健机构(乡镇级)。其主要功能是直接对人群提供一级预防,在社区管理多发病、常见病现症病患者并对疑难重症做好正确转诊,协助高层次医院做好中间或院后服务,合理分流患者。

二级医院(病床数为 101~500 张)为多个社区提供医疗卫生服务,是地区性医疗预防的技术中心(县级)。其主要功能是参与指导对高危人群的监测,接受一级转诊,对一级医院进行业务技术指导,并能进行一定程度的教学和科研。

三级医院(病床数在 501 张以上)提供跨地区、省、市乃至全国范围的医疗卫生服务,是具备全面医疗、教学、科研能力的医疗预防技术中心(省市级)。其主要功能包括提供专科(含特殊专科)医疗服务,解决危重疑难病症,接受二级转诊;对下级医院进行业务技术指导和人才培养;完成高级医疗专业人才的教学培养,承担省级以上科研项目;参与并指导一、二级预防工作。

2. **妇幼保健院** 妇幼保健院是医疗和保健相结合的单位,一般分为省级、市级、地市级以及县级等妇幼保健院,主要承担着全省、全市、全县妇幼卫生保健工作和对下一级单位的业务指导与培训工作。一般设有保健部和临床部。保健部一般下设妇保科、儿保科、口腔科、婚检科、健康教育、计划免疫等。临床部一般下设妇科、产科、计划生育、新生儿科等。

3. **社区卫生服务中心/站** 社区卫生服务中心/站是在政府领导、社区参与、上级卫生机构指导下,以基层卫生机构为主体,以全科医师为骨干,合理使用社区资源和适宜技术,以人的健康为中心、家庭为单位、社区为范围、需求为导向,以妇女、儿童、老年人、慢性病患者、残疾人等为重点,以解决社区主要卫生问题、满足基本卫生服务需求为目的,融预防、医疗、保健、康复、健康教育等为一体的,有效、经济、方便、综合、连续的基层卫生服务。社区卫生服务中心/站负责收集社区卫生信息,针对社区主要健康问题实施健康咨询、健康教育以及社区卫生诊断,负责辖区计划免疫管理和免疫接种工作,按照法定传染病登记报告制度做好疫情登记、报告工作,开展传染病、地方病、寄生虫病的社区防治,了解社区妇女的健康状况,开展妇女、儿童卫生保健服务而设立的非营利性基层医疗卫生服务机构,实行以健康为中心、家庭为单位、社区为半径、需求为导向的服务宗旨。

4. 卫生院 卫生院是我国基层的医疗卫生机构之一,根据区域分布分为中心卫生院、乡/镇卫生院、街道卫生院;其任务是负责所在地区内医疗卫生工作,组织领导群众卫生运动,培训卫生技术人员,并对基层卫生医疗机构进行业务指导和会诊工作。卫生院是农村三级医疗网点的重要环节,担负着医疗防疫、保健的重要任务,是直接解决农村看病难、看病贵的重要一关。

5. 疗养院 疗养院是运用疗养因子为基础的,在规定的生活制度下专门为增强体质、疾病疗养、康复疗养和健康疗养而设立在疗养地区的医疗机构。我国的疗养院可以分为综合性疗养院和专科疗养院两大类。综合性疗养院主要包括职工疗养院、部队疗养院、特勤疗养院等;专科疗养院主要指政府或者大型厂矿企业单位创办的职业病疗养院、结核病疗养院等。

6. 门诊部 门诊部是以社区居民的医疗需要为导向,根据居民的一般病情、有代表性的特殊病况采取具有较强针对性的医师、医技和药物准备,开展一般常见病、多发病的诊疗以及诊断明确的慢性病的实施与治疗。同时开展社区居民的身体健康调查,协助社区管理部门有计划地实施健康保健促进工作。根据服务项目和专业特点,门诊部分为综合门诊部、专科门诊部、中医门诊部、中西医结合门诊部、民族医门诊部等。

7. 诊所、卫生所、医务室 诊所、卫生所、医务室是最基层的医疗机构,分布最广,面向群众数量最多,是我国医疗机构中数量最大的部分,通常能够进行内科、外科、妇科、儿科常见病的诊治和简单的外科疾病治疗。目前国家私营诊所占全国诊所比例90%以上,也是医学生未来就业的有力平台之一。

8. 急救中心 急救中心是向100万人口以上区域提供高水平院前、院内急救服务的医疗机构,并承担相应的高等医学院校教学和科研任务,是国家高层次的医疗机构;是省内或全国急救医疗、教学、科研相结合的技术中心。21世纪现代急救医学中心已发展为集治疗抢救、医疗转诊、技术指导,融合急诊、急救与重症监护等功能于一身的大型的急救医疗技术中心和急救医学科学研究中心,可以对急、危、重症患者实行一站式无中转急救医疗服务,被喻为现代医学的标志和人类生命健康的守护神。

9. 临床检验中心 临床检验中心是负责所在区域临床检验质量管理、业务技术指导、输血质量管理和控制、检验医学研究和继续医学教育的科研性质单位。例如,地处北京的国家卫生健康委临床检验中心承担国家卫生健康委员会委托的全国临床检验质量管理与控制工作,运行全国临床检验室间质量评价计划,建立临床检验参考系统,研制临床检验标准物质,开展相关科学研究。通过构建、完善和实施临床检验质量管理与控制体系,持续改进临床检验质量,保障医疗卫生工作有效开展。

(二)公共卫生机构

1. 卫生行政机构 我国的卫生行政机构按照行政区域设立。国家级卫生行政机构是中华人民共和国国家卫生健康委员会,各省(自治区、直辖市)、地市级设立相应的卫生健康委员会。

国家卫生健康委员会的核心职责包括：组织拟订国民健康政策，拟订卫生健康事业发展法律法规草案、政策、规划，制定部门规章和标准并组织实施；协调推进深化医药卫生体制改革，组织深化公立医院综合改革；制定并组织落实疾病预防控制规划、国家免疫规划以及严重危害人民健康公共卫生问题的干预措施，制定检疫传染病和监测传染病目录；组织制定国家药物政策和国家基本药物制度，开展药品使用监测、临床综合评价和短缺药品预警，提出国家基本药物价格政策的建议，参与制定国家药典；组织开展食品安全风险监测评估，依法制定并公布食品安全标准；负责职责范围内的公共卫生的监督管理，负责传染病防治监督；制定医疗机构、医疗服务行业管理办法并监督实施，建立医疗服务评价和监督管理体系；负责计划生育管理和服务工作，开展人口监测预警；指导地方卫生健康工作，指导基层医疗卫生、妇幼健康服务体系和全科医生队伍建设；负责中央保健对象的医疗保健工作，负责党和国家重要会议与重大活动的医疗卫生保障工作；管理国家中医药管理局。

2. 疾病预防控制中心　疾病预防控制中心是由国家疾病预防控制局主管的实施国家级疾病预防控制与公共卫生技术管理和服务的公益事业单位。

疾病预防控制中心的主要职责包括：开展疾病预防控制、突发公共卫生事件应急、环境与职业健康、营养健康、老龄健康、妇幼健康、放射卫生和学校卫生等工作，为国家制定公共卫生法律法规、政策、规划、项目等提供技术支撑和咨询建议；组织制定国家公共卫生技术方案和指南，承担公共卫生相关卫生标准综合管理工作；承担实验室生物安全指导和爱国卫生运动技术支撑工作；开展健康教育、健康科普和健康促进工作；开展重大公共卫生问题的调查与危害风险评估；研究制定重大公共卫生问题的干预措施和国家免疫规划并组织实施；参与国家公共卫生应急准备和应对，组织制定食品安全事故流行病学调查和卫生处理相关技术规范；开展疾病预防控制、突发公共卫生事件应急、公众健康关键科学研究和技术开发；开展公共卫生专业领域的研究生教育、继续教育和相关专业技术培训；指导地方实施国家疾病预防控制规划和项目，开展对地方疾病预防控制机构的业务指导；开展全球公共卫生活动和公共卫生领域的国际交流与合作，执行有关国际援助任务。

3. 卫生监督机构　我国的卫生监督机构按照行政区域设立。国家卫生健康委卫生健康监督中心是国家卫生健康委承担行政管理职责的事业单位，也是国家卫生健康委卫生行政许可对外的统一窗口，人员依照公务员管理。各省(自治区、直辖市)、地市级设立相应的卫生监督部门。目前，国家卫生健康委卫生健康监督中心承办9项由国家卫生健康委直接审批的行政许可工作，分别是：

(1)参与卫生健康综合监督体系建设相关工作。

(2)协助开展医疗、公共卫生等监督工作；协助查处医疗服务市场违法行为。

(3)参与指导地方卫生健康执法监督工作，规范执法行为。

(4)拟定卫生健康综合监督执法工作制度、技术性规范。

(5)承担国家卫生健康执法监督信息化建设和管理工作。

(6)组织实施全国卫生健康执法监督人员培训工作。

(7)承担国家卫生健康监督抽检工作。

(8)承担委社会信用体系建设相关工作和委政务大厅日常工作。

(9)承办国家卫生健康委交办的其他事项。

三、医药企业

医药企业是专门从事药品生产、经营活动以及提供相关服务的企业。医药企业具有产品技术含量要求高，研发投入高、周期长、高风险高收益，社会效益与经济效益并重，生产经营活动过程法律以及规范多等特点。目前医药行业出现国际上超大规模的跨国制药公司资本购并,扩大经营范围高潮迭起,医药高新技术领域竞争激烈等趋势,简言之,一个医药企业的生存有赖于自身技术、研发实力和对市场的把控能力。

据统计局数据显示,"十四五"以来,我国医药工业主营业务收入年均增长 9.3%,利润总额年均增长 11.3%,全行业研发投入年均增长超 20%,基础研究取得原创性突破。

随着新医改配套措施的贯彻落实和市场竞争的加剧,医药行业毛利受到挤压,单纯的药品销售已经无法满足企业对盈利的需求,传统的商业购销模式面临巨大挑战。为在激烈的医药市场竞争中求得生存和发展,医药零售企业纷纷选择新的经营模式,大型医药零售企业将多元化经营作为首选策略,把产品线从疾病治疗拓展到疾病预防、保健养生、护肤美容等"大健康"领域。围绕"大健康"产业开展多元化经营,为今后零售企业的发展提供广阔的市场空间。另外,在营销模式上,"大健康药店"不仅限于促销和买赠活动,而是跨出店面到整个商圈去培养消费群体,并利用大数据分析消费者行为,以培育忠诚顾客。

当前,商务部已经把开展"多元化服务"作为推动药店转型升级发展的方向之一。一是开展健康管理服务,主要包括中医医疗保健、健康咨询管理等多样化健康服务;二是开展健康养老服务,提高为社区老年人提供日常护理、慢性病管理、康复、健康教育和咨询、中医保健等服务的能力;三是开展中医药医疗保健服务,充分发挥中医医疗预防保健特色优势,鼓励零售药店提供中医坐堂诊疗服务,并宣传普及中医药养生保健知识,推广科学有效的中医药养生、保健服务。这些行业发展的新趋势,无疑为广大医学生提供更多就业的空间和机会。

四、其他相关行业

随着我国经济日新月异地大跨步发展,越来越多的行业和岗位都需要复合型的人才,广大医学生在求职时,应打破固有的思维,寻找"跨界"岗位。例如,医学生可以利用自身的医学背景,结合兴趣、性格等特点,在保险业、出版业等行业中寻求满意的岗位。

(一)保险业

随着人们对健康越来越重视,很多人除了购买社保外,还会购置商业保险,而商业保险分财产保险、人寿保险和健康保险等险种。其中,健康保险根据投保人的数量分类,可分为个人健康险和团体健康险;根据投保时间的长短,可以分为短期健康险和长期健康险。投保时间长短还与投保人的数量结合,构成团体短期险和团体长期险。同样地,与个人结合,可构成个人短期险和个人长期险等。根据损失种类分类,可分为医疗费用保险、失能收入损失保险和长期护理保险。按照保险责任可以分为疾病保险、医疗保险、失能保险。根据给付方式不同,可以分为费用型保险、津贴型保险、提供服务型产品。

随着我国人民群众生活水平的提升和人口老龄化的加剧,健康保险和养老保险的市场需求不断扩大。保险业在参与养老产业和健康产业方面表现出高度积极性。一些大型保险公司已经先行先试,分别在北京、广东、武汉等地投资建立了养老产业基地。2016 年 7 月,中国保险监督管理委员会启动了"以房养老"保险试点,养老保险和健康保险的服务形式与手段都在增多。在各种保险险种推出之前,尤其是涉及健康产业方面和养老产业时,保险公司需要具有医学背景的人来进行科学设计。

(二)出版业

近几年,图书出版业的市场规模不断扩大,涨幅明显。图书市场进一步细化,按图书类型分,我国的图书市场可以分为教育类图书、大众类图书和专业类图书。其中教育类图书出版是我国图书出版业的主要部分,主要产品包括教材教辅类、培训类图书及工具书等,其中课本为最主要的产品。根据 2024 年华经产业研究院发布的《2024—2030 年中国教辅图书行业市场深度研究及投资战略规划报告》显示,2022 年中国教辅图书市场规模已经超过了 750 亿元。这个市场规模的扩大,反映了我国学生和家长对教辅图书的强烈需求。

数字出版是指利用数字技术进行内容编辑加工,并通过网络传播数字内容产品的一种新型出版方式,其主要特征为内容生产数字化、管理过程数字化、产品形态数字化和传播渠道网络化。近年来,随着数字技术在出版业的广泛使用,数字出版在出版业的地位逐步上升,成为出版业的新兴业态。目前,数字出版产品形态主要包括电子图书、数字报纸、数字期刊、网络原创文学、网络教育出版物、网络地图、数字音乐、网络动漫、网络游戏、数据库出版物、手机出版物(手机报纸、手机期刊、手机小说、手机游戏)等。数字出版作为新兴产业类别,产业规模增长强劲。其增长速度与增长贡献在新闻出版各产业类别中位居第一,已成为拉动产业增长"三驾马车"之首。其总体经济规模超过出版物发行,跃居行业第二。随着数字技术和计算机网络技术的不断发展,数字化阅读逐渐成为人们日常阅读的主要方式,数字化正逐步推动我国传统出版业向质的飞跃发展。根据第十三届中国数字出版博览会公布的数据,2022 年我国数字出版产业呈现出强劲的增长势头,全年总收入高达 13 586.99 亿元,较前一年增长了 6.46%。

目前人民卫生出版社、各医学院校出版社、医学学术类杂志社(如中华医学会主办的 100 余种学术杂志)、医学相关报社(如《健康报》)、其他综合类以及教育类出版社都需要有医学背景和文字功底的人才。在数字出版领域,需要大量有医学专业背景同时有计算机操作能力的复合型人才。

【实践指导】

一、生涯幻游

(一)训练目标

生涯幻游是结合音乐欣赏,透过幻游的画面,带领参与者去他想象中的未来空间。在所规定的特殊情景中驰骋自己的想象,对其一生或某一天、某件事做出一个理想预期的过程。幻想技术的应用分为三步:放松、幻游和经验分享。幻游之后,写下这一天或某一事件的细节,并互相讨论,重点放在这些内容与生涯目标一致和不一致的部分。

(二)训练方法

指导语:请他人为你读下面这段幻想。应缓慢而温柔地朗读,最好播放轻柔的音乐,并在需要停顿的地方做出适当的停顿。

"好,现在请尽可能放松。在你的位子躺下或调整到你觉得最舒服的姿势,闭上眼睛,尽可能放松自己(停顿)。调整你的呼吸:呼气(停顿)、吸气(停顿)、呼气(停顿)、吸气(停顿)。好,保持这样平稳的呼吸,接下来,放松身体的每一部分肌肉:放松(停顿)、放松(停顿)、放松(停顿)。

想象一下,你现在已经乘坐上时空穿梭机,目的地是五年后的某一天。正好是清晨,你刚醒来,是睡到自然醒还是被闹钟吵醒的?现在是几点?你在哪里?观察四周,你看到了什么?闻到了什么?听到了什么?起床后你做的第一件事是什么?(停顿)洗漱完毕后,你考虑穿什么衣服去上班?(停顿)想象你正站在镜子前面装扮自己。当你想到今天的工作,你感觉如何?是平静、激动、厌倦还是害怕?(停顿)你现在正在吃早饭,有人和你一起吃吗?还是你一个人吃?(停顿)现在你准备去上班,出门后回头看看你住的房子,它是什么样子的?(停顿)

好,现在出发。你使用什么交通工具去单位?有人和你一起吗?是谁?注意周围的一切。(停顿)单位有多远?到达单位后,想象一下单位的样子和位置,外观如何?(停顿)现在你走进工作的地方,那儿都有些什么人?多少人跟你一起工作?他们在做什么,单位的人都是怎么称呼你的?(停顿)你的办公室是什么样子的?接下来你要做什么?(停顿)你一上午的工作都做了些什么?你是用你的智力在工作还是做一些简单的事务性工作?你跟别人一起工作?还是你主要是独自工作?是在户外还是室内工作?(停顿)

现在上午的工作结束了,你该吃午饭了,你去哪里吃饭?跟谁一起吃饭?你们谈些什么?

(停顿)现在回到工作中来,下午的工作与上午的工作有什么不同吗？(停顿)你一天的工作结束了,这一天让你感觉到满足还是沮丧？为什么？(停顿)今天你还想去别的地方吗(停顿)？在这一天当中,你还想做的是什么(停顿)？

现在,你回家了,有人欢迎你吗(停顿)？回家的感觉怎样(停顿)？你如何与家人分享这一天所做的事(停顿)？你准备去睡了。回想这一天,你感觉如何(停顿)？你希望明天也是如此吗(停顿)？你对这种生活感觉究竟如何(停顿)？过一会儿,我将要求你回到现在。好了,你回来了……看看周围的一切,欢迎你旅游归来。喜欢你幻游的生活吗？喜欢的话可以分享你的经历。"

如果参与者不想分享幻游的生活,可以花些时间思考,考虑下列问题:

1. 我五年后典型的一天描述

(1)我五年后从事的工作的描述

1)工作是 _____。

2)工作内容是 _____。

3)工作的场所在 _____。

4)工作的场所周围的环境 _____。

5)工作的场所周边的人群 _____。

(2)我五年后的生活形态的描述

1)婚姻状况　□已婚　□未婚

2)家中成员有子女 _____ 人　　与父母同居　□是　□否

3)居住的场所在 _____。

4)居住的场所周围环境 _____。

5)居住的场所周围的人群 _____。

2. 请回答下列问题

(1)我在进行幻游过程中,印象最深刻的画面是 _____。

(2)我在进行幻游后,对比与现在环境最大的不同点是 _____。

(3)我在进行幻游后,最深的感受是 _____。

3. 我在进行幻游后,觉得未来的生涯发展会是怎样的

(1)我认为我未来会从事 _____ 职业。

(2)我认为我的未来会与幻游过程相关吗？

□会　□不会

生涯幻游活动结束后,请你把幻游中印象最深刻的画面画下来,作画时间为3分钟,不与其他同学讨论。画完后,班级分成若干小组,每个小组的同学在组内把画依次传给右手边的人,收到画的同学在10秒内为这张画增添一些东西,然后再传给右手边的人,直到自己的画传回自己的手中。拿回自己的画后,同学们可以互相分享自己对被修改后的画的感受,并为其打分,分值为1~10分。打分后,同学们选出最感兴趣的几幅画,这些画的主人们与大家分享画中的故事。从不同的画中可以看出大家的侧重点不同,有的是家庭,有的是生活,有的是直接与职业相关的。

分享完画后,大家需要回答两个问题,并把答案写在纸上。

问题:

(1)未来一份什么样的职业会让你在五年后过上你想要过的生活？

(2)目前你对你未来的职业目标做的最有意义的三件事是什么？

[拓展阅读]

1. 小许今年 23 岁,是某医科大学护理学专业的毕业生。她高考当年被心仪的学校录取之后,十分开心。但在进入学校之后,面对着新鲜的环境、陌生的专业和一下子多出的大把自主时间,小许顿感茫然和无措。大学 4 年时光结束了,她以优异的成绩考入了南方某所著名医科大学内科护理学方向研究生,同时作为"优秀毕业生"代表在毕业典礼上发言讲话。大家都惊讶于她的成长发展速度,却很少有人知道小许的成功秘诀——职业生涯规划。

一进入大学,颇有前瞻意识的小许面对茫然,便开始考虑应该怎样去解决自己的问题和困惑。幸运的是,大一的时候,她通过上职业生涯规划课,接触到了"职业生涯规划"的概念。在课堂上,小许认真听讲并进行各种职业测评,清晰地了解了自己的性格、兴趣、能力、价值观以及适合从事的职业方向。结合自身的特点,小许明确了自己未来要当一名护理学的高校教师。目标确立后,她积极参加学校组织的各种小讲课、科普教育比赛等活动并取得优异成绩,为自己的未来梦想夯实基础。当她从专业课老师那里了解到想成为一名护理学的专业教师,就必须考上研究生。为此在大三的时候她就开始着手准备复习。因为小许之前意识到职业生涯规划的重要性,为了在考研时能更加明确报考方向和学校,她又一次找到了职业生涯规划课的老师寻求帮助。

针对小许的情况,老师依据她的兴趣特点和价值观为她做了一个更加细致的职位测评,又帮助她了解了护理专业各职场领域的特点以及对人才的要求都有哪些;小许又结合自己对所学专业知识的喜爱程度,进一步明确了自己报考研究生的方向为内科护理学。通过老师进一步的帮助,小许坚定了自己未来要在祖国的南方发展。然后老师建议她积极地搜集南方各大医学院校内科护理学专业的考研信息,将目标学校的范围进一步聚焦,明确自己复习的方向,从而有针对性地进行知识储备。同时可以提前与要报考专业的导师和考研成功的师兄师姐进行交流,请他们提供一些考前建议。

要了解一个职业最好的方法就是实践,只有将自己置身其中,才能真正了解这个职业。小许接受了职业规划老师的建议,利用假期时间到几个自己想要报考的学校进行了实地考察,也有幸与几位导师进行了面对面的交流。回校之后,她更加信心满满。她带着目标去学习,带着目标去临床实践。当其他同学在游戏玩耍的时候,她在图书馆的角落里认真看书做题。当临近毕业时,大部分同学才开始进行考研备战,仓促又低效。当大家看见小许同学以优异的成绩被录取的时候,都羡慕不已。小许感慨地说道:"机遇总是留给那些有准备的人,如何做准备,需要科学有效的规划。只有你自己清楚自己想成为怎样的人,才会有今天的成绩。"

2. 社会上普遍认为"学医"的学生专业性强,就业方向窄,毕业只能到医院工作,事实是这样的么?

长期以来,社会上普遍认为医学生专业性强,就业方向窄,毕业后只能到医院工作。然而,这种观点并不准确。医疗健康行业的发展、政策的支持、数字化转型以及人才需求的多样化,都为医学专业的学生提供了广泛的就业机会。

(1)医疗健康行业迅速发展:全球环境的变化和人口老龄化推动了医疗健康产业的持续扩张。我国在生物制药、细胞与基因治疗、AI 医疗和中医药等领域正迎来新的发展机遇。这些领域的发展不仅为医学专业的学生提供了广阔的就业前景,还鼓励了跨学科的创新和合作。

(2)多项政策利好:近年来,为提升医药工业和医疗装备产业的韧性及现代化水平,以及加强中医优势专科建设,我国政府出台了多项利好政策,推动医药行业向数字化、智能化、绿色化方向转型。这些政策的实施,为医学专业的学生提供了更多的就业机会和职业发展空间。

(3)数字化转型带来职业机遇:随着数字技术的到来,医药行业迎来了转型升级的新空间。根据某招聘平台的报告,医药行业人才需求正在向销售人才、市场类岗位和线下药店相关岗位倾斜。一线和新一线城市仍是医药行业招聘的热门地区,但二、三线城市也展现出巨大的市场潜力。

(4)医疗行业人才需求多样化:医药行业的人才需求在数量上、质量上都达到前所未有的高度。销售类岗位、市场类岗位和线下药店相关岗位的招聘需求持续增长。此外,随着居家医疗患者人数的增加,对技术支撑的综合医疗计划的投资也在增长。这些趋势表明,医学专业的学生可以在多个领域找到适合自己的工作。

医疗健康行业的发展、政策的支持、数字化转型以及人才需求的多样化,都为医学专业的学生提供了广泛的就业机会。医学专业的学生不仅可以在传统的医院和医药企业找到工作,还有机会在生物制药、细胞与基因治疗、AI医疗等多个领域发展。随着医疗健康行业的持续发展和数字化转型,医学专业人才的就业方向和机会将更加多元化与广泛。

二、家族职业树

调查自己家族成员的职业情况,梳理家族成员的职业信息并填入图3-2,制作出自己的家族职业树,然后回答问题。

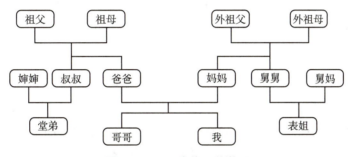

图3-2 ×××家族职业谱系

请回答下列问题:

(1)你家族中的成员从事最多的职业是什么?你想要从事这种职业吗?为什么?

(2)家族中的各位成员如何形容自身的职业?平时他们会提到哪些职业?他/她是怎么说的?他们的哪些想法对你的影响深刻,都是什么?请按照家族成员——说明。

(3)家族中对彼此的职业感到满意或者羡慕的是什么?例如:"堂弟是医院的医生,不仅收入高,社会地位也高……"

家族彼此羡慕的职业是:＿＿＿＿＿＿＿＿＿＿＿＿＿＿＿＿＿＿＿＿＿＿＿。

对他们的想法我觉得:＿＿＿＿＿＿＿＿＿＿＿＿＿＿＿＿＿＿＿＿＿＿＿。

(4)家人对各职业的评价往往表现了他们自身的好恶,例如,"千万不要当艺术家,可能连一天三顿饭都不能保证""当医生好,不仅收入高,社会地位又高"等。

我的家人最常提到有关职业的事是:＿＿＿＿＿＿＿＿＿＿＿＿＿＿＿＿＿＿＿＿。

对我的影响是:＿＿＿＿＿＿＿＿＿＿＿＿＿＿＿＿＿＿＿＿＿＿＿＿＿＿＿。

未来我绝不考虑的职业是:＿＿＿＿＿＿＿＿＿＿＿＿＿＿＿＿＿＿＿＿＿＿。

我有考虑的职业是:＿＿＿＿＿＿＿＿＿＿＿＿＿＿＿＿＿＿＿＿＿＿＿＿。

选择职业时,我还重视的条件是:＿＿＿＿＿＿＿＿＿＿＿＿＿＿＿＿＿＿＿。

(5)你为什么会选择现在就读的专业?

(6)你现在的专业和你想从事的职业之间有什么样的联系?

【课后作业】

请结合自我认知和自身所学专业的特点,探索出自己未来可以适合就业发展的5个相关行业领域,并——列举适合的原因。

第三节　微观的医学职业世界

【迷惘与疑惑】

小谭是医学影像技术专业的本科生。从进入大学起,他就觉得自己不适合继续深造,想毕业后直接工作。但是在大三时,他看到班级同学都在准备考研,也意识到当前就业形势的严峻性,这让他开始重新考虑自己最初的决定。尽管如此,他认为现在才开始准备考研可能为时已晚。于是,他尝试复习考研,却发现自己难以集中精力;同时,在求职过程中也屡屡遭遇挫折。他希望进入三级甲等医院工作,但发现这些医院的招聘条件通常要求硕士学位。当他考虑到县医院时,发现这些医院通常需要求职者具备执业医师资格。由于医学影像技术专业的毕业生只能考取技师资格,而不能考取医师资格,这进一步限制了他的就业选择。看着身边的同学都找到了自己的目标,小谭感到非常焦虑。

【理论解析】

一、医学职业地位分析

医学职业地位分析可以从社会功能、社会报酬、职业环境三方面进行。所谓职业的社会功能,指的是职业对社会的贡献,例如承担的责任、对国家各方面发展的意义等。社会作用大的职业对从业者的要求较高,相应的社会地位也较高。所谓职业的社会报酬,指的是社会在政治、经济、文化等方面赋予任职者的各种权利、福利、待遇、机会以及工作主动性等。所谓职业环境,指的是与职业活动相关的条件,如技术装备、劳动强度、安全系数、卫生条件等。

从社会角度来看,医学职业有其特殊性和重要性。由于它关乎生命健康,因此医学职业的社会功能的重要性不言而喻。一直以来,医学职业都是受人尊重并享有重要社会地位的职业之一。

二、部分现代医学职业的分析

(一)临床医学工作

1. 临床医学的职业定义　临床医学是研究疾病的成因、诊断、治疗和预后,旨在提高临床治疗水平,促进人体健康的科学。临床医生是专门从事临床医疗工作的人员,包括内科、外科、妇产科、儿科、神经科等具体临床科室的工作。

2. 临床医学的职业素质　该职业要求从业人员具有较强的观察能力、理解能力、学习能力、思维判断能力、表达能力和动手能力;工作认真细致,具有强烈的自我控制能力、平衡能力和人际交往能力;对计算机操作能力的要求一般。

3. 临床医学的职业要求　该职业要求掌握系统解剖学、组织学与胚胎学、医学微生物学、医学免疫学、生物化学、生理学、病理学、药理学、诊断学、内科学、外科学、妇产科学、儿科学、中医学、神经病学、预防医学等学科知识,并具有良好的临床实习经验。

(二)护理工作

1. 护理的职业素质　护理工作要求从业人员具备良好职业素质和现代护理理念,系统地掌握护理学的基础理论、基本知识和基本技能。从业人员应具有创新精神、独立解决问题和自我发展的能力,同时具有护理科研、护理管理和护理教育的基本能力,能在各类医疗卫生、保健机构从事临床护理工作。

2. **护理的职业要求** 护理工作要求从业人员系统掌握以下专业理论:系统解剖学、生理学、病理生理学、健康评估、护理学基础、内科护理学、外科护理学、妇产科护理学、儿科护理学、护理伦理学、护理心理学、护理管理学、护理教育学、护理研究学、社区护理学、精神科护理学等。此外,从业人员应具有丰富全面的临床护理实践经历。

(三)口腔医学工作

1. **口腔医学的职业素质** 口腔医学工作要求从业人员具有良好职业素质与能力,掌握科学方法。在上级口腔医师的指导与监督下,能够从事安全有效的口腔常见病、多发病的诊疗、修复和预防工作。此外,要求从业人员具有较好的观察能力和动手能力。

2. **口腔医学的职业要求** 口腔医学工作要求从业人员系统掌握医用物理学、生物化学、口腔解剖生理学、口腔组织病理学、牙体牙髓病学、牙周病学、儿童口腔医学、预防口腔医学、口腔黏膜病学、口腔颌面外科学、口腔修复学、口腔正畸学等理论知识,并具备临床口腔工作的实习经历。

(四)影像工作

1. **医学影像技术的职业素质** 影像工作要求从业人员具有良好职业素质与能力,能够在上级影像医师的指导与监督下,从事安全有效的医学影像诊断、介入治疗和医学成像技术等方面医疗实践工作。此外,要求从业人员具有较强的动手操作能力和观察分析能力。

2. **医学影像技术的职业要求** 影像工作要求系统掌握医用物理学、医用电子学、计算机基础与应用、系统解剖学、断层解剖学、生理学、诊断学、内科学、外科学、影像诊断学、超声诊断学、放射治疗学和核医学等理论知识,并具备临床影像科室的实习经历。

(五)麻醉工作

1. **麻醉科医生的职业素质** 麻醉工作要求从业人员具有良好职业素质与能力,掌握科学方法,能够在上级麻醉医师的指导与监督下,从事安全有效的临床麻醉、急救和复苏、危重症治疗及疼痛治疗等方面医疗实践工作,并具备较强的动手能力、观察力、分析力和判断力。

2. **麻醉科医生的职业要求** 麻醉工作要求系统掌握系统解剖学、生理学、药理学、内科学、外科学、临床麻醉学、危重病医学、疼痛诊疗学、麻醉解剖学、麻醉生理学、麻醉药理学、麻醉设备学等理论知识,还要有临床麻醉实习经历。

(六)药学工作

1. **药师的职业素质** 药学工作要求从业人员具备化学、生物学、基础医学等基础知识,系统地掌握药学各分支学科的基础理论、基本知识和基本技能。从业人员应具有良好的科学素养、广泛的专业知识和较强的专业适应性,能够在药品的研发、生产、流通领域中从事工作,并要求具有较好的沟通能力、分析能力和动手能力。

2. **药师的职业要求** 药学工作要求从业人员系统掌握有机化学、物理化学、药学、生物化学、分析化学、药物化学、天然药物化学、药用植物与生药学、药剂学、药理学、药物分析学、临床药理学、药事管理学、内科学基础等专业理论,并具有药学实验室基本技能和药厂的实习经验。

(七)预防医学工作

1. **预防医师的职业素质** 预防医学工作要求从业人员掌握预防医学的基本理论与基本方法,能在疾病控制、卫生监督等机构从事卫生工作。从业人员应具有较强的动手操作能力、分析能力、观察力和沟通能力。

2. **预防医师的职业要求** 预防医学工作要求从业人员系统掌握生物化学、医学微生物学、医学免疫学、生理学、病理学、诊断学、内科学、卫生统计学、流行病学、环境卫生学、营养与食品卫生学、职业卫生与职业医学、儿童少年卫生学、卫生管理学等理论知识,并有疾控中心或卫生监督机构实习和实践的经历。

（八）康复治疗工作

1. 康复治疗师的职业素质　康复治疗师应熟悉人体解剖学知识，了解各器官的功能；熟练掌握各种康复技术，应用现代康复仪器，并能明确仪器的作用机制，可能对人体造成的伤害。此外，康复治疗师应具有高度的责任心、良好的职业道德、足够的耐心及体力、较强的综合分析能力、敏锐的洞察力。

2. 康复治疗师的职业要求　康复治疗师需要学习并掌握物理疗法、作业疗法、言语疗法、心理疗法、康复工程和中国传统医学疗法等，以帮助患者制订科学、有效的康复治疗方案，并协助患者进行功能恢复等相关治疗。治疗时应注意观察病情、治疗效果、患者反应，并负责提供康复理疗咨询服务。

（九）医学信息工作

1. 医学信息管理人员的职业素质　医学信息管理人员应具备网络信息的伦理道德意识，并在信息领域中自觉遵守法律法规，应具备利用大量信息工具及主要信息源解决问题的技术和技能，以及对信息加工处理和进行应用的素养。

2. 医学信息管理人员的职业要求　医学信息是一门涉及医学实践、教育、科研中信息加工和信息交流的学科。从业人员需要学习并掌握医学、计算机科学、人工智能、决策学、统计学和信息管理学等知识；应具备在电子病历、医院信息系统、决策支持系统、影像信息技术、远程医疗与互联网以及数据标准等领域工作的能力。

（十）精神医学与心理卫生工作

1. 精神科医师的职业素质　精神科医师应具有正确的世界观、人生观和良好的思想道德素质以及健全的人格；热爱并乐意从事精神医学与心理卫生工作，有较强的事业心和工作责任感，有奉献精神和协作精神，有开拓进取和创新意识；具备较强的沟通能力、逻辑分析能力和判断力。

2. 精神科医师的职业要求　精神科医师需要系统掌握临床医学、心理学、行为医学、精神医学、精神病学等主干课程；需要掌握基础医学、临床医学、临床心理学及精神病的基本理论和诊疗技能；具有一般医疗技能和处理常见的心理障碍、行为障碍、精神疾病及相关疑难急重症的能力。

【实践指导】

你期待的职业世界

在深入探究各行业并了解了不同职业之后，你或许已经对职业世界有了基本的认识。是否有某些职业给你留下了难以忘怀的印象？现在，请你将这些职业的基本信息填写在表 3-3 中。

表 3-3　工作情形

职业名称	工作内容简述	工作时间	工作地点	工作所需能力

在上述的职业中，你最欣赏的有：＿＿＿＿＿＿＿＿＿＿＿＿＿＿＿＿＿＿＿＿＿；
原因是：＿＿＿＿＿＿＿＿＿＿＿＿＿＿＿＿＿＿＿＿＿＿＿＿＿＿＿＿＿＿＿。
你最想从事的职业是：＿＿＿＿＿＿＿＿＿＿＿＿＿＿＿＿＿＿＿＿＿＿；

原因是：_____。

你的心得及发现：_____。

[拓展阅读]

专业对口就业是很多医学生的首选。然而,许多医学生进入大学后,面对医学领域的众多学科感到无从下手,不知道如何进行学习。是否还需要像以往那样进行"死记硬背"？

希波克拉底曾经说过,医术是所有技术中最美和最高尚的。选择医学可能是偶然的,但一旦选择了,就必须用一生的忠诚和热情去对待它——"如果爱,请深爱"。

医学需要学生首先要用心学习,其次要刻苦钻研,掌握适合自己的学习方法。此外,还需要多去参与临床实践。因为医学领域的各专业与以往学习的语文、数学和外语等学科相似之处不多,医学是以人体解剖学、生理学、病理学、药理学为基础,以治疗、预防人类生理疾病和提高人体生理机体健康为目的的系统科学。它不仅包含很多机制,同时也需要医学生接触很多"有形"的知识,比如显微镜下病毒的分类、解剖学中内脏骨骼的形态等,所以仅仅靠单纯的死记硬背,往往效果不佳。

因此,医学生需要培养自己的临床思维和实践能力。这不仅需要在课堂上认真学习理论知识,更需要在临床实践中不断积累经验。通过参与病房查房、病例讨论、手术观摩等活动,医学生可以更好地理解疾病的发生、发展和治疗过程,从而将理论知识与临床实践相结合。同时,医学生还应积极参与科研项目,通过科学研究来探索医学领域的未知领域,提升自己的科研能力和创新思维。

此外,医学生还应注重培养良好的职业道德和人文关怀。医学不仅仅是一门科学,更是一门艺术。医生不仅要有扎实的医学知识,更要有高尚的医德和人文关怀。在临床实践中,医学生应学会尊重患者、倾听患者、关爱患者,培养同理心和责任感。这样,医学生才能在未来的职业生涯中,不仅是一名优秀的医生,更是一名受人尊敬的医者。

【课后作业】

通过自己所学专业的特点,按照下列的问题,探索出自己未来将要从事的专业领域。

问题：

1. 在报考大学之前,你是如何理解自己所学专业的？
2. 进入大学之后,你所了解到的专业是什么样的专业？
3. 你的专业具体学习哪些内容？
4. 你的专业的就业出路都有哪些？
5. 你的专业要求的通用素质是什么？
6. 你的专业领域的一流人才都有谁？
7. 你的专业的相关专业是什么？
8. 你的专业的学习资源有哪些？
9. 你的专业未来十年的发展趋势怎么样？
10. 你打算如何采访专业领域的成功人士？
11. 如果你想采访专业的资深专家,你想通过怎样的方式与他取得联系？

(王 莹 李 玉)

第四章 理性决策

高校毕业生要转变择业就业观念,只要有志向就会有事业,只要有本事就会有舞台。希望大家找准定位,踏踏实实实现人生理想。

——习近平总书记

 知识点

通过本章的学习,能够辨认自己在重大问题上常用的决策风格,明确在职业生涯决策过程中可能会遇到的困难,认识到个人信念和假设对职业发展所产生的影响,掌握各种职业决策方法,能够为自己的生涯发展设立近期和长远目标,做出科学决策。

第一节 职业决策概述

【迷惘与疑惑】

小宋自从踏入大学校园的那一刻,就陷入了深深的迷茫之中。身边的同学似乎都有了学习目标和职业方向,可他还不知道自己是选择考研还是就业,迟迟做不出选择。他害怕一旦做出决定,未来的生活轨迹就会因此而改变,而这种改变是否符合自己的期望和理想,他没有足够的信心。

【理论解析】

一、职业决策的基本概念

职业决策是一个复杂且多维度的概念。《教育大辞典》中是这样定义职业决策的:职业决策是指人们根据自身特点和社会需要做出合理的职业方向抉择的过程。

职业决策的常见内容一般包含以下几方面:选择哪个行业;选择行业中的哪一种工作;选择适当的策略以获得某一特定的工作;从数个工作机会中选择其一;选择工作地点;选择工作的取向;选择生涯目标或一系列晋升目标。

对医学生来讲,职业决策不仅存在于职业生涯规划中,也体现在求职过程中。在职业生涯规划中,职业决策是基础部分,需要确定生涯的发展目标和方案,发展目标和方案直接决定着职业生涯规划是否成功;在求职过程中,需要我们确定求职方向、求职层次、求职方法等,它决定着我们的求职过程能否顺利完成。如果想要进行正确的职业决策,就需要认真地剖析和认识自己,充分了解自己的性格、兴趣和特长,知道自己一生中要获得什么、自己要成为什么样的人,了解职业决策的影响因素和决策过程中要注意的问题,等等。

二、职业决策八种类型

在职业规划决策过程中,决策者的决策风格对决策结果影响很大,不同的决策风格做出的决策结果是不一样的,常见的决策者类型如表 4-1 所示。

表 4-1 决策者类型

决定类型	说明	行为特征	优势
冲动型	决策过程基于冲动,决策者迅速选择遇到的第一个方案,不再考虑其他的选择	决策者表现出先行动后思考的倾向,这种行为可能是因为对困难的逃避	不必花时间找数据,能快速做出决策
宿命型	决策者明知需要做决定,但更愿意将决策权交给命运或他人,认为结果皆由天定	船到桥头自然直,认为一切都是命运的安排	不必自己决策,减少冲突
顺从型	愿意自主决策,但在面临权威意见或群体观点时容易妥协	遵循权威建议或随大流,有从众心理	维持表面和谐
拖延型	认识到决策的重要性,但习惯性推迟,往往在最后时刻才采取行动	延迟决策,总是在搜集更多信息或等待更好的时机	延长做决定的时间
直觉型	依据个人感觉而非逻辑分析做出决定,只考虑自己想要的,不在乎外在的因素	凭感觉行事,即使难以明确解释决策依据	比较简单省事
麻痹型	对决策结果感到恐惧,不愿承担后果,通过自我麻痹来逃避做决策	知道正确的做法,却缺乏执行的动力或勇气	可以暂时不做决定
犹豫型	面对众多选择时难以抉择,担忧做出错误决策,追求完美	深思熟虑,担心每一个潜在的负面后果	搜集充分完整的资料
计划型	结合个人意愿与外部条件,深思熟虑后做出成熟且理智的决策	自信地主导个人命运,主动应对挑战	主动积极,面对问题,解决问题

三、职业决策困难

职业决策困难是指个体在进行职业选择过程中可能遇到的各种困难,例如,缺乏准备、缺少各种招聘信息、缺少决策所需知识、对自身了解不足等。

职业决策困难在整个决策过程中均有体现,包括职业决策意识的困难、决策开始阶段的困难、决策过程中的困难、职业决策的执行困难等。职业决策困难分类表详见表 4-2,医学生可以借此发现自己的决策困难集中表现在哪个阶段。

表 4-2 职业决策困难分类表

困难类别	判断条目
生涯决策意识的困难	A. 未觉察到做决定的需求
	B. 不知道做决定的过程
	C. 知道要做决定,但逃避承担决定的责任
收集信息的困难	A. 不充分、不一致的信息
	B. 因过量的信息而感到的困惑
	C. 不知道如何收集资料,如在何处收集、如何组织、如何评估等
	D. 因信息与个人的自我概念不一致而不愿意接受信息的有效性

续表

困难类别	判断条目
产生、评估、选择替代方案的困难	A. 由于面临多重生涯选项而难以做决定
	B. 由于个人的条件限制,如健康、能力等,而无法产生足够的生涯选项
	C. 由于害怕失败、害怕承诺或投入行动等焦虑感,而无法做决定
	D. 受人际影响,冲突、情境、资源、健康等局限个人的选择
	E. 由于不知道评估的标准而无法进行有效评估
计划执行中的困难	A. 不知道形成计划的必要步骤
	B. 不知道在未来的计划中需要完成哪些事情
	C. 不愿意或无能力获得必要的信息以形成计划

医学生通过表 4-2 查找自己决策困难的表现方面之后,可以进一步去寻找解决这些困难的方法。

【实践指导】

评估你的决策风格

说明:在与你的行为相符的陈述后的括号中画"√"。

1. 我经常匆忙做出选择。(   )
2. 我不太倾向于独立思考问题。(   )
3. 当面临需要做出选择的情境时,我通常会暂时搁置。(   )
4. 在做出决定时,我会广泛搜集必要的个人和环境信息。(   )
5. 我经常依靠直觉做出选择。(   )
6. 我喜欢在行动时有人陪伴,以便随时讨论。(   )
7. 面对需要决策的情况时,我会感到焦虑。(   )
8. 我会对搜集到的信息进行比较和分析,列出可能的选项。(   )
9. 我经常改变我做出的选择。(   )
10. 当发现他人的观点与我不同时,我常常会感到困惑。(   )
11. 我做事时常常犹豫不决,难以下定决心。(   )
12. 在做出决定时,我会仔细衡量各种备选方案的优缺点,以确定最佳选择。(   )
13. 通常在做出决定前,我不会做任何准备,而是即兴应对。(   )
14. 我很容易受到他人观点的影响。(   )
15. 我认为做出决定是一种痛苦的经历。(   )
16. 在做出决定时,我会考虑他人的意见,并结合自己的情况,做出最适合自己的选择。(   )
17. 我常常未经深思熟虑就做出选择。(   )
18. 我常常在父母、家人、老师、同事或朋友的压力下做出决定。(   )
19. 为了避免做出决定的痛苦,我现在倾向于避免做决策。(   )
20. 在做出决定时,我会在深思熟虑之后明确选择一个最优方案。(   )
21. 我喜欢依靠直觉行事。(   )
22. 我倾向于让父母、家人、老师、同事或朋友为我做出决定。(   )
23. 我处理事情时常常会犹豫不决。(   )
24. 在确定方案后,我会进行必要的行动准备,并全力以赴地执行。(   )

评价：

1、5、9、13、17、21为冲动直觉型：决策时主要依赖感觉，较为冲动，较少系统地搜集相关信息。

2、6、10、14、18、22为依赖宿命型：决策时较为被动和顺从，较少搜集相关信息，缺少可分析的资料，依赖他人帮助自己做出决定。

3、7、11、15、19、23为犹豫拖延型：虽然搜集了大量信息，但常常处于犹豫和难以做出决定的状态。

4、8、12、16、20、24为系统理性型：能搜集充分的相关信息，并且有逻辑地审视各方案的利弊，以做出最满意的决定。

【课后作业】

回想至今，在你的人生旅途中，必定经历了若干关键的抉择。现在，让我们深入思考一下，你通常是如何决定这些重要事项的，并完成以下内容。

我的五个重大决定：

_____

_____

_____

_____

_____

我在重大事件上通常采用的决策风格：

_____

_____

第二节　做出职业决策

【迷惘与疑惑】

小姜就读于某医学院校医学检验技术专业。临近毕业，他开始为自己的未来做规划。虽然小姜更想考研，但他觉得医学检验技术专业的就业前景广阔，于是，他决定暂时将考研的计划搁置，先投身职场积累经验。然而，当他站在人生的十字路口时，却感到无比纠结。一方面，进入医院工作可以让他直接应用所学知识，积累临床经验，为未来的职业发展打下坚实的基础；另一方面，考公务员则意味着进入稳定的工作环境，享受较好的福利待遇和社会地位。他对于选择进医院还是考公务员拿不定主意。

【理论解析】

一、生涯决策过程理论

泰德曼（Tiedeman）结合舒伯与金斯伯格的职业生涯发展观点，提出整个决策过程分为两个阶段、七个步骤。

第一阶段：确定目标阶段。个人在进行职业决策时，首先是要确定职业目标，该阶段可分为四个步骤。

（1）试探（exploration）：根据自己所学的专业及个人的兴趣、爱好及职业理想，考虑不同选择方向及可能目标。

（2）具体化（crystallization）：列出所有可能目标对于自己来说存在的优点与不足，经过对各种选择方向或目标优缺点的斟酌，明确什么是自己最想要的、什么是阻碍自己目标实现的最大困难。

（3）选择（choice）：选定一个能解除目前困扰的目标。

（4）明确化（clarification）：对最终选择的目标再审视，看是不是自己最想要的、是不是可以通过努力实现的，发现问题，及时调整准备要行动的目标。

第二阶段：实施与调整阶段。将选择的方案付诸行动，落实于现实生活，然后评估其结果，并根据个人对结果的满意程度，对方案做出调整或改变。具体的实施与调整分为三个步骤。

（1）入门（introduction）：开始执行自己的选择，也是新经验的开始，在新环境中，争取获得他人的接纳。

（2）转化（reformation）：调整步伐与心态，专心致志，确认在新环境中的角色，全力以赴。

（3）整合（integration）：个人的信念与集体的信念达到平衡与妥协。

二、认知信息加工理论

认知信息加工理论（cognitive information processing theory）亦称为 CIP 理论，由盖瑞·彼得森（Gary Peterson）、詹姆斯·桑普森（James Sampson）和罗伯特·里尔登（Robert Reardon）在 1991 年共同撰写的《生涯发展和服务：一种认知的方法》中首次提出。认知信息加工理论认为，个人在职业发展过程中所面临的问题及其解决方案，与认知信息处理过程相似。为了增强个人解决职业发展问题的能力，可以通过增强其处理信息的能力来实现。

信息加工金字塔模型（图 4-1）和 CASVE 循环（图 4-2）体现了 CIP 理论的核心内容。CIP 理论的基本内容包括三个层次、四个部分和五个步骤。其中的三个层次分别是知识领域、决策技能领域、执行加工领域。信息加工金字塔模型包含了四个部分，分别为自我认知、职业知识、一般信息加工技能（CASVE 循环）、元认知。五个步骤是指 CASVE 循环所体现的生涯决策部分。

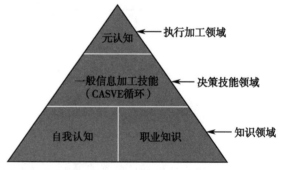

图 4-1　信息加工金字塔模型

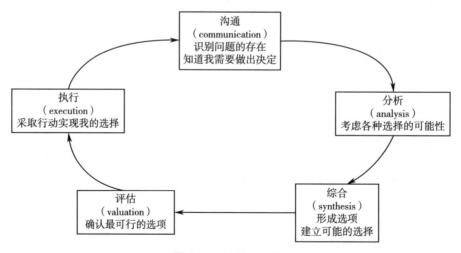

图 4-2　CASVE 循环

金字塔的最顶层为执行加工领域(元认知),它类似于计算机的中央处理器(CPU),负责控制计算机的运行,指导计算机在何时以及如何启动程序,监督并调节下层领域。中间层的决策技能领域则类似于计算机的应用程序,负责处理和加工存储的信息。知识领域相当于计算机的数据文件。计算机的正常运行依赖 CPU、程序和数据文件三方面,任何一个部分的故障都会影响生涯决策的效果。

CASVE 循环中的 CASVE 是 communication(沟通)、analysis(分析)、synthesis(综合)、valuation(评估)和 execution(执行)五词的首字母。CASVE 循环是 CIP 理论的重要组成部分,也是对生涯问题做出分析和决策的主要过程。元认知对 CASVE 过程进行控制,包括何时开始或停止,以及如何获取信息、过程如何展开等。

三、职业决策常用方法

(一) 生涯决策平衡单

生涯决策平衡单是生涯决策中经常使用的方法,主要是将重大事件的决策思考方向集中到四个主题上:自我物质方面的得失、他人物质方面的得失、自我赞许与否(自我精神方面的得失)、社会赞许与否(他人精神方面的得失)。决策平衡单经常被应用于问题解决模式中,用于协助使用者系统地分析每一个可能的选项,判断分别执行各选项的利弊得失,然后依据其在利弊得失上的加权计分排定各选项的优先顺序,以执行最优先或偏好的选项(表 4-3)。

表 4-3　生涯决策平衡单

考虑因素		重要性的权重 1~5	选择一		选择二		选择三	
			分数 −5~+5	小计	分数 −5~+5	小计	分数 −5~+5	小计
自我物质方面的得失	1. 收入方面							
	2. 健康情况							
	3. 工作时间							
	4. 休闲生活							
	5. 未来发展							
他人物质方面的得失	1. 家庭收入							
	2. 家庭地位							
	3. 与家人相处时间							
	4. 其他							
自我精神方面的得失	1. 成就感							
	2. 挑战性							
	3. 兴趣的满足							
	4. 社会认可度							
	5. 其他							
他人精神方面的得失	1. 父母的自豪感							
	2. 配偶的感受							
	3. 老师同学等的认可							
	4. 其他							
合计								

1. 生涯决策平衡单中的得失

(1) 自我物质方面的得失:经济收入;工作的难易程度;工作的兴趣程度;对健康的影响;升迁机会;工作的稳定、安全;从事个人兴趣的时间(休闲时间);其他(如社会生活的限制或机会、对婚姻状况的要求、工作上接触的人群类型等)。

(2) 他人物质方面的得失:家庭经济收入;家庭社会地位;与家人相处的时间;其他(如家庭可享有的福利)。

(3) 自我精神方面的得失:成就感;自我实现的程度;兴趣的满足;挑战性;社会声望的提高;达成长远生活目标的机会。

(4) 他人精神方面的得失:父母;朋友;配偶;同事;社区邻里;其他(如社会、政治)。

2. 生涯决策平衡单的操作步骤

(1) 列出可能的生涯选项:决策者首先需在平衡单中列出有待深入评量的 3~5 个潜在的生涯选项。

(2) 判断各生涯选项的利弊得失:平衡单中提供了决策者思考的重要得失,详如表 4-3 所示。决策者可依据重要的得失方面,逐一检视各生涯选项,并以"+5"至"-5"的 11 点量表(+5,+4,+3,+2,+1,0,-1,-2,-3,-4,-5)来衡量各生涯选项。

(3) 各项考虑因素的加权计分:决策者在各方面的利弊得失之间,会因身处于不同情境而有不同的考量。因此在详细列出各项考虑层面之后,须再进行加权计分。即对当时个人而言,重要的考虑因素可乘以 1~5 倍(×1~×5),依次递减。

(4) 计算出各生涯选项的得分:决策者须逐一计算各生涯选项在"得"(正分)与"失"(负分)的加权计分与累加结果,并计算各生涯选项的总分。

(5) 排定各生涯选项的优先顺序:依据各生涯选项在总分上的高低,排定优先次序,生涯选项的优先次序即可作为决策者职业生涯决策的依据。

(二) SWOT 决策分析法

SWOT 分析法又称为态势分析法,它是由美国旧金山大学的教授于 20 世纪 80 年代初提出来的,是一种能够客观而准确地分析和研究一个企业现实情况的方法,后来 SWOT 以其很好的分析模式被广泛用于个体的自我分析和决策之中。

SWOT 分析法把个人在职业决策中涉及的优势、劣势、机会和威胁四方面结合起来进行分析,帮助个体进行职业决策。S 代表 strength(优势),W 代表 weakness(劣势),O 代表 opportunity(机会),T 代表 threat(威胁),其中 S、W 是内部因素,O、T 是外部因素。优势和劣势是对职业发展所需个人内部因素的评估,通过评估,努力改正或改变影响自己职业发展的劣势,尽最大可能地发挥自己的优势;机会和威胁则是对职业发展所处外部环境因素的评估,通过评估,可以尽最大可能利用职业发展的机会,规避职业环境中潜在的威胁。通过这种方法,个人能够综合自身的优势和劣势,认清周围的职业环境和前景,做出最佳决策。表 4-4 是一个简单的职业目标决策的 SWOT 分析模型。

表 4-4　SWOT 分析模型

	优势(strength):	劣势(weakness):
个人内部因素	你可以控制并可以利用的内在积极因素。 我最优秀的品质是什么? 我的能力体现在哪些方面? 我的专业知识是什么? 我具有哪些工作经验? 最成功的方面是什么? ……	你可以控制并努力改善的内在消极因素。 我的性格有什么弱点? 经验或者经历上还有哪些缺陷? 我的专业知识掌握情况怎样? 最失败的是什么? ……

续表

	机会（opportunity）： 你不可控制，但可以利用的外部积极因素。 国家政策的调整和行业发展趋势； 社会环境对我的发展目标的支持； 地理位置优越、专业发展带来的机会； 就业机会增加； ……	威胁（threat）： 你不可以控制但可以弱化的外部消极因素。 国家产业政策调整对行业发展的影响； 行业周期发展带来的就业机会减少； 名校同专业毕业生的竞争； 同专业的大学生带来的竞争； ……
外部 环境 因素		

你自己的真实卖点：

总体鉴定（评估你制定的职业发展目标）：

　　表 4-4 列出的内容并不是全部，它们只是用来激发你的思考，你还可以想出更多，因为没有人比你更了解自己。下面是第十届黑龙江省大学生职业生涯与创业规划大赛本科组一等奖获得者孙根敏的 SWOT 分析（图 4-3）。

图 4-3　孙根敏的 SWOT 分析

　　接下来，把你所想到的都填入图 4-4 中，也许在填写的过程中，你对自己和环境会有新的发现。

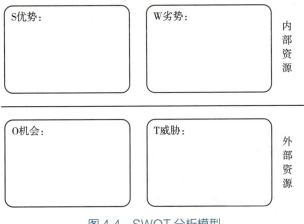

图 4-4　SWOT 分析模型

　　完成图 4-4 后，你的工作并没有结束，SWOT 法则的完整运用还需要针对每一项列出的优势、劣势、机会和威胁想出相应的应对策略。在这里花费一些时间是值得的，因为这里的思考将会直接减少你浪费在痛苦选择上的时间。

进行 SWOT 分析需要注意,对自己的优势和劣势要有客观的认识,不要过分夸大自己的优势,也不要过于自卑,把自己看得一无是处,应全面客观。同时,要区分自己的现状和前景。

(三) 5W 法

5W 法是许多职业咨询机构和心理学专家进行职业咨询和职业规划时常常采用的一种方法,也是一种进行职业生涯决策的简单方法。5W 法就是有关 5 个 W 的归零思考模式,从自己是谁开始,然后顺着一路问下去,如果能够成功回答完 5 个问题,就有最后的答案了。

1. 5W 法的操作步骤 5 个 W 分别是:

Who am I?（我是谁?）

What will I do?（我想做什么?）

What can I do?（我能做什么?）

What does the situation allow me to do?（环境支持或允许我做什么?）

What is the plan of my career and life?（我的职业与生活规划是什么?）

回答了这 5 个问题,找到它们的最高共同点,就有了自己的职业生涯规划。

2. 5W 法的应用实例 下面对某医学生的职业选择和职业目标确定做一次分析,或许能够启发许多和他一样的同学。

小万同学即将大学毕业。在美国留学后定居的姐姐建议他也出国留学并为他联系好了学校。他在"出国与留下"之间难以选择,经老师建议使用"5W"方法对自己进行了职业决策分析。经过整理的各组答案如下。

(1)我是谁?（Who am I?）

我是某知名医科大学一名即将毕业的临床医学专业学生,学习能力强,学习成绩很好,多次获得国家奖学金。愿意从事临床工作,想做一个对社会有贡献的人。

按目前就业市场情况,毕业后能在自己理想的居住城市找到一份医生的工作。

父母是三线城市的初中老师,即将退休,他们都有丰厚的退休金,能保证衣食无忧。但是他们身体都不是很好,需要常回去看望他们,以后要接他们到自己的城市来生活。

自己对物质生活水平要求不高,医生这个职业能给自己一个相对体面的生活。已经有了女朋友,准备工作稳定后就结婚。

个人身心健康,性格较外向,好奇心较强,学习能力不错。

(2)我想做什么?（What will I do?）

我想做一名出色的临床医生,也想攻读研究生,进一步提高学历;和妻子共同住在属于自己的舒适的住房里;在父母有生之年能够多尽一点孝心,可能的话把他们接到身边来住。

(3)我能做什么?（What can I do?）

熟练掌握专业知识和技能,具有较好的人际沟通能力,能依靠自己的能力找到一份医生的职业。

(4)环境支持或允许我做什么?（What does the situation allow me to do?）

按照目前意向就业单位的情况,工作后能逐步做到专业职务的晋升,但是原始学历相对较低,可能会影响到晋升的速度和在行业中的知名度。好在该单位鼓励在职学习进修。

出国留学会较快解决学历的问题,并获得很好的学习经历,有利于将来的专业发展。出国的这几年不能方便照顾父母,也不能和女朋友在一起,不符合自己的意愿。而且自己没有留学后在国外定居的意向,将来回国后还需要重新找工作。

(5)我的职业与生活规划是什么?（What is the plan of my career and life?）

我选择毕业后直接就业,工作后继续努力,争取在本专业做得更好;同时争取读在职研究生,圆自己提高学历的梦想;工作稳定后和女朋友结婚,有一定积蓄后买房子、买车;利用假期常回家看看父母,等他们退休后就接到身边。

(6)最终职业决策和结果

经过分析,小万最后决定放弃出国,并决定毕业后直接工作。结果工作3年后,他成为该医院最年轻有为的心内科医生,得到医院领导重视并批准他攻读在职研究生;也贷款买了房子、车子,和女朋友结了婚;父母退休后卖掉了老家的房子,在姐姐的帮助下在他家附近也买了房子,这样更方便他去照顾父母。可以说他的职业决策是成功的,愿望基本都实现了。

(四)决策方格法

根据卡茨的生涯决策模式理论,我们可以通过方格法来做出职业选择。方格法是一种直观且易于操作的决策方法。

1. 操作步骤　使用决策方格法进行职业决策时,一般通过如下几个步骤进行。

(1)列出2~3个你最向往的生涯发展目标。

(2)根据你个人的情况,从你的个人价值满足程度、兴趣一致程度、专长的施展空间等方面,一一评估每个职业目标的回报等级:优、良、中、差。

(3)再根据职业发展机会情况,从职业发展机会中对能力、经验要求、学习限制、发展前景等方面,评估每个职业目标的机会。

(4)根据你对回报和机会的评估结果,在职业目标决策方格中找到相应位置,并将职业目标填写入“决策方格”之中。

(5)将每个职业目标的回报与机会的得分相乘,乘积最大的目标,就是最适合你的职业目标。

2. 应用实例　小梅同学,女,21岁,某医科大学医学文秘专业大三学生。她乐观、外向、健谈、热情,喜欢结识新朋友,人缘好,比较敏感,对人和事通常都有细致的洞察力。喜欢独立做决定,很有责任感,擅长写作,学业成绩优秀,多次获得奖学金。最大的生活梦想就是周游世界;最大的职业梦想是成为白领精英。

她做过一些测评,如MBTI的人格类型是ESFJ,霍兰德职业兴趣与能力倾向量表的结果是社会型,价值观量表中显示她看中的是职业中的社会交往。

因此,她想从事跟人打交道的工作,最好能运用自己的写作特长,经过考虑后,她觉得教师、行政秘书和人力资源专员这三种工作都可以作为自己的考虑。小梅的决策方格如表4-5所示。

表4-5　决策方格

优(4分)		人力资源专员		
良(3分)				行政文秘
中(2分)				
差(1分)			教师	
	差(1分)	中(2分)	良(3分)	优(4分)

小梅的三种职业目标决策结果:(其中:差=1分,中=2分,良=3分,优=4分)

人力资源专员=2×4=8分;教师=3×2=6分;行政文秘=4×3=12分,因此小梅同学的职业目标确定为医院的行政文秘一职。

四、职业决策目标设立与行动计划

确定目标是职业决策的第一步,有了目标,决策就有了明确的目的,制订达到该目标的各种方案才能成为可能,否则决策就成了“无的放矢”。职业决策的第一步就是确立一个可行的职业目标。

（一）目标的重要性

目标就是你要实现的目的。在职业生涯发展过程中,职业目标从长期来讲,就是要达到的某种职业和生活状态;从短期方面讲就是自己应该从事哪种职业,自己适合的职业发展方向。职业生涯规划就是围绕着未来的职业和生活状态这个圆心,立足于职业发展方向,循序渐进地将目标具体化并实现它。

在成功的终极方程式中,任何一个环节都很重要,其中明确的目标尤为重要。职业生涯规划有四个步骤:第一步是认识自我,发现自己的能力倾向、兴趣爱好、气质性格特点、身体状况等个人特征;第二步是找到适合自己的职业;第三步是在自己职业的道路上制定长期、中期、短期的明确目标;第四步是不断地实践、调整和完善自己的目标。生涯目标的设定是职业生涯规划的核心。一个人的事业成败,很大程度上取决于有无正确、适当的目标。

目标的设定是在继生涯路线选择后,对人生目标做出的抉择。通常职业生涯的人生目标、长期目标、中期目标与短期目标的确定,分别与人生规划、长期规划、中期规划和短期规划相对应。一般来讲,我们首先要根据个人的专业、性格、气质和价值观以及社会的发展趋势确定自己的人生目标和长期目标,然后再把人生目标和长期目标进行分化,根据个人的经历和所处的组织环境制定相应的中期目标和短期目标。

（二）目标设定的 SMART 原则

制定目标有一个“黄金准则”——SMART 原则。SMART 是英文 5 个单词的第一个字母的汇总。好的目标应该能够符合 SMART 原则。

1. S（specific）——明确性　所谓明确,就是要用具体的语言清楚地说明要达成的行为标准。要做到这一点,要回答以下 6 个“W”: Who——谁参与;What——要完成什么;Where——确定一个地点;When——确定一个时间期限;Which——确立必要条件和限制;Why——明确原因,实现此目标的目的或好处。例如:你确定个目标——好好学习! 这不是一个具体目标。你可以确定为“每天去图书馆,至少看书 2 小时”。

2. M（measurable）——衡量性　衡量性就是指目标应该是明确的,而不是模糊的。应该有一组明确的数据,作为衡量是否达成目标的依据。

确保你的目标可衡量,你可以问自己:我怎么知道自己是否达到目标? 是多少? 有的东西不好量化,也要尽量找出个量化的标准。比如想做一名优秀的医学专业研究生,那么目标可制定为:今年,我的目标是发表一篇 SCI 论文。

3. A（attainable）——可接受性　当设定的目标对你有很大的意义时,你会尽最大的努力去完成。作为大学本科学生,你认为顺利毕业就可以了,但是这个目标太容易实现,也意味着你很可能在人生最该拼搏的时期浪费了四年时光。当然,还要顾及可实现的问题,如果你的目标是在学术造诣上超越爱因斯坦,那么基本上没有实现的可能,跟没有目标是一样的。

4. R（realistic）——实际性　设定的目标要有现实性,要和你的实际情况相关联;设定的目标最好是你愿意干,并且能够干好的。目标的挑战性和现实性并不矛盾。有时候一个高一点的目标比太低的目标实现的可能性更大。因为有挑战性的目标让你有压力,更有助于发挥潜能。

5. T（timed）——时限性　目标特性的时限性就是指目标是有时间限制的。例如,某人将在 2025 年 5 月 31 日之前完成某事,5 月 31 日就是一个确定的时间限制。没有时间限制,很可能让目标无法实现。很多在校学生做事没有时间概念,上课经常迟到,不按老师要求的时间完成任务,而且养成了习惯。总觉得自己每天也很忙,却没有压力和做事的紧迫感,处于“明日复明日”的一种态度,结果一事无成。所以订立目标一定要有时间限制,一定要形成良好的习惯,做到今日事今日毕。

【实践指导】

我的生涯规划档案（career planning archives）

经过前几周对自身的内部探索和对职业世界的外部探索，相信你已经初步具备了生涯规划目标，下面请依次完成以下任务，制定你的生涯规划档案。

（一）描述自己

1. 你的霍兰德职业兴趣类型　根据霍兰德职业兴趣测评结果和兴趣岛活动的完成结果，写出你的职业兴趣类型及其描述。

_____

_____

2. 你的 MBTI 偏好类型　根据第二章中的 MBTI 维度解释（表 2-6~ 表 2-10）和 MBTI 16 种性格类型的职业倾向及 MBTI 16 种性格类型的医学职业倾向（表 2-11 和表 2-12）中对 MBTI 性格类型的描述，列出最能描述你自己的语句。

_____

_____

注意：你所考虑的职业至少应当在一定程度上允许你表达自己的兴趣和个性。

（二）你的职业清单

1. 你的霍兰德类型建议你考虑的职业　根据你的职业兴趣，参照表 2-5 在表 4-6 中列出适合你的多种职业，并标出每种职业的霍兰德代码。

表 4-6　标有职业和霍兰德代码的清单

	职业	霍兰德代码(3 个字母)
1		
2		
3		
4		
5		
6		
7		
8		

注意：同时请参考你所参与的其他兴趣练习。列出其他你感兴趣的职业。

_____

_____

2. 你的 MBTI 类型所建议的职业　根据你的 MBTI 类型偏好，从相关测试或资料中所列出的职业中挑选出你感兴趣的职业。

_____

_____

注意:这些工作有什么共通之处吗？请根据自己的MBTI类型思考,什么样的职业能使你感到满意？

_____

_____

_____

(三) 将你清单上的职业进行分类和进一步探索

对你在前面所列出的每一个职业进行分类,并把它填在相应的横线上。比如,若"医生"这个职业在你的兴趣列表和MBTI列表中都会出现,就将它列在第一类中。在第四类中,列出那些你特别感兴趣但在前面未曾出现过的职业。

1. 第一类:很有可能的职业　在兴趣和个性探索中都曾出现过的职业:

_____

_____

注意:你的职业探索最好首先集中在这些职业上。了解这些职业的要求和工作环境等细节。根据目前你对自己的兴趣和个性的了解,考虑一下你将会如何从事这份工作。

2. 第二类:比较有可能的职业　在兴趣或个性探索中曾出现过一次的职业:

_____

_____

注意:这些职业也有比较大的可能性,供你进行下一步的探索。

3. 第三类:有些可能的职业　根据你的兴趣和个性探索,符合你一方面的情况却与你另一方面的情况有冲突的职业:

_____

_____

注意:考虑一下,如果你从事这些职业,会出现什么情况？是否会有矛盾冲突？如何解决？

4. 第四类:其他职业　在兴趣和个性探索中都未曾出现且与之没有共同点的,但你感兴趣的职业:

_____

_____

注意:这些职业的可能性通常不是很大。问问自己:为什么会对它感兴趣？是出于什么样的动机？想想你的目标和信念是否与这些工作匹配。

(四) 你的价值观

根据第二章的相关测试或活动的结果,列出你最重要的五项价值观,并说明它们的具体含义。

价值观一:

_____

_____

价值观二:

_____

_____

价值观三:

_____

_____

_____

价值观四:

_____

_____

_____

价值观五:

_____

_____

_____

(五) 你的技能

找出你最擅长并愿意在未来的职业中运用的技能。

1. 列出你最重要的五项自我管理技能(形容词)

(1) _____

(2) _____

(3) _____

(4) _____

(5) _____

2. 列出你最重要的五项可迁移技能(动词)

(1) _____

(2) _____

(3) _____

(4) _____

(5) _____

3. 列出你最重要的五项专业技能(名词)

(1) _____

(2) _____

(3) _____

(4) _____

(5) _____

(六) 继续探索的职业清单

1. 重新阅读你在前面所列出的所有技能,根据你对自我的了解,结合你的价值观和技能,在下面列出那些你想继续探索的职业(可能是上面曾出现过的,也可以是未曾出现但符合上面共同特点的职业)。

_____

_____

注意:在选择你想继续探索的职业时,请不要在未对它有任何了解的情况下就轻易地将它排除。在这张清单上,你需要有足够的职业供你自己探索,但也要有一定的目标。也就是说,最好不要少于 5 个,不多于 10 个。将你的精力集中在清单里的这些职业上。

2. 阅读下文,在合适的选项前画"√"。

作为职业探索的一部分,下一步我打算:

□ 收集、研究与特定领域的职业有关的书面信息。

□ 采访有关人士,对我感兴趣的职业领域有进一步的了解。

□ 从职业咨询老师或其他老师那里寻求更多的个人帮助。

□ 通过选修课程来检验自己对某一相关职业领域的兴趣。

□ 通过参加社团活动来检验自己对某一相关职业领域的兴趣。

□ 通过业余兼职,实习或做志愿者等方式来检验自己对某一相关职业领域的兴趣。

(七) 目标设立与行动计划

设立目标并拟订行动计划的过程实际上就是"栽培"自己的过程。你可以根据自己的职业兴趣和职业技能,来拟定你的近期、中期、长期生涯目标。通常在用人单位中所承担的责任越轻,对工作者的兴趣和能力的要求越小;在机构中所担负的责任愈重,则愈要求工作者具备多元化的兴趣和能力。

例如,独立作业的机械工程师,仅需具备操作、维修或研发机械的兴趣和能力;团队工作的机械工程师,则在机械能力之外,还需具备与人相处的兴趣和沟通协调的能力;而管理阶层的机械工程师,则更应有领导统筹的能力和商业经营的兴趣。

想想看,在未来的生涯旅程中,你会如何来"栽培"自己呢?

1. 3~5 年后,我的短期目标是:

_____

_____

_____

* 主要的工作内容:

_____

_____

* 这份工作吸引我的特点是:

_____

_____

* 我在个性上可以尝试的改变是:

_____

_____

* 我可以培养的生涯兴趣是:

_____

_____

_____

* 我尚须培养的能力是:

_____

_____

_____

* 我必须具备的其他条件是:

_____

* 我的短期计划(含教育进修或训练):

2. 6~10 年后,我的中期目标是:

* 主要的工作内容:

* 这份工作吸引我的特点是:

* 我在个性上可以尝试的改变是:

* 我可以培养的生涯兴趣是:

* 我尚须培养的能力是:

* 我必须具备的其他条件是:

* 我的中期计划(含教育进修或训练):

3. 10~20 年后,我的长期目标是:

* 主要的工作内容：

_____

_____

* 这份工作吸引我的特点是：

_____

_____

* 我在个性上可以尝试的改变是：

_____

_____

* 我可以培养的生涯兴趣是：

_____

_____

* 我尚须培养的能力是：

_____

_____

* 我必须具备的其他条件是：

_____

_____

* 我的长期计划（含教育进修或训练）：

_____

_____

（八）我的个人简历

请填写完成表 4-7 的个人简历。

表 4-7　个人简历

姓名		性别		
出生年月		民族		（照片）
籍贯		政治面貌		
户口所在地		身高		
学制		学历		
所在学校		专业名称		
专业类别		医学能力		
技能 / 水平		语言水平		

续表

自我评价/兴趣爱好	
工作经验	
个人荣誉	
求职意向	
希望职位	

（九）求职档案内容清单

请在面试结束后，将该岗位的求职信息及时更新到表 4-8 中。

表 4-8 我的求职档案

求职时间	求职岗位	求职经历	求职经验

【课后作业】

1. 尝试使用不同的职业决策方法进行自我分析。
2. 结合本书前面内容及自身实际情况完成我的生涯规划档案。

（陈婷婷 李茹冰）

第五章 有效行动

广大青年要勇敢肩负起时代赋予的重任,志存高远,脚踏实地,努力在实现中华民族伟大复兴的中国梦的生动实践中放飞青春梦想。

——习近平总书记

 知识点

通过本章的学习,认识到如何制订科学的职业生涯规划及学业规划,明确职业生涯规划是一个过程,应有足够的心理准备进行生涯发展规划的有效管理,愿意在实践中根据自身的发展状态不断调整职业生涯规划,学会使用职业规划档案对职业规划进行管理。

第一节 医学生职业生涯规划

【迷惘与疑惑】

刘同学刚上大学时,立志要做一名好医生,并制订了详细的计划,希望自己能够在短短的几年大学生活里用心学习到最多的东西。但当自己真正接触到医学课程时,却发现医学并不像自己想象的那样生动有趣,学习计划也频频落空,半年已经过去,学到的东西却屈指可数。是自己的懒惰? 抑或是对所谓大学的麻木? 只能用一个词来形容半年前的生活:颓废。他不想再这样下去,但却找不到前进的方向。

【理论解析】

一、职业生涯规划的含义

职业生涯规划是个体从青少年时期直至退休,对个人价值观、职业、生活、家庭以及社会目标进行的有序规划与安排。这是一种帮助个体实现理想生活的方法,是一个将个人愿望与组织需求相结合的进程。在对个人职业发展的主客观因素进行评估、分析和总结的基础上,对个人的兴趣、爱好、技能、专长、经历以及潜在的不足等进行全面的考量和平衡。根据社会需求和个人的职业偏好,确定最适宜的职业发展目标,并制订出实现这些目标的有效规划和行动方案。职业生涯规划包括自我评估、制订个人职业的近期和远景规划、设定职业目标、方案设计、评估和执行行动计划等一系列步骤。

二、医学生职业生涯规划的意义

(一) 有助于医学生明确个人职业目标

古人云:"志不立,天下无可成之事。"人生需要有前进的方向和目标,没有目标,就像轮船在大海里失去了航向和灯塔,不仅会浪费大量的时间和精力,甚至会导致沉船,一生一事无成。诸葛亮一生辅佐刘备建立蜀汉,其成功之处在于他早年隐居隆中时就已深思熟虑,制定了"三分天下"的战略,提前布局,抓住时机,最终实现了自己和国家的理想。

生涯规划就是一个人有计划、有掌控地自我实现的过程。大学生活如汽车行驶在高速路上,驶离高速路口需要提前选择。大学作为大学生职业生涯规划的第一站,其作用至关重要。

(二) 有助于医学生进行正确自我分析,转变就业观念

通过职业发展规划理论的系统学习,用科学认知的方法和手段,对自己的兴趣、性格、能力以及价值观等进行全面分析,认清自己的优势与特长、劣势与不足。同时,结合职业分析,充分考虑职业的区域性、行业性和岗位性等特性,认清医药卫生行业的现状和发展前景以及医学职业岗位对求职者的自身素质和能力的要求,从而清晰地知道自己能做什么、适合做什么,据此帮助自己,做到知己所长,知己所短,然后在医学大背景下选择适合自己从事的医学具体职业。这对医学生确立正确的就业观十分重要。良好的就业观念是医学生在认识和处理职业问题时的准绳,正确地认识和把握这一准绳,不仅有助于个人找到合适的就业岗位,而且有助于医学生的成长、成才和职业理想的实现。

(三) 有助于医学生获得持久的学习动力,完善知识结构

医学生学习实施职业发展规划,用科学的方法认识自我、认识职业,就会清晰地把握自身的优势和劣势,明确自己在学业上的努力方向,将已有知识科学重组,最大限度地发挥知识结构的整体效能。特别是自身现有条件的测量评估,可以调动医学生自我完善的愿望,增强学习医学专业知识与技能的动力;对职业要求的调查了解,使医学生发现自身现有条件与职业要求之间的距离,从而挖掘潜力,奋发学习,提升自我;制定合理可行的生涯目标和职业目标,促使医学生去规划自己的专业学习和技能锻炼,并为获得理想的职业去做各种准备;在学习中提升医学职业精神和医学人文精神,最终达到"人职匹配"的目标。

(四) 有助于医学生坚定职业理想,走向成功人生

"晴带雨伞,饱带干粮""人无远虑,必有近忧"。众多遭遇职业瓶颈的咨询者当中,不少在工作了3~5年便遇到了"无规划窘迫症",就是因为没有良好、系统的职业规划,所以在跳槽N次后开始感觉力不从心,感到茫然,不知道自己可以干什么、应该干什么和喜欢干什么,这就是"活在当下"的心态造成的苦果。面对竞争越来越激烈的职场,无法认清自己的能力和职业定位,就像在大海里用手捕鱼一样,抓到一条算一条,不知道哪个水域鱼多,也不知道应该使用什么工具。

(五) 职业生涯规划助力实现高质量就业

一直以来,大学生的职业生涯规划与求职就业都是密不可分的关系。通过职业生涯规划,大学生可以了解市场需求,识别自己的职业兴趣和职业优势,从而有针对性地提升自己的专业技能和整体素养,有利于实现高质量就业。《中华人民共和国国民经济和社会发展第十四个五年规划和2035年远景目标纲要》指出:"健全有利于更充分更高质量就业的促进机制,扩大就业容量,提升就业质量,缓解结构性就业矛盾。"高校毕业生就业是就业工作的重中之重,得到了党和国家的高度重视。为了促进高校毕业生高质量充分就业,增强大学生生涯规划意识,教育部于2023年举办了全国大学生职业规划大赛(以下简称大赛)。通过举办大赛,更好地实现

以赛促学,引导大学生树立正确的成才观、就业观和择业观,科学合理地规划学业与职业发展。

在备赛过程中,大学生能够深入了解各种职业发展路径,学习如何根据自身特点和社会需求制订职业规划。通过参与比赛,大学生不仅能够提升自己的职业规划能力,还能够增强团队合作、沟通表达等软实力。这些能力的提升对于未来求职和职业发展具有重要意义。同时,大赛还邀请了众多企业参与,为大学生提供了与企业直接接触的机会,助力其实现高质量就业。

三、医学生职业生涯规划的步骤

职业生涯规划的基本步骤,见图 5-1。

作为医学院校的学生,应该将短期、中期和长期规划进行有机结合,这样可以达到学习效率和求职成功率高、职业竞争力强、就业顺利的目的。医学生可参照表 5-1 进行职业生涯规划。

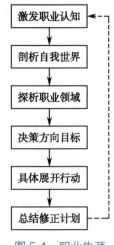

图 5-1 职业生涯规划步骤

表 5-1 职业生涯规划期限参考表

项目	期限	规划内容
学业规划	3 年以内	确定大学期间的学业规划及近期目标规划 大学期间应着重训练、完成的任务
学业末期、求职及职业初期规划	3~5 年	规划 3~5 年内的职业目标与任务 毕业前准备、求职目标、行动及职业尝试锻炼等
职业中期拼搏规划	5~10 年	主要总结前 5 年的职业发展情况,修订职业目标 调整中长期职业发展的计划与措施等
长期规划	10~20 年	职业稳定之后,仍需要确立更高的职业理想与目标,如业务水平、工资待遇、学术价值、社会地位、职位等

医学生的职业生涯规划步骤具体如下。

(一) 激发职业认知

激发职业认知,简单来说就是激发医学生对职业生涯规划重要性的认识,唤起医学生的主观能动性,愿意花时间来规划自己的职业生涯。职场的激烈竞争,迫切要求医学生对自身和职业有一个清楚的认识,并有强烈的愿望去科学设计规划自己的未来人生。现实中许多医学生将职业简单地看成谋生手段,大大降低了其责任心与归属感,严重影响了个人职业潜力和学习智慧的发挥。因此职业生涯设计的第一步是让医学生对职业生涯规划重要性有清醒的认识。每一名医学生都应该懂得,生涯规划只是一个过程,是一种面对生涯发展的态度,它未必能够立竿见影,马上为自己带来理想的工作或某种物质利益,但你只要耕耘,必有收获。它的效益是在不远的将来,而且一定会让你终身受益。

(二) 剖析自我世界

1. **明确人生价值** 人生价值观是建立在世界观和生命观基础上随时调整人生方向的"罗盘"和"指南针",它决定了一个人的生存方式和生活追求。许多人一辈子匆匆奔波到最后一事无成,主要原因是没有明确的价值观,或者说他们的价值观是混乱不确定的,他们从来没有思考过人生什么是最重要的,所以也不清楚人生的主次先后和轻重缓急,始终在随大流,忙了一辈子,也没忙出一个所以然来。大学是人生重要的转折阶段,大学生一定要树立正确的价值观,因为它就像人生方向的"指南针",会引领你走向成功或走向失败。

2. **认清自身现状** 一份完善的职业生涯规划的重中之重是对自我的正确认识和剖析,自我认知是个人职业生涯规划的基础,一个人只有通过自我认知和评估,正确、深刻、准确地认识和了解自己,才能对未来的职业生涯做出最佳抉择。自我认知测试简表见表5-2。

表 5-2　自我认知测试简表

项目	判断		属于其他
性格特点	内向 / 软弱	外向 / 刚强	
心理素质	好 / 较好	一般 / 不好	
优势	沟通	动手能力	
劣势	不善表达	沟通能力差	
兴趣	经商 / 当医生 / 做护士	医药营销商 / 运动医生 / 心理医生 / 家庭护士	
爱好	艺术 / 写作	设计 / 理财	
什么是我生命中最不会舍弃的东西	亲情 / 爱情 / 友情	金钱 / 享受 / 工作 / 事业	
生活中曾得到的失败的教训是什么	高考失意 / 求职碰壁	恋爱失败	
生活中曾取得的成功经验有哪些			
我具备的优于他人的技能是什么	外语 / 智商 / 表达	社会实践能力 / 家庭条件	
整体素质怎样	高	低	
最欠缺的是什么	胆识 / 魄力	独立思考 / 决策能力	
医学专业成绩怎样	高	一般	
情商	高	一般	
身体 / 体质状况	健康 / 强壮	亚健康 / 一般	
思想观念	传统	现代 / 后现代	
性别	男	女	

(三) 探析职业领域

在制订职业生涯规划时,医学生要注意到环境资源对个人职业生涯发展的重要影响。要清楚以下情况:

(1) 所处的医学大环境。

(2) 医学职业环境的发展变化情况。

(3) 所学医学专业与医学环境的关系。

(4) 医学职业环境对求职者的要求、条件和待遇。

(5) 医学职业环境对自己提出的要求以及医学职业环境对自己的有利条件和不利因素。

(四) 决策方向目标

1. **确定职业生涯规划的方向与目标** 职业生涯规划就是为了实现职业生涯目标,进而获得自己理想的生活,所以目标抉择才是职业生涯规划的核心。制定目标要符合个人实际情况,不能过高或过低。过高的目标无法实现会使人受到打击,过低的目标太容易实现则不利于发挥潜能,也就不利于获得大的成就。还需要根据所学专业与兴趣、理想相结合,理性、客观地确定目标。

设定目标的原则是:先有大目标,再补充小目标;亦可先有小目标,再定大目标。医学生就业目标方向可参考图 5-2。

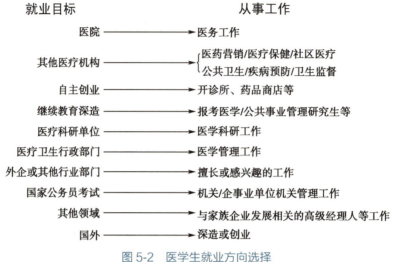

图 5-2 医学生就业方向选择

2. 策划医学职业生涯规划的方案 所谓职业生涯策略与措施,是指为实现职业生涯目标而制订的行动计划。在我们确定职业生涯目标后,就要制订相应的行动方案来实现它们。实施策略措施要具体可行,容易评估。应包括职业生涯发展路线、时间计划、具体求职过程、制作简历求职信以及面试等方面措施。医学生要通过自己的行动来实现自己设立的工作目标。执行方案要素如下。

(1)计划的执行:人生计划-十年计划-五年计划-年度计划-月计划-周计划-日计划。

(2)掌握"轻重缓急、有条不紊"的原则。

(3)实施有效的"时间管理",积极进取。

(4)定期配合环境变化及既有成就,适时调整规划。

(五)具体展开行动

积极行动的开展是将一切策划进行落实的阶段,医学生在此阶段应该综合考虑以上各因素来进行具体的行动。具体的行动内容有:

1. 大学行动计划 第一,有计划地安排课业,可参考表 5-3。

表 5-3 学习安排示例

学习项目	时间	学习项目	时间
专业课	每周按课表上课	专业职业资格证书	课余参加辅导班
外语	每周按课表上课 每天晨起时间	普通话	课余参加辅导班
计算机	每周按课表上课 每晚睡前练习	双学位证书	课余参加辅导班
考研复习	每周六、周日	其他技能提升	课余参加辅导班
辅修专业课程	下午没课时间	医学人文类课程	每周三至每周五

第二,有计划地安排课外活动,可参考表 5-4。

表 5-4 有计划地安排课外活动示例

项目	内容	具体安排
文化活动	听取专家学者讲座	每学期 4 次
	小型学术报告会	每学期 2 次
	人文书目必读	5 篇
	读书报告会	每学期 2 次
	参加书画、摄影展等	系级
		院级
		市级
	社会问题调查	撰写出调查报告
	班级活动	积极参与,以普通同学身份或班干部身份参加
	学生会活动	以普通同学身份或学生会干部身份参加
	团支部活动	入团并以团员或团干部身份参加
	社团活动	以爱好者身份参加
	老乡会活动	自愿
	兴趣小组活动	以兴趣为导向

注意:在活动中有目的地锻炼和提升自己的组织能力、协调能力、沟通能力、表达能力以及心理素质等。

第三,有计划地考取各种证书,可参考表 5-5。

表 5-5 证书示例

项目	时间分配
通过全国大学英语四、六级考试	大二至大三
全国计算机等级考试(二级及以上)	大一下学期
本专业国家职业资格考试	大二至大三
跨专业国家职业资格考试	大四
普通话国家职业资格考试	大二
国家奖学金	大一至大四
辅修专业 / 双学位	大二至大四
三好学生	大一至大四
优秀学生	大一至大四
优秀学生干部	大一至大四
优秀团员	大一至大四
优秀毕业生	毕业前夕
其他奖学金	大一至大四

第四,政治上积极要求进步,靠近党组织,做到品学兼优,争取加入党组织,实现崇高的政治理想。

2. 职业行动计划 第一,通过实验课和课间实习锻炼动手能力。

第二,通过毕业生产实习培养专业技能和上岗能力。

第三,通过各种媒体和途径了解就业信息和国家就业政策。

第四,精心撰写求职信,写出自己的优势和出色之处,写出自己的独一无二。

第五,精心制作求职简历,附上成绩单和获得的各种证书;列出你的活动与各种社会实践经历。

第六,进行模拟面试练习。

第七,积极参加相关招聘会等。

(六) 总结修正计划

现实社会中种种不确定因素的存在,会使我们与原来制订的职业生涯规划目标有所偏差,这就要求我们在职业发展规划实施一定时间后,要定期总结,不断地反省并对规划的目标和行动方案做出恰当的修正或调整,从而保证最终实现人生理想。从这个意义上说,职业生涯设计就是一个再认识、再发现的过程,往往需要医学生经过长时间甚至是一生去探索。

【实践指导】

撰写职业生涯规划书

结合实际,撰写一份职业生涯规划书。

在撰写职业生涯规划书时,要注意以下要点:①避免设定过于宏大而不切实际的目标;②要重视内在素质和能力的提升;③提前完成自我分析和职业环境评估等工作;④务必考虑未来的风险和不确定性。

自我评估	性格特征	
	职业兴趣	
	职业价值观	
	技能和能力	
	综合优势和劣势	
环境及职业评估	政治、经济、社会因素对职业发展的影响	
	目标行业的现状和发展趋势(组织实力、战略方向、组织结构、领导层分析和组织文化)	
	目标职位的具体情况(工作环境、薪酬标准、培训机会和职业发展路径)	
个人SWOT分析	SWOT- 优势	
	SWOT- 劣势	
	SWOT- 机会	
	SWOT- 威胁	
计划执行	终身计划、长期计划、中期计划、短期计划	
	为实现职业目标而采取的行动和策略(如参与专业培训、建立人际网络等)	
反馈与调整	根据个人成长和外部环境的变化,调整自己的职业生涯规划	

【课后作业】

根据本节课程内容,完善《我的生涯规划档案》中的目标设立与行动计划部分。

第二节 医学生学业规划设计

【迷惘与疑惑】

从小到大,胡同学都没有认真思索过自己的人生理想,更没有考虑过未来自己想从事什么职业。上了大学后,他发现自己对所选的专业并不了解。随着大学生活的深入,他开始尝试模仿他人的选择,比如考证、考公务员、考研,但这些尝试并没有帮助他找到自己的方向。最终,胡同学意识到,适合别人的方向不一定适合自己,只有真正知道自己想要什么,才有前进的动力。无论做什么,都要认清自己,找准方向,只有这样,在未来的学业中才能有的放矢,打造自己的核心竞争力。

【理论解析】

同学们都是通过激烈竞争迈进大学校园的,面对未来的医学学习生活,有的同学茫然不知所措,甚至迷失方向;有的同学还不能够完全适应大学的学习方法,更有甚者荒废了学业。对于在大学期间学什么、怎么学、用什么学、什么时候学等问题,很多刚刚入学的医学生都存在着不同的困惑。因此,搞好学业规划并在学习过程中严格执行,对于医学生来讲具有重要意义。

一、学业规划的含义与目的

(一)学业规划的含义

大学生的学业是指大学生在高等教育阶段所进行的以学为主的一切活动,是广义的学习阶段,它不仅包括科学文化知识的学习,还包括思想、政治、道德、业务、组织管理能力、科研及创新能力等的学习。

大学生学业规划,是指大学生对与其事业(职业)目标相关的学业所进行的安排和筹划。具体来讲,是指大学生通过对自身特点(性格特点、能力特点)和社会未来需要的深入分析和正确认识,确定自己的事业(职业)目标,进而确定学业发展方向,然后结合自己的实际情况(经济条件、工作生活现状、家庭情况等)制订学业发展计划。

(二)学业规划的目的

学业规划就是大学生通过解决学什么、怎么学、用什么学、什么时候学等问题,以确保自身顺利完成学业,为实现就业或开辟事业打好基础。就其内涵来看,是指规划主体根据对自身天赋、兴趣、性格、能力等方面的特点和未来社会需要的深入分析,正确认识并确定其人生阶段性事业(职业)目标,进而确定学业路线,然后结合求学者的实际情况(经济条件、工作生活现状、家庭情况等)制订学业发展计划的过程。其根本目的在于最大限度地提高规划好的人生事业(职业)发展效率,也就是以最少的经济、精力及时间的投入来取得事业(职业)上的成就。

学业规划是个人发展规划的一种。个人发展规划包括学业规划与职业规划。现在学什么,将来就干什么,也就是我们常说的学以致用是最为经济和高效的个人发展方式。因此,学业的选择是个人最大限度开发自身事业(职业)潜能的具有战略意义的关键环节,因为只有学其所爱、学其所长、学以致用,才能让个人避免走人生事业(职业)发展的弯路,从而最大限度地提高其事业(职业)的发展效率。学业规划的目的就是通过对学业的筹划与安排,实现以最小的求学成本(包括时间、精力、金钱等的投入)来取得自身的职业理想,也就是为了最大限度地提高个人的人生发展效率,实现个人的可持续发展。

二、医学生学业规划的特殊性

首先,医学教育的特殊性来自医学固有的本质属性:一切为了人,为了人的生命,为了人的健康。相应地决定了医学生综合素质提升的重要性和必要性。其次,医学教育具有学制较长、学科分类精细、专业特点突出等特点,对医学生的自学能力和自我控制力提出了较高要求。最后,目前大部分医学院校还以"学年制"为基本教学管理模式,学校对于学生大多集中在思想道德教育、心理健康教育、班队建设、社团管理等几方面,学业规划还没有得到最广大教育管理者、执行者以及学习者的足够重视,因此医学生的自我学业规划意识以及自觉力是大学期间能否完成学业目标的关键。

三、医学生学业规划的阶段分析

(一) 大学一、二、三年级为基础预热阶段

大学一、二、三年级为医学教育的知识积累阶段,医学生在这一阶段所掌握的知识将直接影响其日后临床、科研等工作的取向和发展。因此,医学生在此阶段不仅要积极地积累基础医学知识,打下良好的基础,与此同时还要对自己希望从事的职业与自己所学专业对口的职业建立一个初步的了解。具体办法可以采用与师兄师姐进行交流(尤其是大五的毕业生),或是向专业老师请教等方式,询问就业情况,增强交流技巧,这也是锻炼人际交往能力的最佳时机。

(二) 大学四年级为自我和环境评估并形成行动计划阶段

大学四年级学生要对自身的优势和劣势进行客观、科学的分析,查漏补缺,继续全面提升自己。在对自身和环境做出合理评估后,选择就业的同学应积极拓展自己的知识储备,尤其是与自己所希望从事专业有关的理论知识,为日后工作打下良好的理论基础,并且要有意识地增加与社会接触的机会,开展多种形式的社会实践活动,为自己的就业打下坚实的实践基础。与此同时,留意各种行业的信息,并在确立目标方面形成初步的打算和计划。选择考研的同学此时应根据自己的性格、兴趣和学业专长确定自己所要报考的学科。从四年级到来前的暑假开始便要着手考研的复习和准备。

(三) 大学五年级为职业选择与实践阶段

准备就业的同学要再次检验自己的职业目标是否明确,前四年的准备是否充分。然后积极参加招聘活动,在实践中检验自己的积累和准备是否充分。最后在同学和老师的帮助下进行预习和模拟面试,并积极了解就业指导中心提供的用人单位信息,强化求职技巧。准备考研的同学,此时复习已接近尾声,应着重于有关考研信息的收集和整理分析。可以通过各种途径,如向自己报考专业相同的在读研究生及该学科专家教授咨询有关应试技巧、本学科发展前沿信息等,向报考学校招生办公室了解有关招生信息,积极联系报考导师等。

四、医学生学业规划的实施步骤

(一) 学业规划选定

首先,分析自己的兴趣爱好,认定自己想干什么;其次,分析自己的能力、特长,确定自己能干什么;最后,分析所学专业特点及专业方向分类,确定社会要求自己干什么。着眼未来、预测趋势、评价自我,要把自己的兴趣爱好、能力特长、社会需要等因素结合起来,把想干什么、能干什么、社会要求干什么有机地结合起来。几方面的结合点和链接处正是大学生学业规划的关键所在。

（二）学业规划强化

当学业规划选定以后，很多大学生或者拖延不动，或者立即盲目行动，结果导致了有规划无行动或不持久的现象，从而无法实现既定的学业规划目标。面对医学知识深奥庞杂的特点，医学生一定要注意对学业规划的强化。所谓强化就是学业规划的执行者在执行之前充分运用想象，详细地罗列出达成学业规划的好处，从而培养出积极的心态，进而增强动力、产生更大的执行力，确保学业规划顺利完成。

（三）学业规划分解

学业总目标制定出以后，要自上而下地分解，即制订学习计划。可以按照以下的思路进行：大学期间的总学习目标，一年的学习目标，一学期的学习目标，一个月的学习目标，一周的学习目标，一日的学习目标。使得学业规划落实到学习生活的每一天，确保学业规划的严格执行。

（四）学业规划评估与反馈

由于现实生活中种种不确定因素的存在，要求学业规划的设计具有一定的弹性，评估结果出来以后应进行反馈，以便于自己及时反省和修正学业目标，变更实施措施与计划。所以应做到定期评估与反馈，进而分析原因与障碍，找出改进的方法与措施。

（五）奖励与惩罚

激励措施能将人的潜能和积极性激发出来，惩罚可以防止惰性的产生。所以，一定要制订出完成阶段目标后对自己的奖励措施和未完成而进行的惩罚措施。

[拓展阅读]

小任是某医科大学临床专业一年级的学生。做一名医生是他的梦想，聪明活泼的他以优异的成绩考上了医学院校的临床专业，但是大一前半年的医学专业学习使他感到医学专业尤其是基础医学知识并没有他所想象的那样生动、充满挑战。对于未来他似乎有些迷茫。为此小任找到了学校的相关老师请求指导。在老师的帮助下，他对自己进行了较为细致的分析，发现动手能力、分析能力以及思维逻辑性等方面是他的优势能力，而沟通能力、记忆力和工作持久性等方面是他的弱势能力，据此分析他制订了一份详细的发展规划表，如表 5-6 所示。

表 5-6 个人发展规划表

学业发展规划	时间规划	一年级：医学知识认识阶段 二年级：医学知识拓展及能力锻炼阶段 三年级：专业定向阶段 四年级：专业提高及考研准备阶段 五年级：研究生考试冲刺阶段
	知识规划	熟练掌握医学相关的基础及临床专业知识，精通定向专业的相关知识，积极拓展医学相关知识及人文知识，以英语四级、六级和计算机等级考试为标准，准确把握相关知识
	技能规划	发挥自身的动手能力，积极锻炼临床操作技能，积极参加社团和学生会活动，锻炼语言表达及人际沟通能力
	自我约束和交流	为了确保达到目的，需要制订详细的时间计划表并请同伴监督执行
	反馈和修正	每半学期将通过对时间计划表的总结，及时反馈和修正学业规划

【实践指导】

我的学业规划书

请根据个人实际情况和真实想法填写表 5-7,并在每学年结束时更新此规划书。毕业时,通过比较分析,回顾自己的成长和不足。这将成为你大学生活的缩影,也是求职简历的宝贵素材。

表 5-7　我的学业规划书

姓名			性别		专业	
我的兴趣爱好或特长						
理想中的自我形象						
我的人生愿景						
我的职业理想						
第学年	职业资质积累	学术目标				
		素质与能力目标				
		社团或活动参与计划				
	个性完善	特殊技能培养				
		养成的良好习惯				
		克服的缺点				
		本学期的自我激励语				
	个人其他目标:					

[拓展阅读]

迈入神圣的医学殿堂,医学新生应如何转变学习理念,快速地融入大学的学习生活中?

确实,从中学到大学是人生的重要转折,中学生向大学生的转变需要一个过程,如何加快这个转变,如何调整自己适应新的生活、学习环境,如何投入紧张的大学生活中,是每个大学生必须考虑的问题。

首先,应从高考成功后的陶醉中清醒过来,调整方位,尽快将自己融入大学生活的主旋律中。能够考上理想的大学确实是令人兴奋的,学生为此付出了艰苦的努力。但成功已成为过去,我们应冷静地面对现实,认真地思考怎样迈出大学生活的第一步,做好战胜困难的准备,尽早进入再次出征的状态。其次,破除唯我独尊、唯我独优的优越感。大学生在中学时代几乎都是佼佼者,是在赞扬声中长大的,对于困难和波折心理承受能力较低,而大学是群英荟萃、高手如林的地方,过去的佼佼者不一定总是出类拔萃。生活和学习中难免有不满意的地方,难免会出现成绩的起伏和暂时的落伍,这与往日的一帆风顺形成强烈的反差,因而容易导致心理失衡和自尊心受挫。因此,忘却以往的光荣,重新认识自己,把自己放在合适的位置上,自强不息,不骄不躁,谦虚谨慎,将成为大学生再次成功的关键。最后,注意大学教育与中学教育的区别,改进学习方法。大学教育非同中小学教育,前者是后者的继续,后者是前者的基础。大学培养的是专业化程度很高的专门人才,一般地讲,大学集中了专业教学和科研的优势。大学的教学内容、讲授方法、学习方法与中小学有很大区别,因而中学生进入大学后总有一个适应的过程,能否顺利迅速地度过这一阶段,是对大学生自我调控能力的检查。

【课后作业】

制作一份自己的学业规划书,并与同学进行讨论。

第三节 职业生涯规划评估调整

【迷惘与疑惑】

小卓是某高职学校医药营销专业的毕业生,在校期间他就对自己的职业生涯路线进行了规划,目标是在五年内进入 500 强医药企业,并逐步晋升至营销高层。毕业后,他顺利入职心仪的公司,凭借勤奋与专业,连续六年被评为优秀员工。然而,英语成为他晋升道路上的绊脚石。尽管意识到提升英语和学历的重要性,小卓却因忙碌的工作一再推迟学习计划。当营销部副主管的晋升机会来临,小卓虽是热门人选,却因英语能力和学历短板遗憾落选。

【理论解析】

一、职业生涯规划的评估调整

世事多变,世界每天、每时都在发生变化。远到社会经济结构的发展、科学技术的飞跃、政治形势的突变、国家政策和法律制度的调整,近到所在企业组织的制度调整、领导人更换、产品方向调整,乃至个人家庭、健康、能力水平的变化,无不能够影响到个人职业生涯的发展。那些意外发生的变化常常令我们束手无策,并直接影响到我们个人职业生涯规划的执行过程和结果。人生不能重来,先前计划的不完整、对自我和环境认识得不全面、未能坚持计划、策略方案的失误、未能调动起全部力量,所有这些失误都可能导致预期目标未能实现。这就要求我们自觉地总结经验和教训,不断修正策略,甚至必要时修正目标。而在职业生涯规划过程中,经常进行再评估很容易使我们发现改善的途径。我们所要进行的再评估主要包括:第一,确定准确的位置,判断实际行为效果与期望值的偏差;第二,探究导致失败结果的根本原因;第三,采取及时、适当的纠正措施;第四,调整策略,改变行动。

对于医学生而言,进行职业生涯评估的目的是让自己时刻保持最佳状态,在通向最终目标的职业生涯大道上跨越障碍,走得直,走得快,走得稳,谋求可持续的发展。因而进行职业生涯评估不妨循着优势和差距两条主线来进行。

对职业生涯规划的评估可以参照各类短期、中期预定目标和实际结果比照来进行。一般来说,任何形式的评估都可以归结为自我素质和行为对现实环境的适应性判断,分析自己的现状,特别是针对变化的环境找出偏差所在,做出修正。进行评估的关键在于:

(1)抓住最重要的内容:我们在评估的过程中不必要求面面俱到,只要抓住一两个关键的目标和最主要的策略方案进行追踪。在职业生涯的某一阶段,一两年内,也可能三五年内,总有一个最重要的目标,其他目标都是指向这个核心的。你完全可以通过优先排序,重点评估那些可能达到这个核心目标的主要策略执行的效果。

(2)分离出最新的需求:变化了的内外环境,要求我们要善于发掘出最新的趋势和影响。在我们的职业生涯中,总会不断出现新的变化和需求,对于这些新的变化和需求,我们要分析清楚怎样的策略才是最有针对性、最具实效性的。

(3)找到突破方向：我们知道，在某一点上取得突破性的进展，有时候将使整个局面发生意想不到的改变。在进行职业生涯评估时，我们要想一想先前规划中的策略方案，哪一条对于目标的达成是有突破性的影响的？这一目标达到了吗？为什么没有达到？如何寻求新的突破？

(4)关注最弱点：管理学中有个著名的木桶理论，即一只桶口不齐的木桶，其容量的大小不取决于最长的那块木板，而取决于最短的那块木板。在对职业生涯进行反馈评估的过程中，我们当然要肯定自己取得的成绩与长处，但更重要的是要切合变化的环境，发现自己的素质与策略的"短木板"，即自己最不擅长和最欠缺的，然后想办法修正，或者针对自己的弱点和最欠缺的方面，有意识地进行巩固和提高。只有把木桶中的那块短木板换掉，或者接补增长，我们的职业生涯"这只桶"才能有更大的容量。

[拓展阅读]

小左的职业生涯规划（节选）

为了能够早日实现目标，成为一名德才兼备的医生，小左做了如下的执业评估：

1. 职业评估

(1)职业目标评估：我的最终职业目标——成为一名医术精湛，经验丰富的外科医生。

所做的一切都是为了实现这个目标，假如我的终极目标没有实现，那它就不是一个成功的目标选择，需要在调整每一阶段小目标的基础上适时调整最终目标的选择。

(2)职业路径评估：我的职业路径——毕业取得学位→考取执业医师资格证→考研→进入三级甲等医院工作。

路径中的每一步都是让我最终获得成功的关键点，因此，假如这五步中有一步没有完成，那它就不是一条正确的合适的职业路径。

2. 职业调整

(1)若毕业后也无法在大医院找到工作，我会考虑到基层医院工作。现在高等教育已经进入"大众化"时代，医学毕业生要适时调整就业观和期望值，与社会协调同步发展。面对如此竞争激烈的就业形势，医学生理当从自己的自身环境、能力出发，适当地降低对就业的期望值，从而寻找到适合自己的岗位，降低就业层次，抢先到那些目前经济虽然欠发达，但发展后劲足、有广阔发展空间的城市去施展才华。

(2)若无法从事医生工作，那就到那些与医学专业相近或相邻的新兴行业工作，如保健、康复、美容、医药、家庭护理、计划生育、临终关怀、养老院等；要敢于从事相关职业，一些交叉学科的专业人才如保险公司的医药核赔师、医药公司的医药代表、专门处理医疗事故的律师；要敢于到那些新办的外资或私营的医院去，为自己提供更多的就业空间，方便自己能够更快地寻找到更好的工作。

二、医学生职业生涯规划成功标准的建立与评价

很多人以为职业生涯成功就是获得地位和财富的满足，于是为了达到这个标准而拼命努力。一旦没有在期望的时间内达到这一目标，便灰心地认为自己的职业生涯失败了。其实，这种认识是对成功的一种偏见。

在有限的生命里，我们往往不能达到所有的目标，但这并不意味着职业生涯的失败。因为每个人的价值观不同，职业需求不同，职业生涯目标各异，对于成功的定义也会有所差别，因此衡量职业生涯成功与否的标准就会不一样。有的人认为，成功意味着拥有一定数量的金钱；也有的人认为，成功意味着拥有较高的地位和声望；而有的人或许将成功定义为抽象的概

念,例如和谐的工作环境带来的愉悦感,完成具体的成果带来的成就感,帮助别人带来的满足感等。

每个人都可以,也应该有自己对于职业生涯成功与否的定义。诚然,成功没有统一的标准,但是,每个人都应当有自己明确的成功标准,并时时用这个标准来检验实际行动。在职业生涯中,有的人追求职务提升,有的人追求工作实质内容的丰富。职业生涯的成果只有在内职业、外职业生涯平衡的基础上才有真正的意义。

(一)职业生涯成功的方向

成功没有统一的标准,在职业生涯的过程中,职业生涯成功的方向具有多样性特征,总的来说可以将职业生涯成功的方向分为五种。

1. 进取型　进取型以不断取得更高的职务为职业生涯成功的标准,视成功为升入组织或职业的最高阶层,特别注重在群体中的地位,追求更高职务。

2. 安全型　安全型的人追求职业的稳定性,这类人并不是特别渴望职位的提升,而是更看重在组织中获得稳定的地位和来自上级的认可。即便职位不发生变化,他们也能从中获得满足感。因此,这类人适合担任助手或副手职位,以发挥其在团队中的稳定作用和专业能力。

3. 自由型　自由型的人追求工作的自由度和灵活性。他们将成功定义为能够体验多样化的工作内容,并在工作的时间安排和方法上拥有自主权。他们不愿意受到严格的控制,甚至倾向于没有固定的工作时间。他们不是不愿意工作,而是更愿意在没有过多约束的环境下工作。自由型的人认为,只要明确任务的完成时间和预期结果,他们就能自主安排工作进度,无论是白天还是夜晚,今天还是明天,都应有选择的自由。他们最反感的是受到考勤打卡机等传统管理工具的限制。

4. 攀登型　攀登型的人渴望面对挑战、寻求刺激和冒险,他们乐于从事创新性的工作。这类人将成功视为一个不断自我完善和螺旋式上升的过程。他们不喜欢从事那些年复一年重复性的工作,而是更愿意接受具有挑战性和风险性的任务。攀登型的人适合于开拓新市场,因为他们具备不断探索和突破现状的能力。

5. 平衡型　平衡型的人将成功定义为在家庭、事业和健康等方面实现均衡协调的发展。这类人追求工作与家庭生活以及个人事务之间的平衡,避免任何单一方面的事务对其他方面造成不利影响。

以上五种职业生涯成功的方向,不存在所谓的优劣之分,关键在于找到与个人特质最匹配的类型。对于个人而言,职业生涯的成功方向通常会随着年龄和经历的变化而发生转变,从一种类型主导转向另一种类型主导。每个人的职业价值观不同,因此对职业生涯成功的评价标准也不同。即便是同一个人,在不同的生涯阶段,对职业生涯成功的理解也可能随之变化。

(二)职业生涯成功的评价

不同的人对于职业生涯成功的定义各有侧重。一些人将事业成功视为职业生涯成功的核心,甚至愿意为此牺牲健康和家庭;另一些人则认为职业生涯的成功在于其能够为个人事务和家庭生活提供稳定的基础;还有一些人认为个人事务、职业生涯和家庭生活的协调发展才是职业生涯成功的真谛。

评价职业生涯成功的方法多种多样。如表5-8所示,通常,我们可以根据人际关系的范畴,将职业生涯成功的评价分为自我评价、家庭评价、组织评价和社会评价四个维度。如果一个人在这四个评价体系中均获得了积极的评价,那么可以认为其职业生涯是成功的。

表 5-8 职业生涯管理成功评价体系

评价方式	评价者	评价内容	评价标准
自我评价	本人	1. 自己的才能是否充分施展 2. 对自己在企业发展、社会进步中所做的贡献是否满意 3. 对自己的职称、职务工资待遇等方面的变化是否满意 4. 对职业生涯发展与个人生活之间的平衡是否满意	根据个人的价值观念及个人的知识、水平、能力
家庭评价	父母、配偶、子女等家庭成员	1. 是否能够给予理解和肯定 2. 是否能够给予支持和帮助	根据家庭文化
组织评价	上级、平级、下级	1. 是否有下级、平级同事的赞赏 2. 是否有上级的肯定和表彰 3. 是否有职称、职务的晋升或相同职务责权利范围的扩大 4. 是否有工资待遇的提高	根据组织文化及其总体经营成果
社会评价	社会舆论、社会组织	1. 是否有社会舆论的支持和好评 2. 是否有社会组织的承认和奖励	根据社会文明程度、社会历史进程

【实践指导】

修改生涯档案

阅读以下材料,根据本节所学知识修改自己的生涯档案。

如表 5-9~ 表 5-14 所示,某医科大学护理学专业 2023 级学生小崔在学习了职业生涯规划管理的相关知识后,修改了自己的职业生涯档案:

表 5-9 小崔的性格分析

我的 **MBTI** 类型	适合的职业
ISFJ	保健、教学、办公室管理、个人服务

表 5-10 小崔的兴趣分析

我的霍兰德职业兴趣类型	适合的职业
研究型(I)	科学研究人员、实验室技术人员、医生、系统分析员

表 5-11 小崔的能力分析

能力类型	支持事件	适合的职业
专业知识技能	取得护士资格证	卫生保健、教育教学、市场营销
自我管理技能	参加多个社团	
可迁移的技能	取得国家计算机二级证书	

表 5-12 小崔的价值观分析

我的价值观	适合的职业
成就、公平、人道主义	医生、法律研究者、特殊教育教师、医学科研人员

表 5-13 与职业相关的优势和不足

优势: 我性格开朗,认真踏实,喜欢从事研究型的、能够帮助他人的工作	不足: 缺乏恒心,做事有时不能坚持到底
与职业选择有关的有利外部条件: 我哥哥是一名工作了五年的临床医生,他能够给我较为专业的指导	与职业选择有关的不利外部条件: 家庭条件一般,不能给我较多的经济支持

表 5-14 我的生涯行动计划

内容	目标	时间	行动
教育准备	考取硕士研究生	2025 年	查阅报名相关信息,有计划地复习英语及相关专业知识
兴趣培养	社会福利和帮助他人	2024 年	到福利院等机构帮忙
能力培养	通过护士资格证考试	2025 年	准备考试用书
人际关系	结交一些医生朋友	2026 年	到医院实习
经济准备	通过打工赚取 1 万~2 万元	2024—2025 年	到诊所、药店、企业等地打工
休闲生活	主持、唱歌	2023—2026 年	多参加学校社团活动

【课后作业】

1. 访问事业有成的师兄、师姐,了解他们踏入社会后的体会,以及他们面对困难时采取的态度。访谈后,与同学们进行交流,并据此调整自己的职业生涯规划。

2. 试着评价一下自己的职业生涯规划。

(李 昶 闫泽源)

第六章　求职概述

一个健康向上的民族,就应该鼓励劳动、鼓励就业、鼓励靠自己的努力养活家庭,服务社会,贡献国家。

——习近平总书记

 知识点

本章主要阐述了大学生的就业形势和国家促进大学生就业的相关政策,指明了当前就业形势的严峻性及挑战性,深入挖掘就业形势现状和医药类单位用人需求,分析了"新医改"政策给医学生就业带来的机遇。更好地帮助医学生认清就业形势,做好接受挑战的准备。针对就业现状,医学生要提升就业能力与素养,掌握提升职业能力的方法,顺利就业。

第一节　医学生就业形势与就业去向

【迷惘与疑惑】

22 岁的小平,四年前以高分考到了一所医科大学临床医学专业,2024 年进入实习期,之前想到临床医学专业以后就去医院当医生,怎么可能找不到工作呢? 其他事情根本没有考虑过。而且没有到毕业的时候想太多有什么用呢? 因此他对于就业的事情不太关心。今天听了一节就业指导课,才慢慢感觉到就业的压力,他想到凭自己的能力能到大城市的三级甲等医院当医生吗? 还是去乡镇医院当医生? 听说三级甲等医院要求很高,需要硕士以上学历才可以。当听老师说每年都有上千万的应届毕业生找工作时,他内心开始恐慌,自己可以在找工作大军中脱颖而出吗? 能不能找到工作? 到哪里工作? 是否能找到合适自己的工作? 很多未知的事情令他迷茫了! 他该如何应对就业形势?

【理论解析】

21 世纪,就业形势日趋严峻,大学生毕业人数不断增加。经济危机的冲击、社会需求相对降低等诸多因素影响了大学生就业。因此就业成为一项严峻的课题。在现阶段如何认清就业形势,看清就业现状,合理解读就业情况,成为每一名大学毕业生应该了解的内容。

一、医学院校毕业生就业形势

(一) 医学院校的专业设置和规模

医学专业在各大医学院校中根据其性质和培养目标,可大致划分为临床专业和功能辅助专业两大类别。临床专业主要涵盖临床医学与基础医学,包括内科、外科、妇产科、儿科、传染医学等核心专业,以及口腔医学、眼视光学、耳鼻咽喉学等专科领域。基础医学则侧重于理论研究,支持临床实践,涉及生理学、病理学、生物化学、药理学等多个学科。功能辅助专业则包含医学影像学(如超声、X线、CT、MRI)、医学检验学(如血液、尿液分析)、麻醉学、护理学、药学、中药学、预防医学、医学信息学、法医学以及健康服务与管理等,它们在医疗体系中发挥着不可或缺的支持作用。

近年来,随着社会分工的精细化和技术的进步,医学教育领域出现了许多新兴专业,如生物技术、医学信息学、智能医学工程等。这些专业结合了传统医学知识与现代科技,如计算机科学、人工智能、大数据分析等,旨在培养能够应对未来医疗挑战的复合型人才。尽管这些专业的招生人数相对较少,但它们凭借其独特的优势和市场适应性,逐渐受到就业市场的欢迎。

(二)医药类单位的用人需求情况

在物质生活日益丰富的今天,人们对健康的重视程度不断增强,从而推动了医药类单位的需求整体上持续增长。特别是大城市的三级甲等医院,对临床专业人员通常要求具有研究生以上学历,而护理学专业则至少需要专科学历。与此同时,私立医院、民营医院和社区医院的用人需求也在增加,这些地方的门槛相对较低。医药行业对人才的需求量很大,且待遇通常较为优厚。近年来,医药营销和药品研发领域的专业人才尤为紧缺。随着我国逐渐步入老龄化社会,老年人的医疗和日常护理需求日益增大,这导致疗养院和老年护理中心的数量不断增加,为医护人员提供了更多的就业机会。

(三)医学院校毕业生就业情况

近年来,我国医学院校毕业生的就业情况表现出积极的趋势。麦可思研究院发布的《2025年中国本科生就业报告》(2025年就业蓝皮书)数据显示,从本科就业满意度TOP20专业的学科归属来看,医学类专业有6个上榜,分别是医学影像学(89%)、临床医学(87%)、麻醉学(86%)、中西医临床医学(85%)、医学影像技术(85%)、护理学(84%),占三成。医学相关专业满意度较高,或与其毕业流向及行职业特点有关。医学专业毕业生主要进入综合医院、药品和医药制造业、专科医院、中医医院、基层医疗卫生服务机构等行业就业,就业更为稳定(离职率为13%,低于本科平均8个百分点)。且其专业对口率高,意味着从业门槛更高,专业背景使其更具从业优势。

在收入方面,在从业初期,医学生的薪资待遇往往并不理想,刚毕业进入医院工作的医学生,尤其是在规培期间,薪资待遇较低。但经过医学教育和培训,医学生成为具备执业资格、能够独立从事医疗工作的专业医师后收入会有明显提升。我国医师收入随年龄增长而提高的趋势十分明显,总的趋势是,年龄越大,收入越高。

(四)医改新政策对毕业生就业影响

2023年,国家卫生健康委员会、国家发展和改革委员会、财政部、人力资源和社会保障部、国家医疗保障局、国家药品监督管理局联合印发的《深化医药卫生体制改革2023年下半年重点工作任务》(以下简称《任务》),明确了2023年下半年深化医疗卫生体制改革的重点任务和工作安排。《任务》提出了推进国家医学中心和国家区域医疗中心设置建设,不断提升地市和县级医疗服务能力,加强社区及农村医疗卫生服务能力建设,完善促进分级诊疗体制机制,促进中医药的传承与创新,推动"大病重病在本省就能解决,一般的病在市县解决,头疼脑热在乡镇、村里解决"的目标。新医改的各项及地方相关配套设施对医学生就业产生深远的影响,促进医学生就业,提供了较多的就业岗位。基层医疗保障制度全面覆盖,释放群众就医需求,使就医市场"重心下移",县级、乡级和村镇卫生院医疗服务网络建设将推动基层医院的发展,基层就业空间进一步扩大,再加上国家出台的"三支一扶""西部计划"等一系列鼓励医学生到基层就业的政策,引导医学生选择基层就业,合理解决了就业岗位不足等问题。

二、树立积极的就业观

就业价值观作为当代大学生世界观、人生观、价值观的重要构成,与其未来的发展紧密相关。其科学内涵可从3个维度解析:首先,就业观是大学生在成长历程中,结合所学知识对就业概念的自我认知与理解,即"我的现状如何"。这关乎大学生作为就业主体的自我定位与认知,是对自己状况与环境、人际关系的客观审视与总结。每位就业主体在确立就业观之初,都需精准自我定位,明晰自身价值与核心诉求,这是价值观的核心,也是后续评估就业实践结果的准则。其次,就业观源自大学生的自我定位,经由社会、家庭与学校教育等价值观塑造力量的熏陶,形成个人见解与就业愿景,即"我追求的职业是什么"。这包括大学生对薪酬、地域、工作环境、成长空间、社会贡献的整体认知,是对就业行为物质与精神回报的再诠释。最后,就业观指导大学生在就业过程中,依据就业观构建一套行为准则,即"我应如何行动"。这关乎就业行动的策略、方法与手段的评判尺度,也是社会对其个人与社会价值评判的标准。

就业这一话题历来备受人们的关注,习近平总书记在党的二十大报告中指出:"强化就业优先政策,健全就业促进机制,促进高质量充分就业。"将推动高质量就业放在突出位置。作为就业市场的新兴力量,大学生是国家与社会重点关注的就业对象之一。就业不仅是大学生作为社会的一分子接受劳动并获得报酬的常规途径,也是其形成就业价值观和实现自我价值的关键阶段。

积极的就业观是求职成功的助推器和加速器。投身于国家和人民最需要的岗位,不仅能铸就无悔的青春回忆,还能在基层锻炼中积累终身受益的精神财富。对于刚毕业的大学生而言,至关重要的是找到个人特质与社会需求的交汇点,怀抱平实之心,理性评估个人需求与社会需求,立足实际进行择业。着眼未来,脚踏实地,逐步在实践中磨砺成长,不断学习,增强职业能力,才能在激烈的就业市场中脱颖而出。

培养积极的就业观,在乡村振兴、绿色发展、社会服务、国防建设等领域争做先锋和主力,不仅能够实现个人价值,还能为国家的发展和民族的复兴贡献自己的力量。大学生志存高远,更需脚踏实地。树立正确的就业观,找到展现才华的舞台,广大学子定能克服困难和挑战,在全面建设社会主义现代化国家的征程中绽放青春光彩。

三、医学生的就业观

(一) 医学院校毕业生就业观存在的问题

随着社会发展,毕业生就业形势不断变化,就业观念也发生着变化,在就业观念上存在一些误区。医学毕业生就业中存在以下问题:

1. 就业倾向于大医院大城市 近年来,我国医学院校毕业生在就业选择上呈现出明显的倾向性,普遍倾向于大医院和一线城市。《2025年中国大学生就业报告》(就业蓝皮书)显示,超过九成的医学门类本科生毕业后从事了与专业相关的工作,其中大部分选择在大城市的医疗机构就业。上海交通大学医学院发布的《2023届毕业生就业报告》显示,签约三级甲等医院的学生占医疗机构就业学生总人数的82.46%。这种倾向性的主要原因在于大医院和一线城市的薪资水平较高。

2. 就业期望与实际能力不匹配 医学专业因其特殊性,通常要求较高的分数线,招收的学生普遍学习成绩优秀。因此,医学院校毕业生在就业时往往期望获得高薪酬、良好待遇和稳定的工作环境,以及受到社会的尊重。然而,在追求这些目标的过程中,部分学生没有充分评估自己的技能水平和能为社会创造的价值。这种对高薪工作的单一追求有时会导致他们错过一些合适的就业机会,从而加剧了就业形势的严峻性。

3. **缺乏明确的职业规划和积极的就业行动**　一些医学院校毕业生在实习和毕业前对未来职业发展缺乏清晰的规划,没有主动考虑毕业后的职业道路。到了毕业季,往往会感到迷茫或依赖于他人,如等待学校或家长提供就业信息,而不是自己积极寻找机会。此外,面对招聘要求较高的学历门槛,一些学生可能会选择继续深造,推迟就业计划。

(二)影响医学院校大学生就业观的因素

1. **社会因素**　社会上对于大城市、大医院的认可度高,薪资待遇等偏向于大城市,工作环境、职业发展等方面也优先大城市的医疗单位,就业稳定,工作体面等因素影响着大学生就业观。医学生认为自己在学校付出的 5 年、7 年的学习时间,应该享受到更加优越的工作环境和待遇,因此去大城市、大医院、医疗事业单位成为就业的首选。

2. **用人单位**　许多医院过度关注毕业生的学历,入门级的学历就是研究生,低于硕士研究生的不予考虑,根本没有考虑到自身的实际情况。这就导致了很多基层医院非研究生不招,而真正需要高级人才的单位招聘不到人才,而本应该到基层医院就职的本科、专科医学生没有单位接收。这是引起医学生就业形势严峻的一个原因。

还有部分医院过度追求工作经验。招聘条件都是 3 年以上、5 年以上工作经验。我们不否认,医生这个岗位工作经验是相当重要的,但是医院忽视了一点——任何一位医生的工作经验都是一步一步培养起来的。当然有很多小医院不具备培养人才的条件,只能是招聘有工作经验的医生,这就导致了医学生的就业路越来越窄,这是引起医学生就业形势严峻的另一个来自用人单位的原因。

3. **毕业生本身**　部分医学毕业生对就业形势和政策及就业过程不了解。大部分在校学生没有意识到就业人数的递增速度已远远超过工作岗位的增加速度,忽略了解就业形势和政策及就业过程的重要性,而在实际就业供需矛盾面前束手无策。很多毕业生有较扎实的专业知识,但缺乏良好的心理素质、礼仪和法律观念;缺少职业生涯规划,期望和实际现状不符,做事眼高手低,理论知识与实际工作脱节,还存在就业后稳定性差、离职率高此类问题。多数大学生缺乏吃苦耐劳精神,薪酬期望值高出社会现实水准,不愿从基层做起,宁愿等待,只选择在发达地区、高薪部门工作,不愿意去偏远地区工作;人际沟通能力差,缺乏团队合作能力等。

(三)医学院校毕业生如何树立正确的就业观

1. **了解当前就业政策**　医学毕业生应在学习之余,主动学习当前的就业政策及就业过程,调查了解当前的就业形势有哪些变化,根据变化及时调整自身发展方向,从个人素质条件进行重点培养,以符合用人单位的标准;同时根据个人需要和社会需求,扬其长、避其短,做出合理的选择或根据自身能力及兴趣、爱好,选择适当的时机进行自主创业。

2. **转变就业观念,调整就业心态**　大学生初入社会,一方面不应过分强调个人的职业理想和利益,要把自己的职业理想提高到较高的境界;另一方面在择业时应充分考虑个人的工作潜能和个性特点,扬其长、避其短,充分发挥个人的独特作用。

3. **注重自身素质的培养,提高就业竞争能力**　毕业生踏上工作岗位,不是学习的结束,而是新学习的开始。尤其在实习期间迅速地把自己的理论知识转化为实践能力,其他能力如沟通能力、社交能力、协调能力等在实习期也可以得到锻炼。

4. **以低姿态进入就业市场**　大学生的初次就业,首先应从社会需求出发,设计自己的择业目标。大学毕业生要充分认识到社会的需要是个人才能得以充分发挥的条件和基础,科学地分析就业形势与自我特征,冷静妥善地处理择业过程中个人与社会、个人与集体、个人与他人的关系。树立"先就业,再择业"的目标。摆正自己的位置,是大学生积极主动就业的基本要求。

四、医学生常见就业去向分析

(一) 医学生常见就业去向

医学生在毕业后面临着多样化的职业选择,表 6-1 列出了医学生毕业后的常见就业去向,以及它们各自的能力要求、优点和缺点。

表 6-1　医学生常见就业去向

工作类型	能力要求	优点	缺点
临床医院工作	专业医学知识、良好的沟通能力和团队合作精神,以及应对紧急情况的能力	工作稳定,有利于专业技能的持续提升;社会需求大,有较高的职业成就感	工作压力大,需要长时间的实习和住院医师培训;工作时间可能不规律,需要应对夜班和紧急情况
护理保健(康复中心、社区医疗等)	护理技能、人际交流能力、耐心和同情心	工作环境较为轻松,有助于增进与患者的联系;护理职业在社会中有很高的需求和尊重	初始薪资相对较低,晋升空间可能有限;需要处理患者的情绪和家属的压力
医护科研、管理	研究能力、项目管理、数据分析能力	有机会参与前沿医学研究,对专业发展有帮助;工作内容多样化,可以从科研到管理多方面发展	需要较强的自我学习能力和持续更新知识;科研项目的不确定性可能带来职业发展的不稳定性
教育行业(医学院校教师)	深厚的专业知识、教学能力和沟通表达能力	相对稳定,有假期,有机会影响未来的医学生;教育工作带来的满足感和影响力	晋升可能需要较长时间,竞争激烈;需要不断更新专业知识以适应教育需求
医疗相关行业(销售、市场等)	销售技巧、沟通能力、市场分析能力	薪资潜力大,行业发展快;有较多的人际交往和市场开拓机会	业绩压力较大;与医学专业关联度较低,需要学习额外的市场营销知识
公共卫生与卫生管理	公共卫生知识、政策分析能力和管理能力	为公共健康作出贡献,工作稳定;有机会参与政策制定和公共卫生项目	可能需要额外学习公共卫生相关知识;晋升空间和薪资增长速度不如临床行业
医美行业	医学美容知识、审美能力、沟通技巧	行业增长迅速,收入潜力大;有机会接触最新的美容技术和产品	需要专业培训和认证,行业竞争激烈;对个人的审美和沟通技巧要求较高
制药公司	临床试验能力、项目管理能力或市场营销能力	薪资较高、职业发展空间大;有机会参与新药的研发和市场推广	产业竞争激烈、需要关注市场需求和法规变化;工作压力较大,尤其是在新药研发阶段
医疗器械公司	产品设计能力、质量控制能力或市场营销能力	发挥创意能力、可以参与产品研发;有机会参与全球市场竞争,职业前景广阔	行业发展波动较大,受市场和技术更新影响;需要不断学习新技术和行业标准
私人诊所/医疗中心	专业技能、沟通能力、管理能力	拥有更灵活的工作时间;可以积累个人客户资源,收入潜力较大	竞争激烈,需要自我推广和管理能力;需要承担经营风险和法律责任

续表

工作类型	能力要求	优点	缺点
生物公司	临床试验能力、项目管理能力或市场营销能力	薪资较高、职业发展空间大;有机会参与生物技术的研发和应用	产业竞争激烈,需要关注市场变化和技术发展;可能需要应对项目失败和市场变动的风险
科技机构	科研能力、创新精神和学术能力	可以参与前沿研究、学术发表成果;有机会获得科研项目和资金支持,参与国际合作	竞争激烈、工作压力较大;需要耐心和毅力,科研项目可能会失败

（二）医学生常见就业去向的职业发展路径示例

以下列举医学生部分就业去向的职业发展路径供医学生参考:

(1)医院方向:从临床医学起步,逐步晋升为住院医师、主治医师、主任医师,最终可能成为医院的院长或科室领导。

(2)临床研究方向:专注于临床研究,从临床研究员成长为临床主管、临床经理,最终可能成为临床研究总监。

(3)运营方向:结合医学知识和管理技能,从医师转型为运营经理、运营总监,负责医疗机构的运营管理。

(4)教育方向:在教育领域发展,从讲师晋升为副教授、教授,参与教学和学术研究。

【实践指导】

我的就业方向我把控

结合当前的就业形势,结合自己所学专业,列出自己的就业去向。

_____

_____

_____

[拓展阅读]

1. 医学院校临床医学专业的小季,2024 年已经大三,好学的她今天听了一节就业指导课程,当老师讲到就业形势严峻这一节课中,她内心有些慌张,害怕自己找不到工作,毕业成为待业,也怕父母辛辛苦苦花钱供读她这个大学生,没有能力回报家庭。她非常矛盾,不知道该如何应对紧张的就业形势?

应该说该院校的就业指导工作落在实处,开设就业指导课程让学生们提前做好就业的各项准备工作,好应对每年的就业难题。其实小季也不用过分担心,目前能做的就是在校期间完善自己的专业能力,为找工作积累更多的资本。到了就业季,分析就业形势,认清自身条件,把握各种机遇,积极主动寻找工作,每个人都会找到属于自己的舞台。

2. 我是一名检验专业本科毕业生,之前报考这个专业主要考虑到避开临床、护理招收人数较多的大专业,选择了人数相对较少的医学专业,但在招聘会上看到很多医院不招收检验专业的学生,有几家招收也只要 1 名,我该怎么办呢?

每年招聘的专业或者需求有一些差别,可以先了解上一届毕业生就业情况。如果你很想去医院工作,那么就不能局限于学校的招聘会,应该自己积极主动地了解一些你想去城市的医院招聘信息,如果没有合适的医院,可以考虑一些医疗检验公司,他们的需求还是比较大的。无论你选择在哪里工作,首先认识到自身条件,也考虑到整体的就业情况,抱着"先就业,后择业"的思想,锻炼自己的能力,会找到满意的工作。

【课后作业】

从今年刚毕业的学生那里了解今年的就业形势,并针对目前的形势思考如何调整自己的职业生涯规划。

第二节 大学生就业政策

【迷惘与疑惑】

就读于医科大学临床医学专业的小秋今年毕业,既想工作又想考研,自己英语成绩不太好,怕考不上,又想先工作看看,再考研。听说有某些工作经验可以在考研初试中加分,但不知道是哪些工作、自己是否符合条件、具体的优惠政策有哪些。

【理论解析】

一、国家促进大学生就业创业的政策

高校毕业生是党和国家宝贵的人才资源,是推进中国式现代化的重要生力军。2024 年6 月,教育部高校学生司(高校毕业生就业服务司)会同相关部门编印了《高校毕业生等青年就业创业政策汇编(2024 年)》(以下简称《汇编》),旨在让广大高校毕业生和用人单位能够及时了解并充分利用各项促进就业创业的政策。《汇编》中国家促进大学生就业创业的部分政策如下。

(一) 基层就业天地广

高校毕业生投身基层,可享受学费补偿、助学贷款代偿,高定工资档次,职称评审放宽等优惠政策。参加"三支一扶"计划、农村教师"特岗计划"、大学生志愿服务西部计划等项目,服务期满后还可享受考研加分、公务员定向招录、事业单位专项招聘等优惠政策。符合条件的医学专业毕业生还可参加"大学生乡村医生专项计划",按照相关规定享受编制保障、学费补偿、国家助学贷款代偿等政策。

(二) 自主创业有支持

自主创业的高校毕业生可参加创业培训并通过申请获得补贴,同时享受资金支持、免收有关行政事业性收费、税收优惠和最高 30 万元的创业担保贷款等政策,合伙创业的还可适当提高贷款额度。

自主创业的高校毕业生可在公共创业服务机构享受咨询辅导、政策落实、融资服务等服务。政府投资开发的孵化基地等创业载体还会安排一定比例场地,免费向高校毕业生提供。灵活就业的高校毕业生可申请获得社会保险补贴。

(三) 能力提升有培训

国家推行青年专项技能培训计划,高校毕业生可根据个人情况参与各类培训,如就业技能培训、新职业培训、岗位技能提升培训、企业新型学徒制培训、创业培训等,还可申请职业培训补贴。完成培训并通过首次职业技能评估,获得相应证书的毕业生,还可享受职业技能评价补贴。

此外,教育部实施的"中央专项彩票公益金宏志助航计划",通过线上线下集中培训,增强重点群体毕业生的就业信心、综合素质和就业能力。

(四) 参军入伍有保障

高校应届毕业生和在校生可选择在学校所在地或户籍所在地应征入伍。应征入伍的毕业生享有优先报名、体检政审、定兵、安排使用的"四个优先"政策。除家庭按规定享受军属待遇外,还可享受优先选拔使用、学费补偿和国家助学贷款代偿、退役后考学升学优惠、就业服务等政策。

(五) 就业见习有项目

国家实施百万就业见习岗位募集计划,离校 2 年内未就业的高校毕业生和 16~24 岁登记失业的青年可参与 3~12 个月的就业见习,进行岗位实践,期间由见习单位提供基本生活费用和人身意外伤害保险。吸纳见习的用人单位可申请就业见习补贴,用于支付见习人员的基本生活费、保险费用及对见习人员的指导管理费用。

(六) 就业服务广覆盖

教育部开展高校毕业生等青年就业服务攻坚行动,通过市场性岗位拓展、政策性岗位快速招录、针对性就业指导、重点群体就业帮扶等措施,帮助毕业生顺利就业。高校毕业生可以通过国家大学生就业服务平台、高校就业网站、国聘平台等获取政策文件、招聘信息、服务指南等就业信息。毕业生还可参与学校组织的"万企进校园"系列招聘活动,以及二级院系举办的小型招聘会。

高校毕业生可以前往公共就业人才服务机构进行求职登记和失业登记,提出就业需求,获得岗位信息、职业指导、职业培训、就业见习等服务,咨询和申办就业补贴政策。

困难毕业生可在毕业学年申请一次性求职补贴和就业援助服务。

未就业的高校毕业生可以通过全国人力资源和社会保障政务服务平台,在线办理失业登记。

(七) 就业手续及时办

2023 年起,就业报到证不再作为必需的存档材料,之前档案材料中的就业报到证应继续保存,缺失的无须补办。

毕业去向登记是毕业生办理离校手续的必要环节,高校毕业生(含结业生)要及时完成毕业去向登记,实行定向招生就业办法的高校毕业生,要严格按照定向协议就业并登记去向信息。

高校毕业生(含结业生),在离校前要及时注册使用全国高校毕业生毕业去向登记系统或者省级高校毕业生毕业去向登记系统登记个人毕业去向信息;在离校时统一使用全国登记系统对毕业去向信息进行确认,确保信息真实准确。

学生档案不能由高校毕业生个人自带和保管,要由高校按规定有序转递。到机关、国有企事业单位就业或定向招生就业的,转递至就业单位或定向单位;到非公单位就业、灵活就业及自主创业的,转递至就业创业地或户籍地公共就业人才服务机构;暂未就业的,可根据毕业生本人意愿转递至户籍地公共就业人才服务机构,或按规定在高校保留两年。

高校毕业生户籍可以迁往就业创业地(超大城市按现有规定执行),也可以迁往入学前户籍所在地。

高校毕业生可通过中国高等教育学生信息网(学信网)查询和验证高校毕业生学历、学位信息。

高校毕业生本人授权同意后,户籍和档案接收管理部门可通过全国高校毕业生毕业去向登记系统,查询核验毕业生离校时相应去向登记信息。

[拓展阅读]

某医科大学医学信息管理专业的小林同学,个人对于医学不是感兴趣,因听父母意见报的专业,他很庆幸没有被医学专业录取,他个人的志向是去机关工作,但是了解到考取公务员是"千军万马过独木桥",录取率比较低。因此,他了解了一些大学生就业政策后,在校期间积极做准备,担任了学生干部,获得了两次校级奖励,毕业当年报考了选调生,因选调生报考人数与录取人数比例低,成功考取,现在是区委组织部干事。

对于就业政策,每个省份都有一些不同要求,例如报名条件和考试要求,而且每年可能有一些变化,例如招收数量、报考要求等。需要同学们除了提前了解一些情况外,还要根据当年的政策和下发的文件为准。需要注意的是,大学生村官、选调生等要求政治面貌和学生干部工作经验,这些需要同学们在校期间努力学习和提升自身就业能力,不是到毕业季就可以一蹴而就的。全面了解就业相关政策,这为毕业生提供了多方面的工作机会,不要有"等、靠"的思想,就业是需要自己努力去搜集就业信息和政策的。

二、毕业生考研相关政策

考研,即参加硕士研究生入学考试。考研首先要符合国家标准,其次按照程序——与学校联系、先期准备、报名、初试、调剂、复试、复试调剂、录取等顺序依次进行。

硕士研究生入学考试的初试通常于上一年的 12 月底进行,复试通常于当年的 3—5 月份进行,具体日期由各高等院校自行安排。

(一) 报考条件

符合下列条件的,可以报名参加国家组织的全国硕士研究生统一招生考试。

1. 中华人民共和国公民。

2. 拥护中国共产党的领导,遵纪守法,品德良好。

3. 身体健康状况符合国家和招生单位规定的体检要求。

4. 考生学业水平必须符合下列条件之一:

(1)国家承认学历的应届本科毕业生及自学考试和网络教育届时可毕业本科生。

考生录取当年入学前必须取得国家承认的本科毕业证书或教育部留学服务中心出具的《国(境)外学历学位认证书》。

(2)具有国家承认的本科毕业学历的人员。

(3)获得国家承认的高职高专毕业学历后满 2 年及以上人员(从高职高专毕业到录取当年入学前),或国家承认学历的本科结业生,符合招生单位提出的具体学业要求的,按本科毕业同等学力身份报考。

(4)已获硕士、博士研究生学历或学位的人员。

在读研究生报考须在报名前征得所在培养单位同意。

(二) 考研学生享受的相关优惠政策

1. 可以享受初试加分政策的　符合下列条件之一后 3 年内报名参加全国硕士研究生招生考试的考生,可申请享受初试总成绩加 10 分,同等条件下优先录取。

(1)参加"大学生志愿服务西部计划""三支一扶计划""农村义务教育阶段学校教师特设岗位计划""国际中文教育志愿者"项目之一,服务期满且考核合格。

(2)退役大学生士兵达到全国硕士研究生招生考试报考条件。

2. 可以享受少数民族政策优惠的　报考地处二区招生单位且毕业后在国务院公布的民族区域自治地方定向就业的少数民族普通高校应届本科毕业生;或者工作单位和户籍在国务院公布的民族区域自治地方,且定向就业单位为原单位的少数民族在职人员考生,可按规定享受少数民族照顾政策。

除了专升本和考研外,有些毕业生选择出国留学、参军、自主创业等,在这里不做过多介绍。

[拓展阅读]

我是一名临床医学本科实习生,看到前几届学生就业不是很理想,去不了大城市的三级甲等医院,可我就是想去大城市三级甲等医院当医生,怎么办?

有远大的就业理想是非常好的,确定努力的方向,就有奋斗的动力。但是从你现在的学历情况分析,你去大城市的三级甲等医院是比较困难的,对于越来越高的招聘标准,许多本科生都被拒之门外。如果你把你的就业意愿定在很高的标准上,目前看又不可能实现,那么只能靠提升自己接近你的就业目标。首先,你可以选择毕业生后先参加规培或考研、考博,提升学历达到招聘标准。如果暂时不想考研,也可以先工作,积累工作经验,晋升主治医生之后也可以报考三级甲等医院。

三、新医改政策对医学生就业带来的优势

新医改政策为高校医学生的职业前景带来了新的机遇。2022年5月,国务院办公厅印发了《深化医药卫生体制改革2022年重点工作任务的通知》(国办发〔2022〕14号)。政策强调优质医疗资源的扩容和均衡布局,如建设国家医学中心和国家区域医疗中心,提升市县级医院服务能力,以及强化基层医疗卫生服务水平。这些措施增加了医疗行业的工作机会,尤其是在基层和偏远地区,为医学生提供了更广阔的就业空间。同时,政策推动了医疗服务体系改革,如推广三明医改经验,药品耗材集中带量采购,医疗服务价格改革,以及医保支付方式改革。这些改革有助于提高医疗服务效率和质量,同时也为医学生提供了参与创新医疗服务模式的机会,拓宽了医学生的职业发展路径。

新医改政策的颁布表明了医学类毕业生的就业方向将扩展,就业重心将下移,城市重点补充社区,农村重点补充乡镇,为医学生就业提供了较多的基层岗位。公共卫生和农村、社区医疗卫生工作比较薄弱,医疗保障制度不健全,为了解决这些问题,在全力建设县级、乡级和村镇医疗卫生事业,为了鼓励更多的医学生到基层的卫生机构工作,国家出台了"三支一扶""西部计划""乡村医生"等一系列鼓励医学生去基层就业的政策。人口老龄化、疾病普及化和生态环境变化等问题,人民群众对医疗服务需求增加,从一定程度上也扩大了就业岗位,养老院、私人诊所等提供了不少的医学生就业岗位。

【实践指导】

就业政策大收集

教育部创办的国家大学生就业服务平台,发布了近年来所有与大学生就业相关的政策,请你利用课余时间登录国家大学生就业服务平台,查询和学习相关政策并进行整理,填写下面的表格。

最感兴趣的政策	感兴趣的原因	网址	相关信息摘抄

【课后作业】

选择一名应届毕业生,向他了解一些就业政策和就业中需要注意的事项。

(曹 鹏 罗秋莎)

第七章　求职准备

要坚持就业优先战略,把解决人民群众就业问题放在更加突出的位置,努力创造更多就业岗位。

——习近平总书记

 知识点

通过本章的学习,了解大学生就业心理问题及心理障碍,做好心理调适;掌握就业信息的收集方法、渠道,学会有效合理利用招聘信息;了解求职面试的基本程序,掌握应聘材料设计制作方法,熟悉并实训面试技能;了解医学职业形象,掌握医学职业礼仪,做好求职形象设计,做好求职应聘前的思想、材料、形象准备。

第一节　就业心理准备

【迷惘与疑惑】

小古是某医科大学护理学专业的本科毕业生,在校期间担任学生会主席,展现出了出色的组织管理和领导能力,赢得了老师的信任和同学们的支持,成绩优异,多次获得校奖学金。她坚信自己应该去经济发达地区的知名三级甲等医院,因为那里工作环境优越,待遇优厚。因此从择业之初,她就专注于北京、上海等大城市的顶级医院。然而,她因为英语六级未通过或笔试成绩不达标而遭到拒绝。后来,她通过了杭州两家三级甲等医院的面试,但因为觉得这些医院的名气或待遇不符合自己的期望,最终都拒绝了这些工作机会。随着时间的推移,小古又想尝试在职业院校或相关培训机构应聘教师或讲师职位,但始终没有找到非常满意的工作。到了五月份,当看到大多数同学都已经签订了就业协议,小古开始感到焦虑和不安,甚至出现了失眠和焦虑的情绪。

【理论解析】

一、毕业生求职过程中的不良心态

(一)期望值过高

我国现行的就业制度是市场导向、政府调控、学校推荐、学生与用人单位双向选择。这不等于完全的自由选择,有些同学认为就业就应该是自由选择,想去哪里就去哪里。他们不知道就业制度的改革要和劳动人事制度、招生制度和户籍制度改革配套进行,而且即使这个过程已经完成,也不就是自由选择,还要有优胜劣汰,还要经得起用人单位的选择。

目前,我国医药卫生人才急缺,重点是基层的社区医疗单位和乡镇卫生机构。但许多医学

生过高地估计自己，看不起基层岗位，向往的是发达地区的高级医疗机构与优厚的待遇。有的同学在择业中面对学校提供的择业信息无一中意，迟迟不作选择，造成信息利用率低；还有的同学择业多变，今天满意的单位明天就不满意了；更有较多的同学认为求职者多的医院才是好单位，殊不知热门单位意味着竞争更加激烈。期望值太高是很多同学在就业过程中总是不能找到称心如意岗位的问题所在。

（二）攀比心理

在求职过程中，毕业生往往以谁去了知名度高、效益好的单位，谁去了大城市或高级医院，作为价值的评价标准。尤其是学习成绩较好的同学，更容易在心理上有"我不能比别人差""我不能不如人""过去我一切顺利，现在我依然会顺利"的想法。有的甚至认为去乡镇、社区医院"没面子"，从而错过了良好的基层锻炼机会。然而他们不知道，但凡成名的医学家或领袖人物，都曾与社会最底层的大众密切接触，都是在基层最艰苦的环境中磨炼出了坚强的意志，为人生的成功奠定了坚实基础。因此，医学生在就业求职时不从实际出发，不考虑求职时的各种综合因素，盲目攀比，不仅会延误时机，影响就业，更重要的是可能会失去人生成功的机遇。

（三）盲从心理

到什么级别的医疗单位工作是好工作？其实很难界定。大医院有发展空间大、专业研究深的优势，但也有人才济济、竞争激烈的难处，小医院规模小、患者少，却有锻炼机会和发展机遇多的优点；相对来说，公立医疗单位的岗位稳定，而外资与民营医院存在风险，基层医院因人才缺乏而有更多机会。这些都需要与自身情况相结合来分析，不可随波逐流。然而在现实中，总有同学人云亦云，大多数人选择哪里，自己就选择哪里，大多数人往哪里挤，自己就往哪里挤。他们认为，大多数人钟情的地区与岗位一定是好工作；大多数人选择的肯定没错。结果，忽视了自身的特长和优点，失去了适合自身特点的就业求职机会。

（四）功利心理

"宁要大城市一张床，不要边远地区一套房"，这是近年来医学生就业过程中的一种思潮。尽管客观上沿海城市的待遇较高，大城市的发展机会较多，但并非每个人都适合在沿海和大城市发展。西部地区、边远地区的医疗资源匮乏问题相当严重，这些地方正是医学生建功立业的地方。医学生求职不仅应该以自己的事业发展和能力发挥为重，更应以国家和人民的需要为重。

我们经常在招聘会上看到，有些同学没说上三句话就问"能给多少钱，工资多少，奖金多少，能不能分配住房"，这是一种严重的功利主义思想。要知道，用人单位选才首先要看你能为单位做什么，而不是你想得到什么。只讲索取，不讲奉献，往往会适得其反。有些同学只盯着待遇优厚的单位，却错过了许多其他很好的机会。因此，医学生在毕业求职的过程中，一定要把握主体定性和客体定性相结合。主体定性即分析自己到底适合哪里，而客体定性则是分析适合自己的职业发展前景，动态地把握职业的发展方向。在主体定性中，必须把握一个原则：即专业特长与兴趣性格相适配的原则。因为工作本身是生活的一部分，工作质量的高低决定了生活质量的高低。工作并非毫无感情，它对一个人来说不仅是提供吃穿，实际上它是一个人生活幸福快乐的隐形伴侣。

（五）不正当竞争心理

当今社会中，一部分人存在这样一种错误观念，认为求职的竞争并非自身素质的较量，而是关系的竞争，看谁的人际关系硬，看谁的社会背景深。有些人不将立足点放在自身努力上，而是寻求关系，甚至不惜一切代价，重礼相送；为了竞争一个岗位，打匿名电话，写匿名信，不择手段，这些行为损害了公平、公正、公开的竞争原则。医学生作为国家特殊领域的专业人才，必须摒弃这种庸俗的社会观念。现实中，部分医学生求职遇到挫折便归咎于不正当竞争。他们不从自身找原因,只是一味地寻找借口来逃避现实。实际上,人们理想中的"绝对公平"在现实世界中是不存在的。抱怨现实无益,只是一种消极的态度。我们应该相信,一时的"不公平"不代表一世的不公正,只要我们为机遇做好了充分的准备,就不必担心没有机会。我国有句老话:"三十年河东,三十年河西。"谁能说今天的挫折不是明天的财富呢?

二、解决就业心理问题的有效策略

(一) 尽早进行职业生涯规划,做好就业心理准备

大学生应调整心态,加强对社会的理解,并尽早进行职业生涯规划。职业生涯规划有助于大学生明确个人职业目标和方向,从而有针对性地选择专业课程和实习机会,提高自身竞争力。一个科学、合理的职业生涯规划还能促进大学生尽早了解行业动态和就业市场,提前做好就业心理准备。

(二) 正确认识自我,找准求职切入点

兴趣是最好的老师、能力是顺利就业的基本条件,价值观则是求职者进行职业选择的重要依据。大学生需要深入了解自我,正确认识自己的兴趣、能力、性格、价值观等个人特质,从而明确职业发展方向,找准求职切入点,避免盲目跟风或选择了不适合自己的工作。

(三) 转变就业观念,树立乐观的就业心态

首先,转变就业观念意味着大学生要认识到就业市场是多样化和不断变化的。在当前的就业市场中,新的职业机会和工作形式正在不断涌现。大学生要摒弃一成不变的就业观念,开放心态,积极接受新的职业机会。例如,远程工作、自由职业、创业等非传统就业方式,为个人提供了更多的灵活性和发展空间。通过拓宽就业视野,大学生可以发现更多符合自己兴趣和能力的职业路径。

其次,树立乐观的就业心态要求个人对自己的职业发展持有信心和期待。乐观的心态可以帮助个人在面对就业挑战时保持积极和主动。这种心态的建立需要个人对自己的能力有准确的认识,对自己的职业目标有清晰的规划,并且愿意不断学习来适应不断变化的就业环境。例如,通过参加职业培训、获取新的技能证书、参与行业交流等方式,可以增强个人的职业竞争力和市场适应性。

(四) 设置自我调适活动,提高自我监控能力与心理素质

在调节就业心理问题的过程中,时间管理、情绪调节、自我反思和目标调整等都是大学生可以采取的自我调适活动。例如,通过定期进行自我反思,大学生可以更清晰地认识到自己的优势和不足,进而调整目标,制订更为合理的职业发展计划。这些自我调适活动能够提高大学生的自我监控能力。自我监控能力是指个体对自己的行为、情绪和思维过程进行观察、评估和调整的能力。提升大学生的自我监控能力与心理素质,可以促使大学生积极地为自己设定预期目标,并为之努力奋斗、积累经验。

三、医学生求职应具备的心理准备

(一) 竞争的心理准备

随着社会主义市场经济体制的建立,医疗卫生事业单位的用人竞争机制也逐步走向完善。这是市场的本质,也是推动社会进步和医疗卫生事业进步的内在动力。医学生求职前一定要做好竞争的心理准备。既要敢于参与,又要善于参与。人们往往是在竞争的过程中获得自我成就感,也在竞争中找到了自己的位置。竞争是社会运作的一种基本方式,与世无争在现代社会是不可能的。每个人,无论是主动还是被动,都必须参与到竞争中去。社会中只有在竞争中占上游或者在竞争中被淘汰的区别,没有逃避竞争的可能。竞争本身就是一种生存方式。竞争的实质在于促进变化和进取,而竞争的基础则是有意识的准备和良好的心理素质。

(二)合作与宽容的心理准备

医学事业最崇尚的是团队合作的精神,医生最需要的是仁爱宽厚的胸怀。没有团队合作的精神,重大医学难题将无法攻克;没有仁爱宽厚的胸怀,医生就无法面对因痛苦而焦虑甚至变态的患者。因此,医学岗位的应聘求职问题,大多离不开"合作与宽容"的话题。医学生做好合作与宽容的心理准备是至关重要的。

从更宽泛的角度来讲,人可以自主地活着,但不能孤立地活着。社会需要合作,社会是在人们之间的合作中发展的。美国科学家、史学家朱克曾做过统计,1901—1975 年,全世界获得诺贝尔奖的 286 人中,有 185 人是与他人合作共同研究的。这说明,人与人之间的合作研究已成为科研的重要方式。但是,合作必须建立在宽容的基础上,没有宽容就没有合作。一个宽容的集体必然是团结的,一个有矛盾的团体肯定缺少的是宽容。宽容让人尊敬,宽容让人亲近,宽容让人欣赏。要宽容他人的错误,宽容他人的缺点,宽容他人的不足。"大肚能容,容天下难容之事;笑口常开,笑天下可笑之人。"一个合作与宽容的社会是美好的社会。

(三)经受挫折的心理准备

任何人的生活道路都不是一帆风顺的,人生道路上既有阳关大道,也有羊肠小道,也就是说,遇到挫折是正常的。医学生求职同样如此。能否正确对待挫折,能否忍受挫折,是人心理健康与否的一个重要标志。因此,医学生要努力做到以下几点:

1. **正视挫折** 大学生活与求职过程中会有顺利的一面,但也会遇到诸如求职失败、被人嫉妒或压制、经济拮据、发生疾病、家庭不幸等挫折。医学生要客观地看待这些现象,如果遇到,要泰然处之。

2. **战胜或适应挫折** 遇到挫折,要冷静分析原因,找出问题的症结,充分发挥主观能动性,想办法战胜它。如果主客观差距太大,虽经努力也无法战胜,就要接受它,适应它,或者另辟蹊径。要鼓励自己,我们没有失败,只是还没有成功。

3. **敢于经受挫折的磨炼** 大多数大学生是在顺境中长大的,是在"众星捧月"中成长起来的,没有经受过多少挫折,这使得相当一部分医学生承受挫折的能力较差。所以,医学生要多经受挫折的磨炼,利用各种机会到艰苦的地方去,在社会实践中增加受挫折的经验,提高忍受挫折的能力。

[拓展阅读]

小高在校时多次当选三好学生和优秀团员,是一个品学兼优的学生。然而,到了毕业时她却遇到了困难,因为她所学的专业市场需求量极小。偶尔有几个单位招人,却仅限男生,不要女生。但她并没有气馁,只要有单位来校招聘,她总是以积极的态度去应聘,然而迎来的却是一次次失败的打击。大家都担心小高会承受不住,她却说:"我早就做好了遭受挫折的准备,只要还有最后一次机会,我还是会努力争取的。"小高这种执着的精神感动了每一个人,老师和同学都积极为她提供用人信息,向用人单位推荐她,临近毕业前,终于有用人单位决定录用她。

点评:面对严峻的就业形势,很多人是在多次应聘之后才找到工作的。应聘是用人单位与求职者相识、相知并最终建立劳动关系的一个过程,在这个过程中可能会遇到多次波折。经受各种考验,是求职者应具备的心理素质之一。本例中的小高,在常人眼中是绝对的求职困难者——女生、冷门专业,谁都觉得她机会渺茫。但她有知识、有能力,凭借自信和良好的心理素质,执着地在就业市场中闯荡,最终取得了成功。

四、常见求职心理障碍及其调节方法

心理障碍指的是一切心理不健康的现象或者倾向,它是心理压力和心理承受力相互作用

并使人失去应有的心理平衡的结果。心理障碍表现十分复杂,程度亦有轻重之分。医学生毕业择业是人生的重要抉择,常常引起医学生产生一些轻度的心理障碍。

(一)心理障碍的主要表现

1. **焦虑** 焦虑主要表现为恐惧、不安、忧虑及某些生理反应。引起医学生焦虑的主要原因包括:自己的理想是否能够实现;是否能够找到一个适合自己专长且环境优越的单位;若被好单位分配到医学边缘专业怎么办;自己期望的用人单位是否能选中自己;屡屡被用人单位拒绝怎么办;自己看中的单位,父母、恋人不同意怎么办,等等。特别是来自边远地区、性格内向、有生理缺陷或成绩不佳的医学生,表现得更为焦虑。有些毕业生在屡遭挫折之后甚至产生了恐惧感,一提就业就心理紧张。

求职焦虑心理的一种特殊表现就是焦躁。急着要找单位,急着签约,急着办各种手续。尤其是在规定时间内未落实就业单位的学生,表现得更为焦躁,甚至表现为缺乏自我控制。在对用人单位信息掌握较少或不完全了解用人单位的情况下就匆匆签约,常有事倍功半甚至事与愿违的事件发生。

[拓展阅读]

小苗是医学检验专业的应届毕业生。即将离校的他满怀信心地将自己的简历投递给一家心仪已久的大医院,没想到等到的却是否定的答复。之后,小苗又向多家医院投递了简历。在等待中,小苗就像着了魔一样,每天不停地翻看手机并不断地刷新电子信箱。他现在最怕手机上有未接来电。他知道自己的手机根本没响,可还是忍不住常常去看,不看心里就特别难受。求职带来的紧张让他寝食难安,使他陷入焦虑和恐惧当中。

点评:焦虑和恐惧是由心理冲突或挫折而引起的,是一种复杂的情绪反应,主要表现为忧虑、焦急不安、恐慌、烦躁等以及某些生理反应。小苗在就业时遇到挫折,唯恐自己的理想愿望不能实现,因此思想负担重,紧张焦躁,心神不宁,萎靡不振。案例中的小苗可以通过做一些自己平时喜欢做的事情,或者找朋友家人倾诉,使自己走出焦虑的心理状态。

2. **自卑** 自卑是一种缺乏自尊心和自信心的表现,常常与怯懦、依赖等心理交织在一起。这种现象多见于自我意识发展不健全的大学生、部分女大学生以及性格内向或有生理缺陷的大学生。主要表现为在择业的过程中过低地估价自己,缺乏自信心和勇气,不敢竞争,甚至悲观失望,精神不振。

[拓展阅读]

小白是某医学院校护理专业的应届毕业生,学习成绩较好,连年取得奖学金,对自己的前途充满了信心。然而,在参加了几次招聘会后,眼看着同学们一个个"名花有主",而她这个品学兼优的学生不但没有找到合适的单位,有的单位还对她取得的成绩不屑一顾,小白心里非常难过。经过分析,她认为自己家庭条件不好,没有什么社会关系;没有高挑的身材,没有秀美的长相;性格内向,不善言辞等。总之,她片面地认为自己除了学习好之外,再也没有什么优势了,她感到对不起含辛茹苦的父母,把后果严重放大,心理产生了严重的失衡,害怕再到就业市场。

点评:小白因学习成绩优异,起初对自己的工作和前途满怀信心。但随着求职的失败,理想与现实产生了矛盾,她开始反思,并夸大了自身的不足之处,从而产生了强烈的悲观情绪,进而出现了求职恐惧。其实,小白缺乏的是全面的分析,从开始求职时她就比较盲目,缺乏对就业形势和用人单位的了解,也缺乏对自己全面客观的认识。从此案例可以看出,求职障碍的关键不在于社会,而是在毕业生自己。毕业生应认清形势,积极进行自我调整,勇敢地面对就业挑战。

3. **怯懦** 怯懦是一种胆小、脆弱的性格特征,多见于性格内向或抑郁气质类型的大学生。表现为在面试的时候语无伦次、张口结舌、支支吾吾、答非所问,从而影响了面试的效果,进而影响就业。

[拓展阅读]

小牛性格内向腼腆,从不敢在众人面前大声说话。再加上求职屡次受挫,产生了强烈的自卑感,并转化为一种思维定式,发展到害怕求职,不敢面对招聘者。遇到有单位同意对她进行面试时,她就小心翼翼,反复告诫自己,背诵一些书上的名言警句。结果在遇到具体情况时心慌意乱、声音颤抖、语不成句,更无法使招聘单位满意。

点评:求职就业是一个复杂的过程,需要一定的自信心和灵活的思维。要对自己的能力和优势有一个清楚的认识,并要学会正确地表达和展示自己的长处。没有用人单位喜欢连自己的想法都不能流畅表达的员工。小牛应该加强训练,提高就业本领,建立自信心,敢于去拼搏和争取。相信自己,别人才会相信你。

4. **孤傲** 孤傲心理是缺乏客观自我分析和自我评价的表现。主要表现为有些学生对自己估计过高,认为自己学习了很多知识,各方面条件也不错,认为哪个用人单位录用了自己是这个单位的荣幸。有时甚至表现为看不起用人单位,瞧不起其他邻近职业。一旦有了这些心理,就很容易脱离实际,以幻想代替现实,使自己的职业目标和现实产生极大的反差,最终可能一无所获。

[拓展阅读]

小康是临床医学专业的优秀毕业生,在校期间成绩优秀,且担任过学生会和社团联合会干部,颇具领袖气质,在校期间他获得过很多荣誉,觉得自己一定是最受用人单位欢迎的求职者。经过某医院面试考核,终于进入签约阶段。协议书首先由毕业生本人签署应聘意见,小康在"应聘意见"一栏中写下了以下4条要求:①从事临床工作;②解决户口,并提供单身宿舍;③合同年限为3年,3年后视情况再重新签订;④医院不能限制个人发展(例如进修、考研等)。医院鉴于以上条件不能完全答应,将协议书退回。

点评:小康未被上述单位录用,根本原因在于自我观念过强。他太看重自己,不能客观地认识自我,只强调自己的需要,忽视应聘单位的需要,导致应聘单位的反感。尽管他各方面条件都不错,一般单位也不敢聘用这样的毕业生。在校期间的表现只能代表过去,在求职的过程中,一定要保持谦虚的态度。

5. **冷漠** 冷漠是遇到挫折后的一种消极心理反应,是逃避现实、缺乏斗志的表现。多为受到挫折后,感到无能为力、失去信心甚至不思进取、情绪低落、情感淡漠、意志麻木、听天由命,冷眼看一切,对任何事情、活动都不感兴趣,无动于衷。

[拓展阅读]

小文才不惊人,貌不出众,没有什么优势。在参加了几次招聘会没有结果后,就整天处在一种观望的状态中。他觉得,比自己优秀的同学都还没有找到工作,自己怕什么。因此每天无所事事,消极等待。

点评:部分大学生觉得自己各方面都一般,在竞争中没有什么优势,特别在经历几次失败以后,就放弃了竞争。这种状态导致这些大学生贻误机会,最终一事无成。要尽快将消极态度变为积极,以实际行动改变现状。消极态度是一种逃避,而事实上,就业是每位大学生都逃避不了的事情。只有迎难而上,才会在机遇面前获得成功。

6. **问题行为** 问题行为是指由心理问题引起的违背社会行为规范的不良行为。毕业在即,个别大学生由于某些主体需要不能得到满足或者受到一些挫折,加之平时缺乏应有的品德修养和思维方法,容易产生各种问题行为。常见的表现有:损坏物品、报复、对抗、拒绝交往、过度消费、嗜烟酒乃至自杀倾向等。问题行为的出现,不仅会影响大学生的顺利就业,同时可能使他们违法乱纪,影响自己的前途和发展。

[拓展阅读]

前几年,浙江某高校一位毕业生在考公务员时通过了笔试和面试,但因身体原因,最终没有被录取。他心理极不平衡,恼羞成怒而实施报复,刺死了招聘人员一人,并刺伤了另一人。

点评:在就业形势比较严峻的情况下,求职不顺利是比较正常的事情,但是某些大学生遇到挫折,精神受到刺激,产生不满情绪,导致神经衰弱或者精神失常,有的甚至做出违纪违法的事情。毕业生应该树立阳光的就业心态,正视挫折,面对现实,正所谓"三百六十行,行行出状元"。只要有信心有能力,就业的道路定会越走越宽阔。

7. 生理化症状(择业综合征) 生理化症状是由心理压力和生活方式而导致的异常生理反应。毕业前的大学生由于心理应激水平高、心理冲突强度大、挫折体验多,加之一部分大学生人格上本来就不十分健全,因此容易导致头痛、头晕、血压不正常、消化紊乱、背痛、肌肉酸痛、口干、心慌、睡眠障碍等生理化症状。

[拓展阅读]

小段每次参加招聘面试就出现身体不适的问题。从前一天晚上开始,她就感到紧张、失眠。面试时,她的脑子常常一片空白,说话结结巴巴,有时还觉得胃痛、心跳加速、脸色涨得通红。面试结束后,她还在紧张得手直发抖。因为长时间过度紧张,最近她有些心动过速,她以为自己得了心脏病,可是去医院检查后并没有发现什么异常。

点评:生理化症状是指由心理压力和生活方式而导致的异常生理反应。面对上述症状,小段必须采取自我调节法,如利用前面案例中提到的在面试前一天进行模拟练习,让自己进入角色。或者通过各种渠道多掌握情况,做到知己知彼。面试后,她可以尝试情绪转移,做一些自己平时喜欢做的事情。

(二)心理调适方法

1. 转化法 有些时候,不良情绪是不易被控制的。这时可以采取迂回的办法,把自己的情感和精力转移到其他活动中去。如学习一种新技能,参加有兴趣的活动,使自己没有时间和可能沉浸在不良情绪中,以求得心理平衡,保护自己。

2. 宣泄法 因挫折造成焦虑和紧张时,可以去打球、爬山、参加大运动量的活动,宣泄情绪。但是宣泄一定要注意场合、身份、气氛,并注意适度,应是无破坏性的。

3. 安慰法(阿Q精神胜利法) 人不可能事事皆顺心,就业中遇到困难和挫折,已尽了主观努力仍无法改变时,可说服自己适当让步,不必苛求,找一个自己可以接受的理由让自己保持内心的安宁,承认并接受现实,以求得解脱。

4. 松弛法 在出现焦虑、恐惧、紧张、心理冲突、入睡困难、血压增加、头痛等身体症状时,可以在有关人员的指导下进行放松练习。通过练习学会在心理上和身体上放松的方法,可以减轻或消除各种不良的身心反应。

5. 沟通法 当你对择业感到茫然时,也可以找老师、同学、亲友沟通,说出你的一些想法,让他们谈谈他们的建议和看法。针对他人的建议并结合自己的实际情况,有选择地进行改善和调节,养成正确的就业心理状态,有助于我们更加顺利地实现就业。

【实践指导】

梳理就业心理问题

梳理自己最近遇到的就业心理问题或求职择业中产生的心理问题,写在下面,想一想,如何缓解自身存在的这些心理问题?

_____

_____

_____

【课后作业】

和自己的朋友、师兄师姐或老师聊一聊自己在求职过程中遇到的问题。

第二节　就业信息准备

【迷惘与疑惑】

小李是一名医学影像专业的毕业生,在校期间专注于学术研究,却忽略了对就业市场的了解和准备。临近毕业,他急于找到一份工作,便匆忙接受了一家地方医院的放射科技师职位。入职后,小李在与同学交流时发现,许多同学在求职前都做了充分的就业信息搜集,他们不仅对行业动态有深刻理解,还掌握了多家医院的招聘信息。同班同学甚至拿到了大城市知名医院的工作机会,无论是职业发展前景还是薪酬待遇都远远超过了小李。这时,小李才意识到自己由于缺乏对就业信息的搜集和分析,错失了许多更好的职业机会。

【理论解析】

一、就业信息涵盖内容

就业信息的内容十分广泛,作为初次择业的大学毕业生应主要了解以下三方面的就业信息:

(一)就业政策

第一,了解国家就业方针、原则和政策。就业政策是毕业生就业的出发点和归宿,是不能违背的。

第二,了解相关的就业法律法规。了解法律法规,依法办事,不仅可以取得合法权益,而且可以捍卫自己的正当权利,减少不必要的损失。作为大学毕业生,应该清楚地了解就业相关的法律法规,学会用法律来保护自己。目前已出台和施行的有《中华人民共和国劳动法》《中华人民共和国反不正当竞争法》《中华人民共和国劳动合同法》等。

第三,了解地方的用人政策。各地区、各单位根据国家的有关规定,结合本地区的情况,对毕业生的引进、安排、使用、晋升、工资、待遇等制定了一系列更为具体的规定。不少地区为了吸引人才,还制定了许多优惠政策,这是大学毕业生应该了解的。

第四,了解学校的有关规定。为了调动学生学习的积极性,保证毕业生就业的顺利进行,学校一般会根据国家的政策要求制定若干补充规定,这也是毕业生应该了解和遵守的。

(二) 就业方法

1. 就业体制　毕业生应该清楚毕业生的就业是由地方、学校哪个部门或哪个机构负责管理指导。这样,当毕业生在求职过程中遇到问题时,就可以随时向相关机构咨询。

2. 就业程序　毕业生需要了解何时开始和终止联系单位;签订就业协议必须履行哪些手续。如果在学校规定的时间内未能与用人单位签订就业协议,户口和档案将转到何处;调整改派的程序和手续等问题,毕业生都要了解清楚。

(三) 供求信息

毕业生应当了解的供求信息包含以下几方面:

1. 当年毕业生总的供求形势,即:与自己同时毕业的学生全国有多少人,而用人单位的需求有多少,是供大于求还是求大于供,或者两者基本平衡。了解哪些专业紧俏,哪些专业供大于求。

2. 本专业培养目标、发展方向、适用范围,以及对口单位的情况。

3. 与自己专业直接对口或相关的行业、部门和单位的现状与发展趋势。

4. 用人单位的信息。在大学生选择单位时,常见的错误包括:对用人单位情况了解不足,缺乏对比,导致择业时带有随意性和盲目性。例如,只选择大城市而忽视用人单位的性质和业务范围;依赖"关系"以期获得提拔和重用;或仅因用人单位名称好听就草率决定等。这些做法都是片面的。要避免这些假象,对用人单位进行客观评价,关键在于全面掌握用人单位的信息。毕业生在了解用人单位的信息时应该掌握以下几方面:

(1) 用人单位的准确全称。

(2) 用人单位的隶属关系,即其上级主管部门(指人事管理权限)。

(3) 用人单位的联系办法:如人事部门联系人、电话、通信地址、邮政编码等。

(4) 用人单位的所有制性质。

(5) 用人单位需要的专业、使用意图、具体工作岗位。

(6) 用人单位对所需人才的具体要求。

(7) 用人单位的规模、发展前景、地理环境、经营范围和种类等。

(8) 用人单位的福利待遇(包括工资、福利、奖金、住房等)。

对用人单位的信息了解越多,求职的选择机会就越多;对用人单位了解越深入,求职成功的可能性就越大。掌握和了解用人单位的信息量越大,判断的准确率越高;反之,则越低。因此,能否很好地收集、分析和应用用人单位的信息,是检验一个毕业生四年大学生活所学知识和能力的重要标准。

二、获取就业信息的途径

收集就业信息不能只靠自己到处跑着找单位或发求职信,一般来说,这种办法的成功率并不高。要善于利用各种渠道,通过各种途径收集信息。这些渠道和途径主要有以下几方面。

(一) 学校就业主管部门

学校招生就业处的就业信息具有准确、可靠、多样、具体的特点,是毕业生获取就业信息最直接、最有效、最主要的途径。学校收集的信息都会及时传至各院(系),或发布在学校网页的就业信息栏中。学生也可以就有关问题向就业中心进行咨询。

(二) 各级毕业生就业指导机构

各级毕业生就业主管部门和人才服务机构,是沟通用人单位和大中专毕业生的桥梁与纽带,是为毕业生提供就业服务的专业机构。毕业生可通过他们组织的定期或不定期的人才交流洽谈会、大中专毕业生供需见面会等活动获取需求信息,这也是获取信息的重要渠道。

（三）各级政府主管部门和就业指导机构

这些主管部门主要是教育部和省教育厅、人力资源和社会保障厅及各市的教育局、人力资源和社会保障局。这些部门和就业机构的主要职责，就是制定辖区的毕业生就业政策，提供高校毕业生和用人单位的信息，为毕业生就业提供咨询与服务。来自这些部门和机构的信息也是真实可信的。

（四）社会各级人才市场

随着社会主义市场经济建设的发展，我国人才市场中介机构也应运而生了。毕业生在人才市场不仅可以了解到各类不同的机构和职位，而且还可能获得专业的就业咨询和职业规划服务，帮助毕业生更好地定位自己，提高就业竞争力。

（五）通过新闻媒体获得信息

每年大学生毕业就业之际，报刊上一般都会刊登一些关于大学生就业的指导信息。这些信息从不同侧面和角度反映了当年大学生就业的需求情况。在传媒业高速发展的今天，新媒体也成为广大学生了解就业信息的主要途径，如各大医学院校的就业微信公众号等，会更有针对性地提供就业信息以及相关的就业指导等。

（六）通过社会关系网获得信息

在寻找就业信息时，你千万不要忽视了你周围的亲戚、朋友，以及朋友的朋友，他们可能会为你提供一些机会。实际上，大多数用人单位更倾向于录用经过介绍和推荐的求职者，因为他们认为这样的人更可靠。如果求职者有这样的机会，最好不要错过。另一方面，招聘单位每天都会收到数百封求职信函，这些信函在内容上大同小异，求职资格和工作能力也相差不大，没有谁特别突出。面对如此众多相似的陌生人，招聘者如何能有效区分谁更强一些？因此，在求职过程中，要想让用人单位更多地关注你，就必须采取一些切实可行的措施。关键时刻，找一位"关系"人士推荐或许是最有效的方法。当然，关系需要自己去发掘，途径也应该正当，切不可采取不正当手段。

一般可以为你提供信息的主要有以下几类人：

1. **家长亲友**　家长亲友提供的职业信息主要来自其个人的社会关系，这些信息相对固定，但也具有一定的局限性。同时，毕业生通过家长亲友获取的职业信息在数量和质量上存在较大的个人差异。对一些毕业生来说，家长亲友提供的职业信息可能是其主要的选择，而对另一些毕业生来说，可能只是略有帮助。

2. **学校的教师或导师**　本专业的教师或导师由于更了解本专业毕业生适合的就业方向和范围，在与校外研究所、企业、公司合作开展科研项目和教学活动时，对一些对口单位的人才需求信息了解得更为详细。

3. **自己的校友**　校友提供的职业信息最大的特点是更贴近本校，尤其是本专业毕业生在人才市场上的供求状况，以及在具体行业中的实际工作和发展状况。近几年毕业的校友更是积累了获取、比较、选择、处理职业信息的经验，以及竞争择业的亲身体会，这些信息比纯粹的职业信息更具参考和利用价值。

（七）通过社会实践或实习过程获得信息

社会实践是大学生自主开发职业信息的重要途径。在社会实践过程中，不少大学生通过自己的努力赢得了用人单位的好感和信任，从而获取了职业信息，甚至直接获得了职位。因此，大学生在参与各种社会实践活动中，除了了解社会、提高思想觉悟、培养社会能力外，还应该有心收集职业信息。另外，毕业实习也是一个很重要的实践环节。实习单位通常与专业对口，通过实习可以直接获取就业信息。如果在实习过程中能与用人单位达成就业协议，这也是一条很好的就业途径。

（八）通过网络获得信息

网络人才交流的最大优势在于，求职者即使身处异地也能获取大量的招聘信息和就业机会。网络人才交流打破了人才信息与招聘信息沟通的种种限制,实现了跨越时空界限、打破传统单向选择的人才交流格局。

三、就业信息搜集的原则

(一) 真实性
确保信息的真实性和准确性,避免因虚假或过时的信息导致决策失误。

(二) 针对性
根据个人的职业规划和自身条件(如专业、兴趣、能力等)有针对性地搜集信息,提高信息的适用性和有效性。

(三) 时效性
注重信息的时效性,及时搜集和传递信息,以最大化信息的价值和效用。

(四) 全面性
广泛搜集相关信息,包括就业政策、市场需求、用人单位的基本情况等,以获得全面的视角。

(五) 计划性和条理性
有目标、有计划地搜集信息,明确收集的目的和范围,提高效率和质量。

(六) 系统性和连续性
积累并加工筛选相关信息,形成系统化的信息体系,以便为职业生涯决策提供支持。

(七) 适用性
根据个人的实际情况和职业发展目标,选择适用性强的信息,避免浪费时间和精力。

四、有效利用就业信息的方法

在已经收集到的大量就业信息中,由于信息的来源和获取方式不尽相同,内容必然是杂乱无章的,可能存在相互矛盾之处,也难免会有虚假不实的信息。求职者应结合自己的实际情况,对获取的信息进行去粗取精、去伪存真的分析,筛选、整理和鉴别,取其精华,确保信息的准确性、全面性和有效性,更好地为自身的职业选择服务。在就业信息的筛选和处理方法上,可以把握以下要点:

(一) 有针对性地进行比较选择
将那些来自"小道消息"或经过多次转述几经转达而未经证实的信息与有根有据的信息区分开来。前者需要进一步验证;后者则可以作为自己择业的参考依据。当然,在对信息进行比较的过程中,要根据自己的性格、兴趣、特长来分析,看看自己与哪些信息更吻合,哪个单位对自己的发展更有利等。

(二) 对相关信息按不同内容进行整理分类
就业信息不仅是用人单位的需求信息,其涉及的范围非常广泛。例如,有的信息是关于就业方针、政策方面的,有的与自己所学专业相关,还有的是关于所需人员素质要求方面的信息等。

(三) 对所获得的信息进行分析
分析就业信息主要包括以下三方面:

一是识别信息的真伪,进行可信程度分析。就业信息的准确性是择业人员做出决策的关键。不准确的信息可能导致决策失误。例如,在海南建省前夕,有消息称海南特区需要大量人才,于是许多大学生纷纷前往海南,掀起了"百万大军下海南"的热潮。实际上,这种信息并不准确。因为海南刚开始建设,许多工作尚未展开,所需人员无论是从数量上还是从专业上都是有限的。由于信息不准确、不全面,大部分人乘兴而去,败兴而归。一般来说,学校就业机构提供的信息可信度比较高,因为用人单位向学校提供的信息都经过了一定的审核。其他渠道得到的信息,因为受时间性或广泛性的影响,还需要进一步核实,才能判断其可信程度。

二是要进行效度分析,鉴别信息的可用性,要考虑所获得的信息是否在政策允许范围内,以及信息中所反映的生源状况和人员素质要求等。

三是分析信息的内涵。信息的内涵包括用人单位的性质、要求以及限定条件等。

(四) 及时反馈

当你收集到一条或更多的信息后,应尽快进行分析处理,并及时向信息发出者反馈。只有及早准备,迅速行动,才能在人才市场的激烈竞争中占据主动。正所谓:"花开堪折直须折,莫待无花空折枝。"对毕业生来说,就业信息十分宝贵。获得准确有效的信息后,及时分析有助于在择业中做出正确选择。

1. 要注意信息的广度、效度和信度 广度是指扩大信息渠道,多方面、多角度收集信息,增加信息量;效度是指信息的各种要素是否齐全,尤其是时间上的要求和与切身利益相关的要素是否清晰;信度是指信息的可靠性。一般说来,学校、系就业指导部门提供的信息信度较高;家长和亲友提供的信息效度较高,而同学之间就业信息的交流则扩大了信息的广度。

2. 要处理好内因和外因的关系 所谓内因,就是学生选择职业的自主性。作家柳青曾经说过:"人生的道路虽然漫长,但紧要处常常只有几步,特别是当人年轻的时候。"可以说,选择职业就是人生的紧要处之一,应当由学生自己决断。因为大学毕业生的自我评价、自我分析、自我判断能力已基本形成,完全可以自主择业。所谓外因,这里是指学校、家长、同学的帮助和影响。在分析信息、拟定和选择职业目标时,多听取亲友、老师、同学的意见,可以使决策更加趋于正确和可行。在处理这两者关系时,大学毕业生应避免"固执己见、盲目择业"的倾向,同时也要克服"人云亦云,依赖他人,缺乏主见"的倾向,力求在广泛征求意见的基础上,自主确定择业目标。

3. 要做到果断、灵活 由于确定决策与实施决策之间存在时间差,客观形势可能发生变化甚至变化很大,这就需要大学生果断、灵活地做出决断。在这个阶段,学校老师和同学的帮助尤为重要,而家长往往难以提供及时的帮助。例如,在一次北京高校毕业生供需见面会上,由于用人单位的需求变化,需要学生当场决断,及时签订协议书。很多同学在负责就业指导老师的帮助下,果断地做出了决策,愉快地与用人单位签订了协议。也有不少同学犹豫不决,期望征求远在他乡的父母意见,结果失去了择业的良机。

【实践指导】

目标岗位调查

调查了解目标岗位的基本信息,将其填写在表 7-1 中。

表 7-1　个人最重要的就业信息

职位描述	职位描述 1	职位描述 2	职位描述 3	职位描述 4	职位描述 5
招聘岗位					
信息来源					
发布日期					
单位名称					
单位类型					
工作地点					

续表

职位描述	职位描述 1	职位描述 2	职位描述 3	职位描述 4	职位描述 5
工作环境					
企业理念					
发展机会					
人才选拔制度					
职责范围					
专业需求					
学历要求					
语言能力要求					
计算机能力要求					
专业知识要求					
专业技能要求					
薪酬福利					
求职程序					
单位联系方式					
附加信息					

【课后作业】

通过线上的学校微信公众号、就业创业指导网站、政府主管的就业网站和第三方招聘平台或者线下招聘会等渠道，根据自己的需要，搜集就业信息。

第三节 就业能力准备

【迷惘与疑惑】

护理学专业的小雪、小红和小路被分配到同一家医院实习。在实习过程中，小雪每天最早来到单位做好工作准备。在护理操作实践中，她技术娴熟，能协助医生做好对患者及其家属的咨询和辅导工作。她还经常深入病房和患者交流，向患者和家属解释病症的原因、治疗原则、注意事项，并进行饮食生活指导，帮助患者打消疑虑。每天工作结束后，她都会做好清洁卫生及次日工作的预先准备，护理记录也记得整洁而详细。小红的护理操作技能也很熟练，但她只完成带教医生布置的护理工作，除此之外，对患者和家属的询问极为冷淡，有时甚至显得不耐烦。相对于小雪和小红，小路的护理操作技能不够熟练，还有些毛手毛脚，护理操作时常常打翻器械和药品，护理记录也记得乱七八糟。实习结束了，小雪被医院留用了，而小红和小路却只能黯然地离开。

【理论解析】

在新的时代，我国社会的飞速发展和职业世界的快速变迁对高校毕业生的素质能力提出了更高的要求。特别是医学生,由于其专业特殊性,将会面临更大的就业压力。因此明确医学生就业能力要求,加强医学生就业能力培养,是医学生就业与能力提升的重要内容。此外,我国的医学教育一贯秉承全面教育的理念,即整体教育(holistic education),这一理念强调人的生理、心理、社会、文化等多方面的协调发展。在与患者沟通时,除了运用已有的知识和技能,还应以患者的需求为中心,包括生理、心理、社会和文化等方面的需求,展现医学生应具备的人文素质、关怀和人文反思能力。

一、医学生的就业能力要求

(一) 就业能力概述

就业能力(employability)是指个体获得和保持工作的能力。"就业能力"这一概念最早由英国经济学家贝弗里奇(Beveridge)于 1909 年提出,他认为就业力即"可雇用性"。20 世纪 80 年代后期,美国的一些学者对此概念进行了修订,认为就业能力是一个获得最初就业、维持就业和重新选择、获取新岗位的动态过程。在强调就业者就业能力的同时,加入了就业市场、国家经济政策等宏观方面,更全面地阐释了就业能力的整体概念。2005 年,美国教育与就业委员会再次明确了就业能力的概念。就业能力即"可雇用性",是指获得和保持工作的能力。包括狭义上理解的找到工作的能力,还包括持续完成工作、实现良好职业生涯发展的能力。

就业能力包括四方面:

(1)专业技能与知识:这是大学生就业能力的基础,通过在校期间的课程学习与实践获得。它决定了毕业生能否胜任某个专业领域的工作要求。例如,会计专业的学生需要掌握会计原理、财务报表制作等专业知识;计算机专业的学生则需要熟悉编程语言、数据库管理等技能。这些专业技能与知识是求职者在应聘过程中展示自己价值的重要依据。

(2)通用技能与个人素质:通用技能如外语、计算机操作、人际交往和组织管理能力等,对于适应工作环境和发展职业生涯至关重要。个人素质则体现在道德品质、敬业精神、团队意识等方面,它们共同构成了毕业生的综合素质表现。在招聘过程中,许多单位都会将个人素质和通用技能放在优先考虑的位置。因此,提升这两方面的能力是增强毕业生就业竞争力的关键所在。

(3)适应能力与创新能力:适应能力是指毕业生能够迅速融入新环境并应对各种变化的能力。在职场中,面对不断变化的工作任务和环境条件,具备较强适应性的员工往往能够更好地发挥自己的才能并取得成功。而创新能力则是推动事业发展的关键因素之一。拥有创新思维和创新精神的毕业生在解决问题时更具优势,他们能够为团队带来新的思路和解决方案,从而推动组织不断进步与发展。

(4)职业规划与自我管理能力:明确的职业规划和目标有助于毕业生更好地了解自己的优势和不足,制订合理的发展计划并实现自我价值最大化。同时,良好的自我管理能力也是保持工作生活平衡的重要保障之一。这包括时间管理、情绪控制以及决策能力等方面。一个善于规划和管理自己的人通常能够在职场中游刃有余地处理各种挑战和压力。

(二) 医学生就业能力的构成

医学生的就业能力,指医学生从事并胜任临床医学工作所应当具备的能力。这种能力不单纯指某一项技能、能力,而是学生多种能力的集合,在内容上,它包括学习能力、实践能力、沟通能力、应变能力和创新能力等。

1. 先进医学知识的学习能力　学习能力一般是指人们在正式学习或非正式学习环境下,自我求知、做事、发展的能力。在科学技术飞速发展的今天,医护知识的更新与医疗技术的发展日新月异。医学生仅靠大学时代所学的医学知识和技能无法满足工作的需要,必须树立终身学习理念,紧跟时代发展步伐,了解国内外医疗发展动态,学习先进医学知识,增强医学理论修养,丰富临床经验,不断攀登医学高峰。

具备先进医学知识的学习能力,是医学生自我提升和我国医疗事业发展的必然要求。学习医学需要扎实的学术能力,包括良好的学习能力、逻辑思维、问题解决能力和批判性思维。学习医学知识和理论,理解和应用医学科学是非常重要的。医学领域的知识更新日新月异,医学生需要时刻关注最新的医学研究进展。可以通过阅读医学期刊、参加学术会议、关注医学网站等途径获取最新的研究成果。关注最新的医学研究进展有助于医生深入了解各种疾病的最新诊治方法,提高临床水平和科研能力。

[拓展阅读]

丽丽是某医科大学护理专业的大四学生,被分配到一家医院进行就业实习。初到实习单位,面对临床护理中的新技术和护理工作中出现的各种各样的问题,她发现自己在学校所学的临床护理知识难以应对。于是,丽丽对临床护理中所遇到的问题进行了认真的观察,学习带教老师的处理方案,并及时整理记录。对于不懂的问题,回家后她会查找资料,努力把问题弄懂。对于临床护理工作中的新技术,她也积极学习,争取快速掌握。丽丽认真学习的态度得到实习单位的高度认可。实习结束时,医院决定留用丽丽。

据这家医院反馈,现在很多应届毕业生由于刚涉足工作岗位,新技术掌握不足,工作经验欠缺,这些情况招聘单位都能理解。如果毕业生能够认识到自己的不足并积极学习,用人单位还是能够接受的。所以,用人单位更青睐于那些对新知识学习能力强的应届毕业生。

2. **医护工作的实施操作能力** 操作能力即临床实践能力,是完成医疗保健活动所需的特殊能力,通常被定义为知识、技巧和专业行为的综合。临床实践能力直接影响个人工作的质量和效率,是用人单位选拔人才最重要的依据。临床实践能力是工作能力的重要表现形式,一般情况下,具有熟练丰富的临床实践能力的医务工作者工作能力强;反之,则工作能力差。因此,临床实践能力是医学生培养的重点和核心。

医学是一门实践性很强的科学,临床技能是医学领域中至关重要的部分,是指在临床实践中,医生进行诊断、治疗和护理患者的能力。在医学领域中,临床技能的重要性不可忽视,它直接关系到患者的生命安全和健康。首先,临床技能是医生进行诊断和治疗的必备能力。在临床实践中,医生需要通过观察、询问、检查等方式,了解患者的病情,做出准确的诊断,并给予适当的治疗。如果医生缺乏临床技能,就可能导致诊断不准确,治疗效果不佳,甚至造成患者的病情恶化。其次,临床技能是保证医疗质量和安全的必要条件。在医学领域中,医疗质量和安全是至关重要的。医生在进行临床诊断和治疗时,必须严格遵守医疗规范和操作规程,确保医疗过程的安全和有效。如果医生缺乏临床技能,就难以保证医疗质量和安全,可能会引发医疗事故和并发症,甚至导致患者的死亡。最后,临床技能也是医学教育的重要组成部分。在医学院校和医学培训中,临床技能的教学和培训是至关重要的。医学生和医生需要通过学习与实践,掌握临床技能,进行正确的诊断和治疗,提高自己的医学水平和服务能力。如果医生缺乏临床技能,就难以胜任医学工作的需要,无法满足患者的需求。

[知识拓展]

临床实践能力包括:

(1)采集病史,系统查体,运用辅助设备检查的能力及对病情提出初步诊断和处置患者的能力。

(2)与患者沟通,取得患者信任的能力。

（3）达到"三基"训练所涉及的基本操作，独立完成正规的操作程序，自主确诊、准确动手的能力。

（4）处理急诊和危重患者的能力。

（5）准确、完整、科学地书写病历的能力。

（6）体格检查：能够进行全身的体格检查，包括肌肉骨骼、心血管、呼吸、神经系统等各系统的检查。

（7）实验室检查和数据解读：能够根据患者的病情需要，合理选择和解读各种实验室检查结果，如血液检查、尿液检查、影像学检查等。

（8）临床诊断：能够根据病史、体格检查和实验室检查结果，对患者的病情进行准确的诊断。

（9）手术和操作技能：能够熟练进行一些基本的外科手术和操作，如皮肤缝合、静脉穿刺等。

（10）药物管理：能够准确合理地开具处方和管理患者的药物治疗，包括用药剂量的调整、处方的合理搭配等。

（11）护理技能：能够进行一些常见的护理操作，如管道护理、病情观察等。

3. **医患的沟通能力** 医患沟通，就是医患双方为了治疗患者的疾病，满足患者的健康需求，在诊治疾病过程中进行的一种交流。医患之间的沟通不同于一般的人际沟通，患者就诊时，特别渴望医护人员的关爱和体贴，因而对医护人员的语言、表情、动作姿态、行为方式更为关注、更加敏感。2 500年前，医学之父希波克拉底说过："医生有三大法宝：语言、药物和手术刀。"医生的语言就像医生的刀子一样，可以救人也可以伤人，正面的语言和负面的语言有着不同的惊人效果。这就要求医生掌握良好的沟通技巧，运用真诚的语言沟通，以缓解患者的焦虑，博得患者的信任，从而有助于患者积极配合治疗。同时，良好的医患沟通能够避免因医患沟通不当引发的医患纠纷。医患沟通是医疗机构的医务人员在诊疗活动中与患者及其家属在信息和情感方面的交流，是医患之间构筑的一座双向交流的桥梁。

［拓展阅读］

一天，导医扶着一位面色苍白、大汗淋漓、弯腰捧腹、痛苦呻吟的中年妇女进入诊室。家属介绍，她昨晚在床上辗转反侧，彻夜未眠。通过详尽的问诊和细致的查体，医生初步拟诊右侧尿路结石。肌内注射一支黄体酮后，医生告知患者要喝足够的水去做B超和尿常规检查，明确结石的大小和具体位置后，才能制订下一步治疗计划。B超显示，右肾盂见多枚小结石并积水，右中上段输尿管扩张，中段直径0.9cm，下段显示不清。尿常规见镜下血尿（+++）。

医生画了张简单的示意图，告知患者："你患的是右侧尿路结石，并且结石已经在右侧输尿管中段梗阻，导致右中上段输尿管扩张、右肾盂积水。长此以往，不仅是疼痛问题，你的右肾都可能会保不住。治疗有保守排石、碎石、手术取石等几种办法，我打算用保守总攻排石法试一试，但需要你的配合。"看了医生画的示意图，并听了他的治疗计划，患者顺从地说："需要我怎么配合，您尽管吩咐。"医生把治疗过程清晰明白地告诉患者，患者非常认真地配合治疗，终于排石成功。当她拿着B超复查单时，激动地对医生说："谢谢您！保住了我的右肾。"医生说："全靠你自己的积极配合，才保住了你的右肾，以后可别忘了经常喝水哦！"可见，沟通是医生帮助患者战胜疾病的法宝。如何用通俗易懂的语言，让患者理解疾病的治疗方法，取得患者全方位的配合，得到最佳的疗效，不仅需要医学生在校期间努力培养，更需要在长期医学实践中不断探索。

[知识拓展]

医患沟通须知:

一个技巧。倾听和介绍。倾听,请多听患者或家属说几句话,介绍(解释),请多向患者或家属说几句话。

两个掌握。掌握病情、治疗情况和检查结果;掌握医疗费用的使用情况。

三个留意。留意对方的情绪状态、教育程度及对沟通的感受;留意对方对病情的认知程度和对交流的期望值;留意自身的情绪反应,学会自我控制。

四个避免。避免强求对方立即接受事实;避免使用易刺激对方情绪的词语和语气;避免过多使用对方不易理解的专业词汇;避免刻意改变或压抑对方的情绪。

五种方式。预防为主的针对性沟通、互换对象沟通、书面沟通、协调统一沟通和实物对照形象比喻沟通。

4. 快速的应变能力 应变能力是指自然人或法人在外界事物发生改变时所做出的反应,可能是本能的,也可能是经过大量思考后所做出的决策。应变能力是医学生应当具备的基本能力之一。医护人员常常面临着各种突发重大事件,要分秒必争地挽救患者的生命。孙思邈曾说:"虽曰病宜速救,要须临事不惑,唯当审谛覃思,不得于性命之上,率尔自逞俊快,邀射名誉,甚不仁矣!"所以,面对变化要能迅速应变,犹豫不决和反应迟缓可能会错失对患者的最佳抢救机会,给患者和家属造成终身的遗憾。

医学生作为未来的医者,必须具备快速、及时、正确的反应能力,才能在工作中最大限度地挽救每一个人的生命。紧急情况下,时间就是生命。医生需要具备快速反应的能力,能够在第一时间内做出正确的判断和决策。这需要医生具备扎实的医学知识和丰富的临床经验,能够准确地辨别病情的紧急程度,并迅速采取相应的处理措施。快速反应能力还包括紧急情况下的冷静与应变能力。在面对突发状况时,医生需要保持镇定,不慌不忙地处理问题。需要在逆境中能够迅速调整自己的思维和行动,并能迅速适应环境变化。这种冷静与应变能力的培养需要医生在日常的学习和积累中不断提升。

5. 创新的能力 创新能力是运用已有知识和理论,创造出有价值的新思想、新方法、新理论或新发明的能力。创新是一个国家富强、民族进步的动力,是当今世界的潮流和标志。21世纪是知识经济时代,国际竞争主要体现在创新人才的竞争。当代医疗卫生事业的发展要求医学生不仅要具有扎实的医学基本知识、基础理论和基本技能,更要具备创新意识和创新能力。缺乏创新意识和创新能力的医学生将难以适应社会经济发展的需求。所以,创新能力是医学生素质构成中的核心,是学生综合素质的外在表现。医学生应该有意识地主动培养动手能力和创新能力,这既有利于将来学生自身的发展,又可以为国家医疗卫生事业的发展做出更多贡献。

二、医学生就业能力的培养途径

(一)更新就业观念,加强就业意识

观念指导行为,有什么样的就业观,就有什么样的就业行为。医学生只有更新就业观念,加强就业意识,把择业和从业的过程如实地看成一个进取、创业、开拓的过程,一个适应社会发展的要求、掌握自己的命运、实现人生价值的过程,才能成功选择自己理想的职业。

(二)加强人文教育,丰富知识结构

医学生通过加强人文教育和丰富知识结构,能够在就业市场中展现出独特的竞争力。正如医学教育家奥斯勒所言:"医学不仅是科学的,也是艺术的。"这强调了医学实践中科学与艺术的结合,其中人文教育正是一门将医学生培养成具有艺术性关怀和沟通

能力的学科。通过人文教育,医学生能够深化对生命伦理的理解,培养同理心和情感智慧,这些软技能在临床实践中对于建立医患信任至关重要。同时,一个全面的知识结构不仅包括医学专业知识,还涵盖社会科学、心理学、法律和伦理等领域的知识,这有助于医学生在多变的医疗环境中做出更明智的决策。因此,医学生在追求专业精深的同时,也应致力于培养跨学科的知识和人文素养,这样的综合素养将显著提升医学生的就业能力和职业发展潜力。

(三)加强专业实践,提高工作能力

医学是一门实践性很强的科学,要求从业者不仅要有丰富的理论知识,更重要的是要有较强的实践技能,尤其是熟练的实践动手能力。这不仅是医学生就业的核心因素,也是用人单位挑选人才的关键标准。为了顺利实现就业,在校期间医学生要珍惜时间,加强对医学基本理论、基本知识和基本技能的学习,不断拓宽知识面、夯实基本功。更要重视实习,在实践中熟练掌握医学技术技能的实践操作,不断提升工作能力和独立处理问题的能力。实践是理论与实际的桥梁,只有通过实践才能真正理解并掌握所学的理论知识。通过实践,医学生能够更好地将所学的专业知识应用于实际工作中,提高工作效率和质量。在实践过程中,医学生会面临各种各样的问题与挑战。通过不断解决问题,医学生能够培养出分析、判断和解决问题的能力,这对于职业发展意义重大。实践能力的提升不仅能够帮助医学生提高专业能力,还能够培养出批判性思维、创新能力、团队合作能力等综合素质,提升个人的综合竞争力。

(四)勇于面对挑战,培养决策应变能力

生活中每个人必然会遇到各种各样的问题和困难,在努力去解决问题和克服困难的过程中,人的决策应变能力也会增强。决策应变能力的提升是一个缓慢、渐进的过程。首先,加强心理教育,培养适应心态。培养在各种环境中的适应心态,使自己在认识、情感、人格、社交等方面适应社会变化。其次,不惧失败,增强抗挫折能力。医学生要勇于面对学习、生活、工作中的挫折和失败,增强抗挫折的能力,笑对人生中的一切"变数"。再次,扩大个人的交往范围,加强自身的修养。在自己生活的小范围内建立交往,先学会应对各种各样的人和事,才能推而广之,应对各种复杂环境和社会问题。当环境或情境发生变化时,具备决策应变能力的人能够迅速调整策略,适应新的情况。这种灵活性使我们在不确定的环境中占据优势,确保我们的行动始终与目标一致。在复杂的情境下,快速而准确的决策是成功的关键。决策应变能力强的个人能够减少犹豫和拖延,迅速做出有利于当前情况的决策,从而提高整体运营效率。

(五)积极参加校内外活动,提升组织管理能力

每个人的工作中都或多或少需要组织管理才能,因此组织管理能力的培养是医学生的必备素养。丰富多彩的校园文体活动为医学生提供了锻炼的机会和展示个人魅力的平台,积极参加校内外的各种活动不仅能丰富医学生的课余文化生活,使简单枯燥的学习生活不再单调,而且学生在参与活动的过程中,语言表达能力、人际沟通能力、组织管理能力等多种能力得到了有效的锻炼和提高,从而适应社会和用人单位的需要。有效的组织和管理能够消除冗余和浪费,确保每个人都在正确的轨道上工作,从而大大提高用人单位的运营效率。通过优化工作流程、明确职责分工,用人单位能够更快地完成任务,减少不必要的延误。有效的组织管理能够确保资源(如人力、资金、设备等)得到合理的分配和利用。这不仅可以避免资源的浪费,还可以确保工作在需要时获得必要的支持,从而保证工作的顺利进行。

【实践指导】

一、撰写成就故事

撰写成就故事就是回顾并记录在你成长过程中那些令你感到自豪的成就，这是一种自我反思和自我提升的有效方式。以下是撰写成就故事的具体步骤：

(1)选择那些在生活中让你感到满足和自豪的事件。这些事件可以是学习上的突破、社交活动中的成功，或是个人愿望的实现等。

(2)明确你想要实现的具体目标。这个目标可以是完成一个项目、达到一个学习目标，或是在某个活动中取得优异表现。

(3)分析在实现目标过程中遇到的障碍和挑战，例如时间管理问题、资源限制，或是自身技能上的不足。

(4)详细描述你采取的具体行动步骤，即你是如何一步步克服障碍，达成目标的。

(5)描述你取得的成就，并尽可能地量化这些成就。例如，完成一个项目的时间、获得的成绩分数，或是在活动中的排名。

注意，在撰写成就故事时，每个故事都要包含以下要素：

(1)你需要完成的具体任务或目标。

(2)在实现目标过程中遇到的障碍和困难。

(3)你采取的具体行动步骤，以及这些行动如何帮助你克服挑战。

(4)你取得的成就，最好是可以量化的结果。

下面，请你写出 5~10 个成就故事，并与同伴分享。在讨论中分析每个故事中你使用的技能，特别是自我管理技能和可迁移技能。总结所有成就故事中你使用的技能，那些相同或相似的技能就是你擅长并乐于使用的技能。将这些技能按优先次序排列，你就能更清楚地认识到自己的优势所在。

二、SWOT 分析

医学生可以通过 SWOT 模型分析自己内部的优劣势和外部环境的机会与威胁，对就业现状形成清晰认识，继而合理规划自己的职业生涯，努力提升就业能力，扬长避短，以实现就业目标。下面我们来看一则 SWOT 分析的实例。

小叶同学，某医科大学康复治疗专业学生，使用 SWOT 分析模型对自己进行了就业能力分析，结论如表 7-2 所示。

表 7-2　小叶的就业能力 SWOT 模型

优势	劣势
良好的教育资源； 专业素养以外的其他方面也较强； 较强的组织能力； 善于合作	缺乏工作经验； 做事犹豫，不够果断； 临床实践经验不足； 专业前沿知识和新技能欠缺
机会	威胁
科技的进步，如远程医疗等新兴领域； 国家对医务工作者的刚性需求； 就业后进修学习的机会多	医学毕业生人数多，竞争激烈； 医疗资源分布不均，部分地区医生压力大； 用人单位门槛高，本科学历竞争力不足

1. **优势与劣势分析（SW）** 通过优势与劣势分析,小叶正确评估了自己的强项和弱项,判断出了自己的就业能力。优势因素主要包括:良好的教育资源、除专业素养外其他方面也较强、有较强的组织能力、善于合作、口才好、沟通能力强;劣势因素主要是:缺乏工作经验、做事犹豫、不够果断、临床实践经验不足,专业的前沿知识及新技能欠缺。

2. **机会与威胁分析（OT）** 通过机会与威胁分析,小叶对外部就业环境进行评估,以了解医学生就业的大环境。随着科技的进步,远程医疗等新兴领域为医学类专业毕业生提供了全新的发展机会。从国家角度看,对医务工作者的刚性需求意味着就业渠道和机会多。从个人角度看,就业后进修学习的机会也多。存在的威胁主要是:现今医学毕业生人数较多,竞争较为激烈;医疗资源在不同地区分布不均,导致部分地区的医生面临较大的压力;用人单位门槛较高,本科学历缺乏竞争力。

3. **做出对策** 小叶通过 SWOT 分析模型评估了自己的优势和劣势,找出自己的就业机会和威胁,对自己有了清晰的认知。为了提升自己的就业能力,必须改变自己的劣势,为此,他制订了详细的计划,包括怎样去做、坚持多久、什么时间能够完成等,并在大学期间逐步实现。

下面,请你完成自己的 SWOT 分析,并在表 7-3 中绘制自己的 SWOT 分析模型。

表 7-3　个人就业能力 SWOT 模型

优势	劣势
机会	威胁

［拓展阅读］

我认为,目前大学生就业面临的竞争,很大程度上不是个人就业能力层面的,而是社会资本层面的。那我还有必要努力提升自己的就业能力吗?

每个人在求职就业中都拥有两种资本——人力资本和社会资本,即个人的就业能力和家庭社会经济条件。在就业的过程中,个人资本是内在的、直接的、永久的,而社会资本是外在的、间接的、暂时的。因此,人力资本是主要的决定性因素,社会资本则是外在的辅助性因素。社会资本在就业中起到帮助收集、筛选信息的作用,以及协助推荐就业的作用,确实对大学生就业有较大的助力。但这种社会资本并非人皆有之,所以大学生就业更多依赖于人力资本,即大学生自己的就业能力。即便大学生能够借助社会资本达到就业,这种社会资本的利用也是暂时的,最终还是以人力资本为基础。

所以说,大学生的就业能力不仅指找到工作的能力,还包括持续完成工作、实现良好职业生涯发展的能力。因此,大学生必须提升自己的就业能力,它是选择就业、从事并胜任未来工作的决定因素。就业竞争力不仅是综合素质的展示,更是核心竞争力的较量。在人才竞争日益激烈的今天,大学生要想超越竞争对手,立于不败之地,就必须培育自己的核心竞争力。

【课后作业】

1. 请你列出自己具有哪几项就业能力,思考应如何提升自己的就业竞争力。

2. 采访一下你认识的医院的医护工作者,看看他们认为医护工作应该具备什么样的就业素养?

(吴彬彬　马维艳)

第八章 求职中应对自如

只有把人生理想融入国家和民族的事业中,才能最终成就一番事业。

——习近平总书记

 知识点

通过本章的学习,掌握求职过程中简历和求职信的撰写技巧,掌握笔试面试的基本形式和应对要点,提高笔试面试的技能。引导学生树立文明礼貌的求职礼仪,积极修炼良好的礼仪风范,树立医疗工作者专业可信的公众形象。

第一节 制 作 简 历

【迷惘与疑惑】

小楠是一所重点医学院校的医学生,主修精神医学专业。虽然家境困难,但他还想争取毕业前考取研究生。在就业形势日趋严峻的情况下,小楠选择了一个"两全其美"的办法,那就是考研找工作"两手抓"。他花了几个晚上的时间,精心制作了电子简历,并针对用人单位的岗位需求不同,制作了具有特色的简历,发出了十几份简历。他坚持每周三和周五上网查看是否有回复信息,但是一周过去了,他发出的电子简历如石沉大海,杳无音信,小楠感到失望且迷茫,他应该怎么做?

【理论解析】

一、应聘材料概述

广义的简历即为求职应聘材料,它是毕业生用来和用人单位取得联系、展示自我、自我推荐的最常用方式,是毕业生就业的基本环节,也是获得面试机会的有效途径。为了让用人单位认识自己、了解自己,必须通过应聘材料来吸引他们的注意。一份吸引人的应聘材料能让求职者脱颖而出,成功进入下一个竞争环节。因此,精心准备一份理想的应聘材料非常重要。

（一）应聘材料的作用

1. 用于展示自我　在撰写应聘材料的过程中,毕业生需对自身情况进行全面的分析和评价,明确自己的能力和优势,并将自己的个性特征与职业要求有机结合,以进行职业选择。

2. 用于宣传接洽　通过应聘材料,用人单位不仅可以了解毕业生的个人成长经历,而且能了解毕业生的知识和能力素质,这是考虑人职匹配的重要依据。

3. 决定面试或聘用的依据　应聘材料是用人单位决定面试的最基本材料,也是面试后做出取舍和直接聘用的重要依据。

(二) 准备应聘材料的原则

1. 简明适用的原则　应聘材料的主要目的是就业,准备材料必须围绕就业这一主题,凡有利于就业的各种资料应加以选择并合理运用。

2. 实事求是的原则　撰写应聘材料过程中,应采取真实客观的态度,将自己真实的知识水平、能力素质等信息反映出来。应聘材料的真实性是一个求职者的生命线,一旦诚信缺失,便会失去面试和聘用的机会。

3. 注重创新的原则　应聘材料从书面形式到内容的取舍,都可以发挥求职者丰富的想象力和创造性,充分展示自己的个性特征,使自己的应聘材料独具特色。例如,大多数应聘材料是打印的,如果求职者用钢笔工工整整地书写一份简历,可以向用人单位展示其文采和书法专长,一旦吸引了用人单位,他们也许会对求职者的用心给予高度评价。

二、应聘材料的内容

应聘材料包括学校推荐表、求职信、简历和其他相关附件(证书复印件)等组成的完整材料。

(一) 推荐表

毕业生就业推荐表是学校就业指导部门发给毕业生的,直接反映学生在学校期间学习、工作及表现等各方面情况的书面材料,也是学校通过正规途径向用人单位推荐毕业生的书面材料。学校推荐表一般由本人及家庭基本情况、在校期间学习成绩、奖惩情况、鉴定和学校推荐意见等部分组成。学校推荐表放在推荐材料中,可加大应聘材料的可信度和自荐力度,因用人单位认为学校推荐表具有权威性和较高的信任度。

(二) 求职信

求职信也称应聘函或自荐信,它是求职者在应聘职位时所写的一种介绍性、自我推荐的特殊信件。它通过表述求职意向和对自身能力的概述,引起用人单位的兴趣和重视。一封好的求职信可以向用人单位展示求职者的才干和求职资本。由此可见,求职信无论在格式上还是在内容上都必须给阅读者留下好印象。撰写求职信时要求:书写规范、谦恭有礼、情真意切、言简意赅。

1. 求职信的内容　求职信主要包括开头、正文、结尾、落款等四方面内容。

(1)开头:求职信的称呼写明收信人的姓名和称谓,写法上往往比一般书信的称呼要正规一些,如:"尊敬的××先生""尊敬的××主管""尊敬的××厂长""尊敬的××经理"等。有些求职信也可以不写具体姓名,如尊敬的负责同志等,然后应再写上一句问候性的话语"您好!"。

(2)正文:正文是求职信的中心部分,形式多种多样,一般要求说明本人基本情况和求职信息的来源;说明应聘岗位和能胜任本岗位的各种能力;介绍自己的潜力;表示希望得到面试的机会。开头一般应写明应聘信息的来源,如:"尊敬的××先生(或女士):从学校就业信息网上获悉,贵医院需招聘1名护理学本科毕业生,为此,我特向您申请这一职位……"接着要陈述应聘的理由,要言之有据,突出个人最有说服力的部分,说明能力和积累的工作经验等,自信能够胜任该职位。

(3)结尾:结尾应当写好结束语,表明自己的诚意,并对用人单位表示感谢,可以提醒用人单位希望得到他们的回复或回电而获取面试机会等,也可以用"此致敬礼"之类的通用词。

(4)落款:落款处要写上"自荐人×××"的字样,并标注年月日,由求职者亲自签名,以示郑重和敬意。

2. 求职信的写作技巧

(1)态度诚恳,摆正位置:用语应委婉、恭敬、自信、诚恳礼貌,忌炫耀、懦弱。

（2）富于个性，言之有物：着眼现实，了解用人单位现状，有针对性地介绍自己的特长和能力，尽量突出自己的优点。

（3）言简意赅，字迹工整：求职信文字整洁美观、内容简练完美很容易引起用人单位对求职者的好感。所以，最好用钢笔或签字笔工工整整地书写，这样既给人以亲切之感，同时也向用人单位展示了自己的文笔和书法的特长。

（4）以情动人，以诚感人：语言有情，传递信息，会感动对方，更有助于交流思想；以诚感人，即态度要诚恳、诚实，实事求是，言而有信，不夸大优点，不隐瞒缺点。

3. 求职信的注意事项　篇幅不宜过长，1 000 字为宜；内容清晰、简练准确、逻辑性强；避免出现错字、用词不当；防止缺乏自信、礼节等。

［求职信样板］

尊敬的 ×× 院长：

您好！

我是 ××× 医科大学护理专业的应届本科毕业生。步入医学殿堂，解除患者的痛苦一直是我的梦想，几年来医学基础知识和临床护理知识的学习与实践为我实现梦想打下了坚实的基础，我坚定我的职业目标：成为一名优秀的临床护士。

久闻贵院肾移植手术水平闻名国内外，一流的护理服务态度和服务质量对促进患者顺利康复发挥了重要作用。对此，我十分仰慕。我一直关注贵单位的信息，今天从学校的招聘专栏中得知贵院的招聘计划，我很愿意到贵院从事护理工作，现把一个真实的我以自荐书的形式推荐给您，请贵院能给我一个展示才华的机会，我将为贵院发展贡献自己的力量。

选择了医学院校，选择了护理事业，我将医学生誓言"健康所系，性命相托"铭刻于心。我抓紧每一天进行专业知识的学习和基本技能的训练，学习成绩优良，曾两次获得二等奖学金。作为医学院的一名学生，我在思想上积极要求进步，乐观向上，积极参加校内外各项活动，有自信心、有责任感、吃苦耐劳。

大鹏展翅，骏马飞驰都需要有自己的天地。贵院先进的医疗技术和一流的护理质量使我坚信到贵院工作是我的明智选择，盼望能接到贵单位的答复信，顺祝您工作顺利！

最后，诚祝贵院广纳贤才，再创佳绩！

×××

××××年××月××日

（三）简历

简历是围绕求职目标呈现求职者的专业知识、实践技能、个人品质的文稿。简历是概括介绍毕业生个人基本情况，并对毕业生的学习成绩、技能、教育程度和求职意向等作一个简单的总结。简历既可以是求职信的附件，又可以是一份独立的文书。写好简历的难处是要用极有限的文字和数字全面地展示自己的综合素质。简历的类型或格式有很多，不管哪一种形式，其目的都是希望把毕业生的基本情况和重要信息直接告诉用人单位。一份完整的简历由以下几部分组成：

（1）标题：一般为"简历""个人简历"或"求职简历"。

（2）个人基本信息：包括姓名、性别、年龄、民族、籍贯、政治面貌、所学专业、学历、学位、毕业学校、通讯地址和联系方式等。写联系方式时，一般可以选择电话、电子邮箱和地址等。因为大家都非常注重工作效率，所以一般用人单位最常用的也是最习惯用的就是电话联系和发邮件。

（3）求职目标：这一部分是表明自己要从事的职业和职务与应聘职位相符。

（4）教育经历：主要指大学期间及有关的教育经历，包括在大学期间各种层次的学习，要依次写清楚所就读的学校、院（系）、专业、学习年限、学历等。一般的时间排序是倒序，由高到低，即高学位、高学历先写,目的在于突出你的最高学历。

(5)所修课程及研究成果:专科生及本科生研究成果相对少,所以专科及本科同学可以把专业课程列出来,以说明自己的知识结构;研究生则主要表述研究课题及发表文章等,因为它是胜任应聘职位的具体实力体现。

(6)实践活动和工作经历:这部分内容是整份简历的主体部分。随着社会的发展,用人单位对毕业生的综合素质要求不断提高,非常注重毕业生的工作经历。大部分在校学生都没有什么社会工作经历,但在学校所承担的社会工作、组织(参加)活动的情况、参与课题研究情况、假期社会实践活动或短期打工的工作经历,足以让用人单位从中透视到你的组织能力、吃苦耐劳与团队协作精神等。

(7)获奖及成绩情况:这方面内容可以显示你专业优势或其他特长的优势。主要包括:获奖学金情况、优秀学生、优秀团员、优秀学生干部、演讲比赛获奖等各种荣誉证书;外语、计算机水平等级考试证书;发表论文或获得证书及教科研成果等。

(8)兴趣爱好与特长:如有其他特殊兴趣、爱好与特长,且与你所求职务有很大的联系,应该在简历中体现,有助于用人单位对你的进一步了解。

[个人简历样本]

孙红飞

意向岗位: 临床医师

性别: 男 年龄: 24
电话: 176×××××××× 户籍: 黑龙江尚志
现所在地: 黑龙江大庆 邮箱: ××××@qq.com
政治面貌: 中共预备党员 民族: 汉族

入伍经历

2019 年作为在校生参军入伍,在部队期间,带领团队取得年度法规竞赛比武第一名;曾参加"和平使命 2020 国际大项任务",保证飞机安全飞行,圆满完成任务,获得和平使命纪念章;服役期间共保障飞机安全飞行长达 150 小时;其间获得过"四有"优秀士兵、优秀学兵等称号。

在校经历

2021.09—2024.07 哈尔滨医科大学大庆校区 临床医学 | 大专
主修人体解剖学、医学遗传学、组织学与胚胎学、病理学、病理生理学、病原微生物与免疫学、生物化学、预防医学、内科学、外科学、儿科学、诊断学、医学影像学、传染病学、急诊医学、康复医学、妇产科学、五官科学、临床技能、公共英语、礼仪与人际沟通等。

教育经历

2021.09—2023.06 2021 级临床医学 1 班 团支书
主要负责班级团务工作,发展团员,协助班长管理班级;定期组织学生学习网上团课,以及开展各项团日活动;引导学生遵规守纪,在思想上与上级团组织保持高度一致。

实习经历

2023.06—2024.05 大庆油田总医院 临床轮转实习生
工作描述:

1. 在实习期间轮转了普外科、胸外科、神经外科、内分泌、呼吸内科、儿科、产科等。了解各科室的常见疾病及其大致诊疗思路,熟练掌握了规范书写病历、病程记录等技能。掌握各科室体格检查、术前准备等临床基本技能。

2. 担任实习班长,负责与各科教学秘书沟通,完成数十项教学查房等活动,并参与医院教师节等重大活动策划等。

🏆 荣誉证书

服役期间,获得"四有"优秀士兵一次、荣获"校优秀共青团员""校优秀学生干部""优秀志愿者";荣获"校 2022 年年度人物""校五好大学生";荣获"校级二等奖学金"、第八届互联网 + 国赛铜奖和省赛金奖、第九届互联网 + 省赛金奖两项。

【实践指导】

如何制作电子简历

随着网络的快速发展,网络几乎在人们的生活和工作中无孔不入。网络弹指之间,信息尽收眼底。电子简历能够节省审核人员的时间,提高筛选简历的效率,节约纸张等资源,所以网上求职已成为大学毕业生重要的求职方式之一。但要获得网上求职成功,必须在撰写电子简历上下功夫,并注意以下问题:

(1)在写电子简历时,最好不要用附件的形式发送简历。虽然以附件形式发送的简历看起来效果更好,但是由于计算机病毒的威胁,越来越多的公司都要求求职者不要用附件发送简历。甚至有些公司把所有带附件的邮件全部删除。在这种情况下,尽管求职者的简历排版极为精心,却可能根本没有人看。

(2)设计纯文本格式的简历应注意以下问题:设定页边距,使文本的宽度控制在 16cm 左右,这样求职者的简历在多数情况下看起来都不会换行。尽量使用较大字号的字体;如果求职者一定要使自己的简历看起来与众不同,可以用一些特殊符号等分隔简历内容。在电子简历中一般不要附有发表的作品或论文,因为电子邮件附件传播病毒的可能性是一直存在的,而且用人单位一般不会仔细阅读附带的作品。

(3)发送简历后,要与用人单位保持联络,即使没有收到邮件回复,最好也要发个电子邮件表示感谢,便于今后的联络。

(4)照片很重要。面对千篇一律的文字,照片可能就是最好的加分项。照片要积极阳光,正式一点。

(5)排版和配色。简历不要过于繁杂,整体风格好看的话会让人眼前一亮。

(6)重点前置。结果写前面,过程写后面。把做到的成绩写在前面,怎么完成这个成绩的过程写后面。

(7)时间顺序。写经历的时候,时间顺序要理顺。顺着时间顺序,不仅体现了求职者的逻辑思维能力,更方便别人了解其经历。

(8)校对无误,在提交简历之前要确保没有拼写及语法错误,确定正确无误再提交。

［拓展阅读］

如何利用有限的大学时间制作简历使自己脱颖而出

简历是招聘单位了解求职者的第一个窗口,是求职者向招聘单位展示自己能力的桥梁。没有吸引人的简历,就没有面试的机会,你的聪明才智就很难被人发现。利用有限的大学时间制作特色简历会令你脱颖而出。

（1）简单明了：简历应当简单有力。求职者的简历首先是要简单，最好控制在一页纸内，因为用人单位每天会收到百余封简历，平均看简历的时间最多不超过 2 分钟。所以。简历的重点不在于长度，而在于精练，在于简单明了。

（2）基本资料齐全：个人信息等基本资料填写齐全，联系方式最好留两个，有一个较固定的电话号码为宜。因为许多用人单位保留求职者的简历，作为人力资源储备用，当单位急需用人时会在保留的简历中继续寻找合适的人选，如果联系方式改变，就会错过就业机会。

（3）个人特质描述有针对性：很多毕业生在描述个人特质和专业优势时，内容往往是千篇一律，如学习勤奋刻苦、专业成绩优良、精通英语或计算机应用等。简历中个人特质和专业优势尤为重要，首先要对应聘单位的状况与所需人才的特质有所了解，写简历时将单位所需的重点特质放在首要和突出的位置，便于与招聘者引起共鸣。例如，某三级甲等医院招聘 ICU 护士，要求吃苦耐劳、思维敏捷、专业知识扎实、操作技术娴熟等。面对这样的要求，应将自己在学校专业学习和实习中的优势与特长体现出来，重点突出基础护理和临床护理知识考试成绩情况、专业知识竞赛的参与和获奖情况；在 ICU 实习过程中掌握呼吸机、生命体征监测、中心静脉压监测技术等情况。这样的个人特质和专业优势描述很容易令你在众多竞争对手里脱颖而出。

（4）认真细致、表达准确：一份优秀的简历可以把主题鲜明的自己表达给用人单位，见简历如见其人。求职者应做到文字表达正确、条理清晰、专业术语准确等。因为一个错字或者一个专业术语没有表达正确，可能会让你的简历在第一轮就被淘汰出局。因为招聘者看到简历的背后是一个不认真、不细致的人，一旦形成这样的坏印象，求职者是得不到面试机会的。

（5）利用大学有效的时间创造简历：有的大学生到毕业的时候不知道简历怎样写，急需时找来模板编写自己的简历，出现一些具体内容相同的现象，如所学课程、证书等，或编造假实践经历的不良现象。现在的用人单位更注重学生实际工作能力和工作经验，从在校园里参与各种社团活动、参加与专业相关的社会实践经历中可以透视出学生的组织能力、沟通能力和团队合作精神等，用人单位在选聘毕业生时会更倾向于这方面。因此，大学生在大学期间应该使自己的实践经历丰富起来，要将真实客观的内容写进简历，通过有个性化的特色简历开启自己的职业大门。

【课后作业】

成功的面试离不开一份精美的简历，请同学们为自己制作一份精美的求职简历吧！

第二节 轻 松 笔 试

【迷惘与疑惑】

小佳是一名医学专业的应届毕业生，到了求职季，她自信满满地向多家知名医院投递了求职申请。然而在一轮轮的筛选中，小佳发现自己总是在第二关——笔试环节被淘汰了。更让她难以接受的是，和她参与同一场比试的某一位求职者，虽然学历不如她，但顺利通过了笔试。小佳一直认为，凭借自己扎实的医学知识和临床技能，笔试只是走个过场。但当真正面对密密麻麻的题目时，她才发现了自己的疏忽……

一、笔试的概念

笔试是与面试相对应的一种测试方式，它是一种考核求职者学识水平的重要工具。这种方法能够有效地测试求职者的基本知识、专业知识、管理知识、综合分析能力和文字表达能力等素质和能力。在事业单位的卫生医疗系统中,求职者通常需要参加由当地组织的公务员或事业单位考试,笔试是这些考试的重要组成部分。此外,在竞争激烈的求职市场中,许多自主经营的医院也采用笔试作为选拔人才的一种方式。

二、笔试的类型

笔试通常包括以下几方面的内容:

1. **知识面考核**　这部分主要评估求职者的通用性基础知识和特定职务所需的业务知识,以确定求职者是否具备完成工作所需的理论基础。

2. **智力测试**　通过智力测试,可以评估求职者的记忆力、分析观察能力、综合归纳能力、思维反应能力以及对新知识的学习能力等,这些都是评估其智力水平和潜在能力的重要指标。

3. **技能测验**　技能测验能够评估求职者处理问题的速度与质量,检验求职者是否具备将知识和智力应用于实际问题解决中的能力。

4. **性格测试**　性格测试通过精心设计的心理测试题或开放式问题来考察求职者的个性特征,这有助于用人单位了解求职者的团队合作能力、领导潜力以及职业适应性。

【实践指导】

笔试的技巧

(一) 笔试前的准备

1. **思想重视**　做好复习是笔试取得好成绩的有力保证,首先应在思想上重视它,不能马虎麻痹。因为笔试的考查面涵盖大学期间的全部课程,涉及理论与实践,是全面检测求职者的知识与技能的一种方式,"复习"不是可有可无,而是要下功夫搞好。

2. **讲究方法**　俗话说:"工欲善其事,必先利其器。"意思是无论做什么事,都要事先做好准备。要想取得好成绩,除了平时努力学习,打好基础,提高能力外,复习方法也很关键。

(1)明确方向,制订目标、计划:首先应明确,各种考试的题型无论怎样变化其着眼点都是考查基本知识和基本技能,这就为大家的复习指明了方向。在此基础上还应明确复习的范围及目标,这样复习就有了针对性。

(2)紧扣课本,构建知识体系:复习时一定要以课本为主,正确处理参考书、复习资料与课本的关系,绝不能以参考书和复习资料代替课本,更不能生搬硬套答案。同时还应明确:重视课本不等于复习时对课本知识只简单地重复,而是应对教材上的知识加以概括、提炼和归纳。

(3)适度训练,提升综合能力:在复习中还应通过检测考试,及时地发现知识上存在的漏点和疑点、思维的盲点、能力的空白点,要有的放矢地进行强化训练和变式训练。

(4)要珍惜时间:合理安排时间,把有效时间都利用上,针对不同科目的特点,安排不同的复习内容,分配不同科目的复习时间,做到重点突出、全面兼顾,同时要循序渐进、环环落实。只有这样才能有效地搞好复习。

(5)把握答题的轻重缓急:举例来说,一些求职者在面对自己熟悉的简答题时,由于准备充分,便滔滔不绝地撰写长篇大论,字数甚至多达数千。然而,对于需要深入探讨的论述题,却因准备不足而草率了事,仅寥寥数语应付了之。这种做法自然会影响到最终的得分。因此,求职者在全面审视考卷后,应专注于那些关键题目,投入精力认真作答,在有限的时间内充分展现自己的学识。

(二) 笔试应试技巧

要想在笔试中取得好成绩,除了需要扎实的基础知识、熟练的解题技巧和较强的分析解决

问题能力外,还应在考试前逐步调整心态,以在考场上达到最佳状态。以下是一些应试技巧:

(1)周密计划:对考前复习进行具体分析,合理安排时间和内容。制订复习计划后要严格执行,以坚定的意志力控制自己的复习进度。

(2)时间管理:了解考试时间限制,制订答题策略。例如,先做简单题,后做难题,遇到不懂的题目可以先跳过,待时间允许时再返回解答。

(3)全面审视试卷:在开始答题前快速浏览全卷,了解题量、题型和难易程度,以便合理分配答题时间。

(4)认真审题:仔细阅读题目要求,按照要求作答,避免马虎大意。

(5)准确表达:书写要规范,表达要清晰,确保答案准确无误。

(6)灵活应对:面对难题时,可以从已知信息出发,逐步推导出未知;或者从结论出发,逆向寻找支持点。

(7)细节处理:在填写答题卡时要格外小心,避免因漏填、填错或涂错等小错误而失分。

(8)答题技巧:选择题要排除干扰项,找出正确答案;填空题要注意语法和拼写;解答题要注重论证过程和结论。

(9)心态调整:保持冷静和自信,遇到难题不要气馁,可以先跳过,待有更多时间时再回来解答。

【课后作业】

通过网络渠道查找医院招聘的历届真题,在限定时间内作答,看看自己的差距在哪里。

第三节 出彩面试

【迷惘与疑惑】

小龙是一名临床医学研究生,在第九届全国医药卫生人才专场招聘会上连续应聘了 12 家医院。在简单的面试考核中,虽然他有较为扎实的医学理论知识和技能,但由于语言表达不够流畅、心理素质较差、过度紧张而被淘汰。接着他又递交了几份简历,但在简单的交谈后都没能取得参加笔试的机会。而后,他焦虑地问一家医院的肾内科主任:"我学习成绩优秀,而且硕士学习期间的研究方向是肾病,贵单位又急聘肾内科医生,为什么不给我一个参加笔试的机会呢?为什么不相信我会在笔试中取得好成绩呢?"

一、医学生的面试礼仪

面试是求职者展示自身能力和特点的重要平台。通过面试,求职者可以向面试官展示自己的专业知识、技能和经验,同时了解用人单位的背景和职位需求,从而判断自己是否适合该职位。因此,面试是求职者获得工作机会的关键途径。

(一)医学生整体形象设计

形象是求职者通往事业成功的重要影响因素,得体的形象为求职者事业的成功起到了锦上添花的作用,失败的形象则会破坏和阻挡求职者事业的顺利发展。我们所提倡注重形象的目的不是追求外在的美,而是为了辅助求职者快速适应社会,促进其事业的发展。

医学的职业特点要求医学生举止要端庄、稳重,装束要整洁合体、朴素大方,给人以平静之感,使患者产生对医务人员的敬重与信任。用人单位在面试现场同样会对医学生的整体形象进行考察,这就要求医学生应当重视自己的整体形象设计,避免花哨、轻浮、怪异、荒诞的形象,在着装、举止、服饰、风度等整体形象上,都要表现出与医学职业相适应的特征来。这需要及早设计与准备。

1. **善良真诚的美德品质形象** 良好的医学生形象必须要有善良、真诚、奉献等底蕴的映衬。

(1)善良:医学生必须要有善良之心,行善良之事。我们肩负的是治病救人的崇高责任,在面对患者及其家属时更需要有爱心和同情心,用巴金的话就是做一个寒天送炭,在痛苦中送安慰的人。

(2)真诚:"真者,精诚之至也。"如果诚是指向别人,那真就是指向内在。做人不必刻意地去伪装自己,要用真实的面目与人交往,才值得他人欣赏。作为一个医学生,也只有真实对己,才会阳光、坦荡、乐观,才会有心境的平和。

(3)奉献:关爱奉献是医学生必备的美德。现代医学提倡"以患者为中心",这正是古希腊医学之父希波克拉底说的"要感恩,要为患者谋利益,要对病患无论贫富一视同仁"的核心价值观所在。医学生在大学生活中一定要注重培养有益于职业、有益于终身的医学人文精神。换句话说,医学生只有具备善良、真诚、奉献的品质,才有可能建立一个内外统一的良好医学生形象。

2. **干净整洁的着装仪容形象** 一个人的衣着、言谈、举止无不时时刻刻都在折射着本人的底蕴。我们并不反对时尚,但作为一个医学生的风采不在于艳丽,而在于朴实。医学职业的特殊性更注重的是"严谨""精益求精",这就要求医学生的着装应以朴实、简洁、大方、给人以信任为佳,杜绝穿着华丽、时髦,让患者感觉你很轻佻、浮躁,而失去基本的信任感。因此,医学生求职应聘更应选择中规中矩的、稳重的和职业风格相配的服装。这既是医疗卫生行业求职应聘的基本要求,也是医学生未来职业的必备习惯,只要出现在医疗卫生岗位、出现在患者面前,就应该是稳重、干练、可信的形象。

由于经济条件所限,毕业生很难承受较昂贵的服装,招聘单位完全可以理解,没有人会去计较。毕业生可以在实习过程中留心观察医院的专家、教授、学者是如何穿着的,参考他们的着装风格,去买风格相同但价格适中的服装。因为人们的着装风格相仿的时候,就会认为彼此有着相似的信仰、价值观、人生态度等,从而会更容易被对方接纳。

着装再得体,也必须保持干净整洁,平整如新。特别是医学生,应该给人以干净、清爽的感觉。如果到处都是油渍、汗渍、污渍,还不如不穿。尤其是像北方一些城市的沙尘比较严重,衣服往往穿一天下来就会脏,所以保证衣服整洁是最起码的要求。同时,医学生面试时穿着的服装必须是熨烫过或者是没有褶皱的。如果学校里没有条件熨烫衣服,不妨把衣服用衣架挂起来,只要在存放过程中留意,衣服还是可以保持平整的。

没有异味、洗澡也能增魅力。即使没有过分的修饰,淡雅的皂香也会让人产生清爽干净的好印象。虽然学校的条件也许达不到想什么时候洗澡就什么时候洗那样方便,但是在求职面试之前一定要去浴室好好洗个澡,否则,运动之后产生的汗味一定会让用人单位反感。这会影响医学生的形象,所以建议大家克服万难,一定在面试之前搞好个人卫生,让自己清爽、洁净。

3. **不断进取的严谨求知形象** 每名医学生进入医学殿堂之初,都要许下神圣的医学生誓言,志愿投身到医学事业之中,明确锁定了一个信念——要做一名医学生! 医学,是一门神圣而又伟大的科学,踏入它庄严的大门时,就应肩负起生命的重托。生命,是严肃而又脆弱的,容不得半点虚假和疏忽,每一项决定,每一次操作,都意味着快乐与痛苦的差别,甚至意味着生存与死亡的抗争。正确的诊断和治疗要依靠丰厚的知识底蕴。这一切都要求医学生要具备严谨求知、不懈努力的精神;具备刻苦钻研、孜孜不倦探索医学真谛的坚强意志。只有将梦想付诸行动,以汗为圃,以勤为园,以毕生精力浇灌生命之花,才能收获秋之硕果。因为医学是一门神秘的永无止境的学科,正所谓"路漫漫其修远兮",新世纪的医学生应胸怀壮志,以拼搏为桨,以恒心为筏,克服种种困难,驶向浩瀚的医学海洋。

4. 得体文雅的礼貌表达形象　曾经有许多人因为一个小小的举动而使精心培育的交情毁于一旦。深究起来,常常是由于他们对那些自认为无关紧要的人举止无礼、语言不屑甚至粗鲁的缘故。

语言表达能力和人际沟通能力,是医学生求职准备的一项最基本、最重要的环节。要随时注意加强对自己言谈、举止的约束与训练。在日常生活中,只要有意识地多说、多写、多沟通、多交往就可以练就较好的表达与沟通能力。训练中,医学生要有意识地确定对方是否了解我们的意图,更重要的是让彼此在同一个观点、同一件事情上取得共识,进行有效的沟通。善于表达自己的理解与见解,并赢得他人的理解与支持,这是决定医学生在社会上能否成功的重要因素之一。因此,医学生要注意平时的训练,力争达到口齿清晰、语言流畅、文雅得体、语气平和、语调恰当、音量适中,最好做到语言含蓄、机智、诙谐,切忌过多的重复。

在交谈训练时要注意不突然打断对方的说话;不说没有事实依据的大话;要把握重点、条理清楚、有理有据,讲清因果、形象生动,切忌答非所问,努力使自己的语言做到言之有物、言之有理、言之有序;介绍自己要恰当,并要面带微笑,保持自信。脸上带着愉快轻松和真诚的微笑会让更多的人喜欢,因为微笑使人显得和气,而每个人都愿意与和气、快乐的人一起共事。

要学会致谢,无论与何人交往,只要对方做出一点诚意,比如,为你倒水、向你致意、给你耐心的建议等,或对在你求职中助你一臂之力的任何人都要表示你最诚挚的谢意。

要自觉养成守时的习惯,约定好时间,一定按时到场,那种不能按时赴约、拖沓或漫不经心的样子,常常被认为不可信、不可交。有人通过统计客人迟到时间的长短来估计一个人的成功与否:职业高尚、事务繁忙、责任重大的客人一般总能准时赴约,而整天无所事事的闲人却经常会姗姗来迟。

当然,在交往和求职中要注意:语言实在,不要花言巧语;语言通俗,不故作姿态;语言简明,不模糊不清;要谦虚,不要"摆架子"。

(二)求职应聘的仪态礼仪准备

仪态是指人在行为中表现出的姿势和风度。姿势是指医学生身体呈现的样子;风度是气质方面的表露。人们的感情流露和人际交往往往借助于人体的各种姿态,这就是人们常说的"体态语言"。仪态美是一种外在的美,以专业的气质、亲切的风度为具体表现形式,同时反映了一个人的内在修养、医学理念和文化水平。医学生人格有高下之分,行为也有美丑之别。美好优雅的行为常常是高尚医德的写照,很多医疗机构都会根据求职者的仪态来了解与判断其专业素质和情感态度。医学生应该展现出专业、严谨、关爱和有同情心的专业形象,这不仅有助于在求职过程中给招聘方留下良好的第一印象,也是未来职业生涯中不可或缺的一部分。

1. 站姿　站立姿势是一个人全部仪态的根本,如果一个人站立姿势不标准,其他姿势便根本谈不上优美典雅。正确的站姿会给人以挺拔笔直、舒展大方、精力充沛、积极向上的印象。站姿的特点是:端正、挺拔、舒展、俊美。面试时可选用的站姿有以下几种:

(1)女士站姿

第一种:双脚八字步或丁字步,双手虎口相交叠放于脐下三指处,手指伸直但不要外翘,上身正直,头正目平,微收下颌,面带微笑。挺胸收腹,腰直肩平,双臂自然下垂,两腿相靠站直,肌肉略有收缩感,也可在工作及社交场合中采用这种站姿(图 8-1)。

第二种:双手轻握放在腰际,手指可自然弯曲,在与患者或同事交流时可采用这种站姿(图 8-2)。

图 8-1　女士站姿第一种　　　　　　图 8-2　女士站姿第二种

（2）男士站姿

第一种：双腿并拢，两手放在身体两侧，手的中指贴于裤缝。这种站姿适合比较庄重严肃的场合，比如面试（图 8-3）。

第二种：双脚平行不超过肩宽，以 20cm 为宜，左手在腹前握住右手手腕或右手握住左手手腕。这种站姿也适合在工作中与患者或同事交流时使用（图 8-4）。

图 8-3　男士站姿第一种　　　　　　图 8-4　男士站姿第二种

2. 坐姿　坐的姿势称为坐姿，指人在就座以后身体所保持的一种姿势，坐姿是体态美的主要内容之一。学习与训练坐姿时，必须首先明确两点：一是面试时，只有在允许自己采用坐姿时，才可以坐下。二是在坐下后，尤其是在重要对象面前坐下时，务必要自觉地采用正确的坐姿。注意要坐在椅子的 2/3 处，不可坐满椅子。坐姿的特点是：安静、雅致、大方、得体。面试时可以选用的坐姿有以下几种：

（1）女士坐姿

第一种：正襟危坐式。身体的重心垂直向下，双腿并拢，大腿和小腿呈 90° 角，双手虎口相交轻握放在腿上，挺胸直腰，面带微笑（图 8-5）。

第二种：双腿斜放式。身体的重心垂直向下，双腿并拢，大腿和小腿呈 90° 角，平行斜放于一侧，双手虎口相交轻握放在腿上，挺胸直腰，面带微笑（图 8-6）。

图 8-5 女士坐姿第一种　　　　　　图 8-6 女士坐姿第二种

第三种：前伸后屈式。身体的重心垂直向下，双膝并拢，左脚前伸右脚后屈或右脚前伸左脚后屈，双手虎口相交轻握放在腿上，更换脚位时手可不必更换，挺胸直腰，面带微笑（图 8-7）。

（2）男士坐姿

第一种：正襟危坐式。这种坐姿是最基本的坐姿，适用于最正规的场合。要求：上身与大腿，大腿与小腿，小腿与地面，都应当呈直角。双膝双脚完全并拢（图 8-8）。

图 8-7 女士坐姿第三种　　　　　　图 8-8 男士坐姿第一种

第二种：垂腿开膝式。这种坐姿也较为正规。要求：上身与大腿，大腿与小腿，皆呈直角，小腿与地面垂直。双膝分开，但不得超过肩宽（图 8-9）。

3. **步姿** 一个人在行走时采取的具体姿势，也称步姿，属于站姿的延续，体现的是运动之美和精神风貌。

男性步姿的特点是：协调、稳健、庄重、刚毅。

女性步姿的特点是：轻松、敏捷、健美。

基本要领是：双目向前平视，面带微笑微收下颌。上身挺直，头正、挺胸收腹，重心稍向前倾。手臂伸直放松，手指自然弯曲，摆时要以肩关节为轴，上臂带动前臂向前，手臂要摆直线，肘关节略屈，前臂不要向上甩动，向后摆动时，手臂外开不超过 30°。前后摆的幅度为 30~40cm。

图 8-9　男士坐姿第二种

4. **鞠躬**　即弯腰行礼，是人们在生活中对别人表示恭敬的一种礼节。

具体要求：身体立正站好，双脚跟并拢、脚尖微微打开，头、颈、背呈一条直线，以腰部为轴，上身随轴心运动向前倾斜，目光随之落在自己身前 1~2m 处或对方的脚尖上。女士双手虎口相对自然重叠在身前，男士两手伸直放在两腿上，中指贴于裤缝。与别人打招呼时鞠躬以 15° 左右为宜，正式场合鞠躬角度约 30° 为宜，表示感谢、歉意时以 60°~90° 为宜（图 8-10）。

5. **蹲姿**　拿取或捡拾低处物品时，通常需要采用蹲姿。然而，许多人并不了解正确的蹲姿，而是随意采取弯腰、翘臀等不雅的姿势，这不仅损害了个人形象，也会让上级和同事感到尴尬。

如图 8-11 所示为正确的蹲姿：双脚稍微分开站立，位于所取物品的旁边。然后，保持腰部挺直，膝盖弯曲去拿物品。可以采用高低式蹲姿，其基本特征是双膝一高一低。在下蹲时，双脚应一前一后放置，左脚的前脚掌完全着地，右脚脚掌着地，脚跟提起。双手可以轻轻握拳，放置在左腿上。女士在蹲下时双腿应尽量并拢，而男士的双腿可以稍微分开。如果女士穿着裙子，更应注意保持双腿并拢，以避免走光。

图 8-10　标准的鞠躬姿势　　　　图 8-11　正确的蹲姿

二、面试前的礼仪

（一）女生面试前的礼仪

1. **发色和发型的选择**　医学生应避免使用过于鲜艳或非传统的发色，因为这些颜色会给人留下不专业的印象。在大多数医疗机构中，职工染彩色头发是不被允许的，因为这会影响患者对医生专业能力的信任感。因此，建议医学生保持自然发色，以体现其对职业的尊重和敬业精神。

对于发型的选择,医学生应根据个人的脸型、身材、气质和特点来综合考虑。对于长发或短发的选择并没有严格的规定,关键在于发型的整洁。如果医学生选择留长发,面试时应确保头发经过适当的整理,如编发、盘发或挽发,来保持整洁的外观。在面试过程中不要随意摆弄头发,以免给人留下紧张、不自信的印象。

2. 妆容选择 面试前,女性建议略施粉黛,显得更有朝气,更重视对方。女性可以在眉、唇、颊三个部位上进行修饰。面色红润、朝气蓬勃才更显得有亲和力、更加有活力,也更会受到患者和领导的信赖。切忌浓妆艳抹,那不是职业女性尤其是年轻女性应该有的精神面貌,一来与医院崇尚高雅素洁的风格不相符,二来容易让患者更加注意你的容貌而不是相信你的专业水平,三来作为毕业生,带有朴素学生气质的淡妆既符合自己的身份,也与面试的要求相吻合。尽量不用香水。对于女性求职者,化妆一定要坚持素淡的原则,切不可浓妆艳抹。

3. 指甲护理 医学生应遵循医务人员的职业形象要求,避免留长指甲。长指甲容易藏污纳垢,给人留下不卫生的印象,也不符合医务人员的专业身份,还会影响到正常的医疗操作。因此,医学生应保持双手清洁,指甲修剪得整齐干净。此外,还应去除指甲周围的死皮。

在指甲油的使用上,医学生应避免使用有色指甲油,因为这会分散患者和同事的注意力,影响专业形象。在面试中,医学生应以专业化为原则,选择不使用或使用透明指甲油,来保持指甲的自然状态。

4. 女式套装 女性求职者在选择求职服装时,西装外套搭配套裙是最为普遍且安全的选择。无论年龄大小,一套合身的西装或套裙,配上一件风格协调的衬衫或上衣,再点缀以恰当的小饰品,都能展现出求职者的优雅与自信,从而给对方留下深刻正面而积极的印象。女式套装在选配方面较男士西装更为讲究,也更为繁复。男装要求同色配套,而女式套装可以在不同套之间进行搭配,不同颜色之间也可以相互映衬。但总的原则是以深色为宜。不同季节和不同的区域可以适当变通,秋冬季节宜选深色,春夏颜色可稍浅,南方可穿浅色,北方深色更适宜。但不论什么季节和地区,如果只买一套正装,深色套装是最稳妥、保险的。

女性求职者应避免穿着过于紧身或暴露的服装。同样,超短裙或过低领口的上衣也是不合适的。在夏季,内衣的颜色应与外衣相匹配,以避免颜色或轮廓的透视,这样的穿着会显得不够专业和得体,会给人留下轻浮的印象,对女性求职者来说是不利的。

广泛的求职经验告诉我们,无论申请哪种职位,保守的着装风格往往被视为候选人稳重和专业的表现,这样的求职者比那些着装较为随意的人更有可能获得录用的机会。

5. 裙子的长度与宽度 女性的裙装应避免过短或过于暴露,开叉不宜过高。在坐姿中,应保持双腿并拢。裙子的长度最好位于膝盖或稍下方。颜色应选择纯色或简约风格,以便于与上衣和鞋子搭配。在款式上,建议选择一字裙、A字裙或H裙,避免选择公主裙、超短裙等过于花哨或不适宜的款式。材质方面,应选择简洁合身且质地优良的职业装面料,避免穿着过于透明或暴露的衣物。

在生活中,医学生应多观察并尝试,以找到既符合个人体型又体现气质的裙装样式。通过细致的挑选和搭配,可以展现出专业而得体的形象。

6. 鞋子的选择 黑色皮鞋最为传统,也最妥当。样式可选船型、高跟或半高跟的,牛皮或羊皮的制式皮鞋。鞋子上不要有太多的点缀,不要太花哨,鞋跟不能太高,容易崴脚,小心翼翼的步态会显得不够自信。中跟鞋是更佳的选择,它们不仅稳固,还能彰显职业女性的专业形象。选择设计新颖的靴子也能展现出自信和得体,但要注意裙子的下摆应略长于靴子的顶端,以保持整体造型的和谐。

总体而言,鞋子应与整体着装协调,无论是颜色还是款式,都应与服装相得益彰。

7. 饰物如何佩戴 作为在校的学生,自己没有经济来源,最好不要佩戴项链等饰物,否则会给人感觉很不朴实。如果要佩戴,标准是全身的饰物不要超过3种,每种不宜超过2件,否则会使人觉得太沉重,太另类。特别是在医疗行业里,有些饰物是有碍业务的开展的,因此不能佩戴,比如戒指。还有,彰显女性魅力的饰物佩戴要谨慎,比如脚链、耳环,当然,耳钉可以考虑。面试时饰物的选择尽量少而精,要符合面试时严肃的氛围,忌选择轻佻、夸张、刺眼的饰物。

（二）男生面试前的礼仪

1. 头发　男生在头发长度上应保持适度,具体要求为:前额的头发不应遮住额头,两侧的头发不应遮住耳朵,后脑勺的头发不应触及衣领。应避免留长发或鬓角过长,同时不要选择过于潮流的发型,如中分等。保持头发的自然黑色,避免染发。要经常清洗头发,确保没有汗味或异味。同时,应避免头皮屑的出现。目前市场上有许多洗发水具有去除头皮屑的功能,可以尝试使用这些产品。

2. 五官

（1）胡子:除了具有特殊宗教信仰或风俗习惯的人之外,医学生和医务人员通常不宜留胡须。不留胡须既是为了保持个人卫生,也是对患者的尊重。在面试或上班时,应避免胡子拉碴,保持面部整洁。

（2）鼻毛和耳毛:许多人关注胡子的打理,却可能忽视了鼻毛和耳毛的修剪。由于他人可能不便提醒,应自行注意并在面试前对照镜子进行自我检查,确保仪容整洁。

（3）口臭:口臭可能由多种原因引起。面试前可以携带口香糖或口气清新喷雾以保持口气清新。但面试开始前,务必处理好口香糖,避免嚼着口香糖进入面试现场,以免给人留下不礼貌的印象。同时,面试前应避免食用可能留下异味的食物,如大蒜、大葱、韭菜等。

（4）嘴唇:干净、湿润的嘴唇有助于使讲话显得自然流畅。即使是男士,在面试时也应避免嘴唇干裂。干燥的嘴唇可能会给面试官留下不专业的印象。因此,在干燥的季节,可以使用润唇膏或婴儿油膏来滋润嘴唇,保持其润泽。

3. 饰物的选择　男同学在面试的时候佩戴的饰物会影响面试官对其的第一印象。男生不应佩戴胸针、胸章,也不应佩戴自己学校的校徽,这样会显得刻意张扬"师出名门"。眼镜是饰物之一,记得要擦拭。如果不能保持清洁,再昂贵、高档的眼镜也会让你失分。手表也是男性的重要装饰,但不建议佩戴卡通表,显得有些幼稚。男生面试前的饰物选择应注重简洁、大方,避免过于个性化的装饰,保持整体形象的专业性和低调。

4. 西装的搭配

（1）配色:西装颜色的选择以深色为好。穿西装应该遵循的常规搭配有:

1）三色原则:即全身的色彩不超过三种。

2）三一定律:就是在重要场合,鞋、腰带、公文包应该一个颜色,首选黑色。

另外还有一点需要特别注意,就是不要等到面试的前一天才去买西装,因为西装是需要精细挑选才会选中合适的,匆忙之中挑选不出得体的西装。还要给自己一个适应的过程,否则会显得很拘谨、不自然。面试前应将西装洗熨干净。

（2）衬衣:如果说最保守的西装颜色是深色,最保守的衬衣颜色则是白色。在选衬衣的时候,应该注意领子不要太大,领口、袖口不要太宽,以刚好可以扣上并略有空隙为宜。质地以30%~40%的棉,60%~70%的化纤为好。完全化纤质地的衬衣会显得过于单薄、透明、不够庄重,纯棉的衬衣如果熨烫不及时又会显得不够挺括,而且每次洗过之后都需要重新熨烫。衬衫应该是硬领的,领子要干净、挺括。衣领、袖口都起毛的衬衫或还没有下过水的新衬衫都不合适,前者显得太拮据,后者则露出着意修饰的痕迹。另外,短袖衬衫在正式场合不合适。衬衫下摆要放入裤腰内。内衣、内裤等都不能露出。衣扣要扣整齐。

（3）领带:领带必须干净、平整。要打得坚实、端正。在配色方面要选择无图案或规则的几何图案,格子、条纹、点都可以。面料上首选毛的,尼龙和丝的也可以考虑。领带在整体着装中扮演着至关重要的角色。在领带的选择上,须确保其图案与西装的颜色和风格相协调,最优选择是领带在质地和风格上与现有的西装和衬衫相一致。经典的图案如几何图形、宽阔条纹、水滴形图案以及简洁风格的纯丝绸领带均是不错的选择。

(4)裤子的长短宽松:裤子除了要与上身西装保持色调一致以外,还应该注意不要太窄,要保留有一定的宽松度,也不要太短,站立时裤脚能够遮盖住鞋跟的3/4部分较为恰当。同时记住不要穿背带裤。另外,运动裤、牛仔裤无论是什么品牌,都不是正装,不适宜在面试时穿着。在颜色上可以选择深色的裤子,这样可以与西装上衣很好地搭配,同时避免过于花哨的图案或鲜艳的颜色。选择裤子的目标是保持专业、整洁且符合面试场合的正式度。

(5)袜子:选择袜子时,颜色应与鞋子或裤子相匹配,以实现视觉上的统一。袜子的长度应适当,推荐选择能覆盖至小腿部分的款式,确保袜口不会在穿着过程中滑落,感觉上浑然一体。男士不要选择尼龙袜,以免因不透气而容易产生异味。

(6)皮鞋:皮鞋的颜色要选黑色。这与白衬衣、深色西装一样属于最稳重、最保险的色调。皮鞋要保持清洁光亮。另外,不要把新皮鞋留到面试那天才穿,因为新皮鞋第一次穿可能会不合脚,影响你的走路姿势和状态,应该给鞋和脚一段磨合期,穿起来舒适、自然。注意保持皮鞋的清洁和光泽,面试前应彻底擦拭,确保鞋面无灰尘或污渍。

5. 公文包　简单的公文包是最佳选择。不建议使用那种非常正式的公文包,那种公文包一般都是高年资人群使用的,面试的同学使用会显得过于“少年老成”,不符合身份。

6. 其他　西服口袋里装太多的东西会使衣袋变形,使西服走样。只挑选出必须随身携带的零钱和证件,需要携带的其他物品可以放在公文包里。提前准备好面试需要的一切物品,从容按时到达面试地点。

三、面试与面试技巧

面试是求职者全面展示自身素质、能力和品质的最佳时机。面试发挥出色,可以弥补其他条件如学历、专业上的一些不足。在应聘的几个环节中,面试也是难度最大的环节,尤其是对于应届毕业生来说,由于缺乏经验,面试常常成为一个难关。因此,重视学习面试的基本知识至关重要。

(一)面试的类型、程序和准备

1. 面试的类型

(1)按面试的内容与要求分类

1)问题式面试:由面试官按照事先拟订的提纲对求职者进行提问,其目的在于观察求职者在特殊环境中的表现,考核其知识,判断其分析问题和解决问题的能力,从而获得有关求职者的资料。

2)压力式面试:由面试官有意识地对求职者施加压力,就某一问题或某一事件作一连串的发问,详细具体且追根究底,直至求职者无法回答。主要是观察求职者在特殊压力下的反应、思维敏捷程度及应变能力。

3)随意式面试:面试官与求职者自由地进行交谈,气氛轻松活跃,无拘无束,双方自由发表意见。目的在于自然状态下观察求职者的谈吐、举止、知识、能力、气质和风度,对其进行全方位的综合素质考察。

4)情景式面试:由面试官事先设定一个情景,提出一个问题或一项计划,请求职者进入角色并模拟完成任务,其目的在于考核其分析问题和解决问题的能力。

5)综合式面试:面试官通过多种方式考察求职者的综合能力和素质,如用外语交流,要求即时写作,或即时表演或演讲,或操作计算机等,以了解其外语水平、文字能力、口头及书面表达能力、计算机应用等各方面的能力。

6) 见习式面试: 面试官安排求职者在单位的特定岗位上实习一段时间, 以达到对求职者的知识、技能和综合素质的实践考核。

(2) 按面试组织形式分类

1) 个体面试: 即用人单位对求职者单独进行的面试, 求职者可面对一位或多位面试官。

2) 集体面试: 即很多求职者在一起进行的面试。群体面试大多会提问到求职愿望和求职动机。

3) 小组面试: 由一位部门主管加一位人事主管组成面试小组, 是面试的最终阶段。

2. 面试的基本程序

(1) 第一轮: 小组面试。国际性的医药企业如辉瑞制药、诺和诺德通常在第一轮的海选时采取小组面试的方式。一般来说, 群体面试的问题都是非专业的, 主要考察面试者的分析能力、逻辑思维能力、创新能力、解决问题能力以及临场反应等。小组面试同时包括 4~6 人, 这就要求求职者把握好小组面试的环节, 适时向 HR 展示自己。

小组面试的流程主要是以下步骤:

1) 介绍姓名、学校、专业, 并在一张 A4 纸上写个人信息, 可以让面试官清楚地认识并记住你。

2) 进行随机的分组, 每个小组 4~6 人, 然后抽取小组讨论的话题。

3) 小组讨论。20 分钟内对给予的话题进行讨论, 并得出小组结论。

4) 每个人就自己或对方的意见发表自己的看法, 一定要自己争取发言的机会。

5) 小组发言总结。小组内推选代表, 可以是一个人, 也可以是几个人, 对小组结论进行总结性的发言介绍。

小组面试主要考察求职者的领导力、团队协作能力和语言逻辑能力。面试时的技巧主要有抢做小组计时员、在强势的人面前争取发言权、提出反对观点、要注意材料的限定条件和做一个协调者。

(2) 第二轮: 一对多面试。第一轮小组面试通常是由企业的 HR 主持, 进入第二轮面试就是各部门负责人的面试。一般来说, 第二轮面试一般有两个人, 一名是部门负责人, 另一名是 HR。部门负责人更多的是从职位的具体要求来考核, HR 主要是做好现场的记录, 提供人事部门意见等。

在这种一对多面试中, 一般会比较冗长和辛苦。所以建议进入第二轮面试的求职者: 当一位面试官向你提问时, 应直视此面试官进行回答。面试官可能会尝试一些方式来测试你在压力下处理问题的能力, 比如面试官会用比较轻松的方式问一些非常规性的问题, 需要对这一类问题做好准备, 答题时一定要冷静客观, 不要带上个人情绪。

(3) 第三轮: 一对一面试。进入第三轮也就是终面的阶段, 就证明求职者已经成功通过了前面两轮近乎 "残酷" 的筛选流程, 这时公司选择的范围已经缩小, 并把求职者当做一个有竞争力的候选者。通常这轮面试主要由部门总监级别的主管进行, 有时也会有人力资源部门的人员参与。

建议在终面时保持良好的心态, 无需紧张, 因为进入第三轮面试意味着你几乎已经踏入公司大门, 整个面试过程可能就是一个相互了解沟通的过程, 所以千万不要投其所好, 做你自己, 让面试官能更了解你。终面的面试题目很广, 既可能涉及与职位相关的专业问题, 也可能是对个人价值观等问题的讨论。例如: 你大学时期最骄傲的一件事情是什么? 为什么你想得到这份工作? 一对一的 "过招" 更像是上下级之间的平常沟通。

3. 面试前的准备

(1) 计划缜密: 明确面试的三要素——时间 (when)、地点 (where)、联系人 (who)。面试前要熟记面试的时间、地点、联系人及其联系电话。如果地点方位不熟悉,最好提前一天去查看地理位置,做到心中有数,因为多一分准备便少一分失误。

(2)熟悉应聘单位情况,积累行业相关知识:可通过网络和实地考察等方式,对用人单位的性质、地址、业务范围、经营业绩、发展前景、岗位职务及所需的专业知识和技能等有一个全面的了解。下功夫去了解应聘单位的背景和业务内容,在面试时可迅速地进入角色,并能表现出对用人单位的兴趣和向往,得到面试官的肯定。在面试之前,要对应聘单位进行充分的了解。可以从单位官网、招聘信息、新闻报道等途径了解应聘单位的规模、业务、发展历程、文化特色等方面的信息。这样能够让我们更好地理解应聘单位的背景和需求,从而能够更好地回答面试官的提问和表达自己的优势。

(3)进行自我认知:要自信地应对面试,首先要对自己有清楚的认识。准备一份自我介绍稿,时间在1~2分钟,并熟练表达。

首先,重点列出最主要的专长、优势、技能,以及几件可以称得上成功的事情,并逐一分析这些成绩。

其次,同一件事情,各人有不同的思考和处理方法,这取决于每一个人不同的个性。可以通过事件描述,来归纳自己的性格。

最后,"知己知彼,百战不殆",求职者面试前应对自己的知识、能力、特长、个性、兴趣、爱好、人生目标、择业倾向有清醒的认识,使自己的知识和能力与用人单位工作的要求相符合。参加面试时,通过准确的自我认知来表达你希望拥有这一工作的愿望。

自我介绍是面试中的重要环节。自我介绍时,要注意语言流畅、亮点突出、强调与岗位需求对接等方面。应该根据应聘单位的不同需求,着重讲述与岗位相关的工作经验和能力。

4. 头脑风暴训练模拟回答提问　对可能遇到的问题应进行分析并做好充分的准备,这有助于明确自己的真实想法。在面试前,应对可能被问及的问题进行梳理,并在脑海中形成相应的答案储备,这将有助于在应聘时自如应对。同时,也应准备好自己想要提出的问题。一些负责招聘的人事主管认为,求职者应当乐于提问,这样面试官才能了解求职者的层次和他们关心的问题。不同应聘单位的面试可能会有所差异,但一些常见问题,如"你的优缺点是什么""你有哪些工作经验""为什么选择我们公司"等,往往会被反复提问。在面试前可以熟悉这些常见问题并思考答案,形成一个基础的答题模板,这将帮助我们更轻松地应对不同的面试官和面试场景。

5. 心理准备　面试主要测试每个人的心理素质和临场表现力。因此,要成功面试,必须树立自信心,保持良好的状态,快乐的心情,不要过多地计较得失。寻找一份理想的工作需要时间和经验的积累,面试前只要保持自信心和健康的心理素质,面试时就能消除不必要的紧张与恐惧。保持积极态度是面试前的关键步骤。这种态度有助于增强自信心,例如浏览简历、回忆成功经历或与亲友交流。当求职者展现出自信,他们更容易应对面试,并发挥出正常或超常的水平。

6. 面试携带的物品　面试前,求职者应准备好携带简历至现场。因为面试时即使面试官手中已有简历,有时仍可能向求职者索要。另外,如果面试官一时找不到求职者的简历,求职者此时能提供一份制作精良的原版简历,面试官必定会感到满意,这将显著提升求职者的"面试印象分"。

面试前,求职者应仔细阅读招聘公告和考试须知,了解具体要求和注意事项。求职者应提前到达考场,按照工作人员的指示进行签到和安检。面试过程中,求职者应遵守考场规定和听从监考老师的指示,保持良好的心态和状态。面试结束后,求职者应按照要求提交相关资料,并及时参加后续的考核和体检等。

（二）面试技巧

1. 交谈技巧

（1）把握重点，条理清楚：对面试官的提问，根据不同问题适当分类。对纯信息性的问题应该回答干脆、利落；对阐述性问题，要把握重点，紧扣主题，不得随意发挥。一般情况下回答问题要结论在先，议论在后，先将中心意思表达清楚，然后再做具体叙述。在面试的整个过程中，要始终保持礼貌和专业。即使你没有得到这份工作，也要感谢面试官的时间和考虑。

（2）确认提问，切忌答非所问：面试中，如果面试官提出的问题过大，以致不知从何答起，或求职者对问题的意思不明白，可以以"您问的是不是这样一个问题？"的方式将问题复述一遍，确认其内容，或赢得思考时间，才能有的放矢、避免答非所问。面试不仅仅是你在说话，也是你在倾听面试官的问题。在面试官提问时，要全神贯注地倾听，并确保你理解了他们所问的问题。在回答问题时要直接、简洁，并提供相关的信息和例子。

（3）冷静对待，宠辱不惊：面试官中不乏刁钻古怪之人，若提问时故意提出不礼貌或令人难堪的问题，你应沉着冷静，略作思考整理思路后，以较好的应变能力和快捷的反应能力及时回答问题。切忌冲动、消极和不理智的做法。在到达面试地点时，如果太紧张，应该先调整一下自己的情绪，尽量以平缓的心态参加面试。

（4）坦然面对失误：面试中常会遇到一些不熟悉、曾经熟悉但当时忘了或根本不懂的问题，或者在回答某些问题时出现失误。面临这种情况，回避问题是失策，牵强附会更是拙劣，诚恳坦率地承认自己的不足之处，可能会赢得面试官的信任和好感。另外，个别失误不会影响整个面试水平的发挥。面试官希望看到求职者对自己的能力和经验充满信心。因此在面试过程中，要保持眼神交流，坐姿挺拔，并用清晰、自信的语气说话。即使求职者感到紧张，也要尽量表现得镇定自若。

2. 发问技巧　面试时若面试官问求职者有没有问题，求职者可以适当问一些问题，提问最好集中在面试官的需求以及求职者如何能满足这些需求上。通过提问的方式进行自我推销是十分有效的。发问应注意以下事项：

（1）提问要围绕用人单位及个人发展情况。例如，贵院危重患者的急救成功率如此之高，说明医院医疗技术综合实力非常强。若有机会成为一名急诊科医生，自己会以较强的协作意识和团队精神融入这个集体，为医院的急救医学发展作贡献。这样可表明求职者是一个具有集体观念、以事业为重、有培养潜质的人。

（2）把握提问水平。通过提问，面试官可以了解求职者对事物的认识水平、思想水平、求职目的和表达能力等。所以，提问应结合专业知识或行业发展等问题展开，要务实、具体，避免问一些浅显或过于世俗的问题。

（3）尽量不问工资待遇。通常情况下，用人单位都有固定的工资标准，对于应届毕业生，单位不会轻易在工资待遇上破例。所以，面试时不宜过多询问这些问题。

（4）如果确实没有具体问题，可以礼貌地表示感谢，并简要提及面试过程中的收获，例如"非常感谢这次面试机会，与您的交谈让我收获颇丰。"

（5）提出与应聘单位文化或职位相关的具体问题。比如询问该岗位的主要职责、绩效评估方式、团队构成等，以展示对工作的真正兴趣和了解。

（6）询问个人发展机会。可以询问入职后的培训计划、晋升机制等，以表明对个人职业发展的关注。

3. 交谈心态

（1）展示真实的自己：面试时要自然、落落大方地展现自己的实力和性格特征。以平常心态对待面试官提出的问题，可避免紧张情绪，有利于个人职业生涯的发展。

（2）态度要坦诚：面试官普遍更看重求职者的个人品质而非专业技能。因此在面试过程中,求职者务必真诚地回答问题。一位企业人事主管分享了一个案例:他曾面试过一个女孩,女孩在面试时声称自己单身,但入职后又承认已有男友。这种行为实属不妥,面试时的欺骗行为会阻碍个人未来的职业发展。

(3)自然和坦率:说话要自然坦率,不要过于紧张或做作。面试就像一个对话,保持对话的自然流畅。

(4)重点突出:在回答时要突出重点,强调自己的优势和适合职位的理由。确保面试官明白你的价值和能力。

(5)准备充分,自信面对:对可能问到的问题提前准备,做到心中有数。即使遇到不熟悉的问题也要保持冷静,尝试用自己的方式回答。

(6)态度积极热情:保持积极的态度,对提问认真回答,对未理解清楚的问题可以请求重复,以便准确回答。以平等的心态面对面试官。把面试看作是一个双向交流的过程,而不仅仅是面试官对求职者的评估。

4. 面试结束时的注意事项

(1)适时告辞:面试不是闲聊,也不是谈判,从某种意义上讲,面试是陌生人之间的沟通,谈话时间的长短要视面试内容而定。面试官认为该结束面试时,可能会说一些暗示的话语,如"我很感激你对我们公司的关注"或"谢谢你对我们招聘工作的关心,我们一旦做出决定就会立即通知你";或"你的情况我们已经了解"等,求职者听到此类话语之后,就应该主动告辞。面试结束后,应礼貌地感谢面试官和工作人员,并主动将椅子归位。

(2)礼貌再见:面试结束时的礼节也是公司考察录用的一个重要因素。首先不要在面试官结束谈话前表现出不安、急欲离去的样子;其次,告辞时应感谢对方花时间同你面谈;最后,如果有秘书或接待员曾接待过你或招待过你的话,也应该向他们致谢告辞。面试后的行为同样重要,通过保持礼貌、表达感谢、耐心等待正确的回应,可以提升你的专业形象并增加被录用的可能性。

[拓展阅读]

医学生面试常见问题解析

1. 请你简单介绍一下自己。

主要介绍自己的毕业学校、专业、学习过的专业课程、成绩、英语水平、是否担任过学生干部、获得过哪些奖励、自己的性格特点、兴趣爱好,以及具备哪些能力和素质。

点评:这是个开放型问题。要实事求是、充满自信、全面、完整但又非常简洁地回答。在回答的过程中,招聘单位感兴趣的、对从事所应聘职位有益的经历可适当强调、多谈一些。比如从事过什么社会活动、选修过哪些相关课程、有哪些收益等。

2. 你有哪些主要的优点? 再说说你的缺点。

参考回答:我的专业课知识学得非常好,您可以看一下我的成绩单。我具有较强的为人处世能力,遇事比较冷静、处理事情层次分明、干脆利落,做事认真、稳重、耐心细致。我从小就喜欢看书,知识面较广,我的学习能力、适应能力很强。要从事医务工作,要接触各种各样的人,会经常处理一些紧急事件,我觉得我所具备的以上素质对胜任这样的工作非常重要。俗话说,金无足赤,人无完人,同样在我身上也存在着不足之处,比如社会阅历浅、工作经验少等,只有通过自身不断地发现、改正,并真诚、虚心地向别人请教学习,才能克服缺点,不断完善自己。

点评:对于问及优点的问题是直接提问,求职者的回答应当简明扼要地说出与工作有关、对工作有利的技能和素质。谈谈缺点是个棘手的问题,如照实回答,也许会失去机会,因为面试官并不是真的想知道你具体有哪些缺点,而是试图使你处于不利的境地,观察你在类似的环境中会做出什么反应。回答这样的问题应该诚实,使用简洁、正面的介绍去抵消反面的问题,起到正面的效果。优点可以多说几个,但不要过多,缺点只说一个即可。回答技巧是从优点说起,中间加一些小缺点,最后再把问题转回到优点上,突出优点的部分,面试者喜欢聪明的求职者。这个问题在医药企业面试时被问及的概率也很大,应认真准备。

3. 请回答气管切开的适应证和注意事项。

回答略。

点评:医院的招聘面试多数会问及专业知识,以此来考察求职者的专业技能,所以应届毕业生的专业知识一定要扎实,起码在应聘职位前要复习一下相关的专业课知识。

4. 你觉得应该如何解决现在的医患关系紧张问题?

参考回答:医患关系中包括三个要素:医生、患者和社会因素。绝大多数医务工作者还是会从患者的切身利益出发考虑问题的,不可能拿人命当儿戏。对于患者,要换位思考一下,多多尊重医务人员的劳动,增进理解与宽容是最重要的。只有靠医、患、全社会共同的努力,才能缓解日益激化的医患关系紧张问题,保障人民的健康。

点评:去医院面试前,毕业生应准备一些关于医患沟通、医疗纠纷、收红包、医疗市场热点问题等方面内容的回答,做到有备无患。

5. 你是怎样得到我们医院的招聘信息的? 你对我们医院了解多少?

回答略。

点评:如要到民营、私立医院应聘,面试前一定要对其进行充分的了解,可通过网络、媒体、熟人介绍等。在回答此类问题时可以表现出对某单位的仰慕之情,表达出愿意成为其中一员的意愿。但不能过于夸大,以免有阿谀奉承之嫌。

6. 你是应届毕业生,缺少工作经验,如何能胜任这一工作呢?

参考回答:尽管作为一名应届毕业生,可能在工作经验方面有所缺失,但我依然坚信能够胜任这一工作。得出这一结论基于以下几点:一是我的学习能力很强,五年的大学生活,我的学习成绩一直名列前茅,我相信我很快就能学会这一岗位所需要的各种技能;二是我的适应能力强,我曾经利用暑假期间在家乡的几家医院实习过,尽管科室不同,但我都能很快适应,并出色地完成工作任务,所以我相信自己能够很快适应这一岗位的要求;三是我具备了这一岗位所需要的各种基础理论知识,这应该成为今后工作的一个非常有利的条件。最后,我需要说明一点,正因为我是一名应届毕业生,所以我才可能比有经验的人士更加容易接受贵医院的文化和价值观。

点评:这是很多应届毕业生在求职过程中经常遇到的一道题,其本意并不是担心求职者能否胜任这个岗位,而是要看求职者能否真正认识自身所具有的竞争优势。

(三) 面试禁忌

1. 忌眼高手低,不切实际 找一份理想的职业是每个求职者的愿望,但美好的愿望应根植于自身素质和客观现实之上。审时度势,准确定位是求职成功的关键所在。眼高手低,这山望着那山高是求职之大忌。

2. 忌盲目应试 要分清用人单位的性质和对求职者的要求,做针对性的准备,避免无准备面试,增加成功的概率。

3. 面试迟到 面试迟到是求职的大忌。按时面试体现了求职者的基本素质,如时间安排和风险意识。若无充分理由而迟到,面试官可能会认为你缺乏职业操守,从而对你留下不良印象。

4. 沟通不通畅 沟通不畅表现为结结巴巴、声音低微,如蚊子叫,即使知识扎实也不能被录用。在 HR 与求职者联系时,常出现电话欠费、不接、过后不回电等不良状况,也会给面试官留下不负责任的印象。

(四) 面试结束后的总结

大多数求职者认为,面试结束意味着求职过程告一段落,其实并非如此,还需要做以下工作:

1. 面试结束后,应该对自己在面试时遇到的难题进行回顾,重新思考一下,如果再一次参加面试遇到相同的提问时,该如何更好地回答这些问题。所以,花时间总结经验是非常必要的。

2. 尽量把你参加面试的所有细节记录下来。一定要记住面试官的名字、职位和联系方式,便于以后联系。

3. 面试一周后,求职者可以给面试官和其他有关人员写一封感谢信或通一次电话,表明无论录用与否的感谢之意。如用人单位已经暗示你可能落选了,最好寄一封短信说明你即使没有应聘成功但也很高兴有面试机会。这样做不仅仅是出于礼貌,而且还能给用人单位留下深刻的印象,日后有可能为自己创造出一个潜在的求职机会。

[面试后的感谢信样板]

尊敬的 ×× 院长:

您好! 感谢您昨天为我的面试花费的时间和精力。与您的交谈非常愉快,我从中了解到贵医院的发展历史、医疗和护理技术的水平以及未来的发展趋势,这让我对贵医院的未来充满信心。我拥有扎实的专业知识、娴熟的操作技术、良好的沟通能力、吃苦耐劳的精神和强烈的团队意识,我相信这些素质符合贵医院的招聘要求。我期望有机会为医院的发展贡献自己的力量。

诚祝贵院事业蓬勃发展!

求职者:×××

××××年×月×日

【实践指导】

一、医学生面试须知

1. 要对自己正确评价,准确定位 小陈是一所重点医学院校的毕业生,学的是公共卫生事业管理。面试前,他详细了解了用人单位的管理岗位人员的基本情况,觉得自己是专业出身,优势明显,完全能够胜任管理岗位,因此申请了管理职位。但是医院让小陈从科员做起,理由是小陈没有工作经历,缺乏管理经验。小陈感到失望且迷茫,他应该怎么做?

指导:小陈正确的做法是调整自己的心态,重新审视自己,采取行动弥补自己的不足。他不能只看到自己的学历文凭或学习中的一些成就,还要看自己掌握的知识是否符合用人单位的需要。千里之行,始于足下,脚踏实地走好迈上社会的第一步,从最基础的工作做起,用实际行动获得别人的认可,才是小陈成为管理人员的最有效途径。

2. 不盲目和别人攀比,端正心态 小宇在班上成绩优秀,一直希望自己能找到很好的工作。本来在年后的招聘会上,已经有一家她很中意的单位看中了她,但是当她听说同班小李找了一家更好的医院,待遇好、发展空间大时,她觉得小李平时什么都不如自己,凭什么自己在就业时输给小李? 于是,她毅然拒绝了那家单位。可后来,她高不成低不就,一直没找到合适的工作。小宇哪里做错了?

指导:在就业的过程中,每个人的状况和机遇都不尽相同,仅靠自己的比较和感觉是不客观的。工作没有好坏之分,只要最适合自己,就应该积极争取。通过别人的行动来决定自己的工作,是对自己不负责任的做法。要知道,适合自己的才是最好的。

3. **不好高骛远,把握时机**　小李由于综合能力较强,在实习期间就被医院看好,准备留他在实习医院任职,一时间成为同学们羡慕的对象。但是小李却犹豫不决起来。这家医院虽然待遇高,但还有一家医院条件更好,还给提供进修机会,小李开始患得患失,最终丧失了机会,使他陷入深深的苦恼中。

指导:毕业生在就业过程中常常会遇到多种选择的情况,每一种选择都有诱惑,都难以割舍。此时可能会感到束手无策,举棋不定,迟迟不与用人单位签约,或者今天签约明天又毁约,机会会在我们犹豫的过程中流失。在大学不断扩招、高等教育由精英教育向大众教育转化、大学生就业形势不容乐观的今天,每个大学生必须正确评价自己的才能,转变过分理想化的就业观念,从个人实际出发,不失时机地抓住就业机会。

4. **认真做好形象设计,符合应聘岗位身份**　某家很有实力和社会影响力的医疗机构到某医学院校招聘,毕业生都很珍惜这次难得的机会,摩拳擦掌,跃跃欲试。对形象的重要性略有了解的同学们都在寝室互相切磋,如何设计自己的形象,以成功面试。在专业基础基本相同的情况下,A 寝室的女同学整体形象好,B 寝室的女同学稍逊一筹。大家都认为 A 寝室的同学成功的希望比较大。但面试结果却出乎人们意料,A 寝室的同学全军覆没,B 寝室除了一名同学落聘,其余的均成功签约。A 寝室的同学愤愤不平:“我们都穿着一致的牛仔裤、旅游鞋,黑色风衣,头发专门烫直,长发飘飘,几个人走在街上,回头率很高,怎么用人单位这么没眼光!”你同意她们的看法吗?

指导:行为学家迈克尔·阿盖尔曾做过实验,他本人以不同的装扮出现在同一地点,结果却完全不同:当他身着西装以绅士模样出现时,无论是向他问路还是问时间的陌生人,大多彬彬有礼,这些人颇有教养;而当他扮成无业游民时,接近他的人以流浪汉居多,他们或者来借打火机或者来借钱。因此我们说形象很重要,形象是给自己的定位,我们要干什么首先要打扮得像什么。

可以看出,A 寝室的同学很重视这次面试,但她们给自己的工作形象定位不准确。医务人员的形象应该是端庄稳重、朴素大方,尤其是面试时应该穿着正式一点,既体现自己的身份特点,又表现出对用人单位的重视。牛仔裤、旅游鞋和风衣都是休闲服饰,长发飘飘体现的是女性魅力,而不是用人单位需要的职业素质和形象。特别是大家都统一服装,显得既哗众取宠又没有个人风格,受挫是必然的。因此,希望同学们认真设计自己的形象,注意符合应聘岗位的身份。

二、模拟面试

(一)活动目标

通过分组模拟医院、医药企业和医学院校的招聘面试过程,让学生了解面试的流程,发现在面试中应注意的问题以及思考如何去应对和解决。

(二)活动说明

将班级学生分组,两个小组间进行面试实战演练;由教师和观摩的学生进行总结评议。每轮面试时间控制在 20 分钟以内。

(三)准备事项

桌子和椅子、学生个人简历、个人着装、面试提纲和其他道具。

(四)活动过程

1. **分组**　通过报数将班级学生随机分组,每个小组 6~8 人。A 组学生扮演单位的招聘人员,B 组学生扮演应聘的应届毕业生。C 组学生观摩并对 A、B 两组的表现进行评议。

2. **准备面试**　由指导教师介绍规则以及注意事项。布置面试会场,将招聘者的桌子对着求职者的椅子,并摆放其他道具。A组学生分配角色、准备个人着装以及面试提纲,B组学生准备个人简历以及个人着装。C组学生准备记录本和笔,做好记录,以便做出评价。

3. **模拟面试**　医院和医药企业的面试模拟时,B组应聘学生可以先进行1分钟以内的自我介绍,然后由A组招聘者提出3~5个问题,求职者予以回答。医药企业的面试模拟时,也可以模拟小组讨论。

医学院校的面试模拟时,B组应聘学生进行完自我介绍后,要进行5分钟左右的试讲,然后再回答A组学生的提问。

4. **总结评议**　由C组观摩学生对A、B两组学生的表现进行评价,分别指出其优缺点以及自己的想法和建议。最后由指导教师进行总结和评价,肯定正确的做法,指出存在的不足。

三、医学院校面试模拟

招聘信息:某高等医学院校××年毕业生需求计划中拟招聘药学专业的一名应届本科毕业生到药学院的药理学教研室从事教学工作。

应聘人员条件:

1. 要求应聘毕业生学习成绩优秀,思想素质好,具备优秀的道德品质,有良好的道德和行为规范,身体健康,政治坚定,技术优良。

2. 来我校应聘的毕业生,外语须达到全国英语等级考试四级标准。

3. 应聘师资岗位的毕业生要求身高:男,1.70m以上;女,1.58m以上。

求职者需提供身份证、学生证、学习成绩单、外语考试等级证书的原件及复印件,并填写报名表。参加学校组织的统一面试。

活动过程:

1. **分组**　通过报数将班级学生随机分组,每个小组6~8人。A组学生扮演医学院校的招聘组成员,A甲扮演该学校主管校长或书记、A乙扮演人事处处长、A丙扮演药理学教研室主任,A丁扮演药学院院长,A戊扮演秘书,负责会议记录。B组学生甲扮演应聘的应届毕业生。C组学生观摩并对A、B两组的表现进行评议。

B甲基本情况:应聘学生。某高等医学院校临床药学专业本科毕业生,成绩优异,系学生会主席,综合素质较高。

2. **准备面试**　布置面试会场,准备好讲台、黑板、粉笔等。B组学生准备个人简历、个人着装和试讲教案等。C组学生准备记录本和笔,做好记录,以便做出评价。

3. **模拟面试**　B甲学生敲门,得到允许后进入面试房间,首先进行1分钟以内的自我介绍,简单介绍自己的毕业院校、专业、在校期间的学习成绩和综合表现、获得的各种奖励、有哪些特长爱好等。

接下来是3~5分钟的课程试讲,试讲内容应与所应聘的科室相关。试讲是面试的主要内容,要完整地讲完一个知识点。

最后,是面试官提问环节。

A丙:你在学校时最喜欢的科目是什么? 最不喜欢的科目是什么?

B甲:(回答略)

回答点评:问及在学校最喜欢的科目通常是你最擅长、最有收获的科目。如果这个科目能对你当前应聘的工作产生积极作用,就抓住这个机会予以强调,并做深入细致的阐述;否则,不妨淡化处理。在回答在校期间最不喜欢的科目时,应注意把握如下原则:第一,要懂得如何避重就轻;第二,假如你不喜欢的科目恰好与所应聘的工作密切相关,就需要巧妙地转移话题;第三,要有幽默感。这类问题是面试应届大学毕业生时常会问到的,因此如果你是一个青年学生,在面试前就不妨深入思考,用心准备。

4. 总结评议　由 C 组观摩学生对 A、B 两组学生的表现进行评价,分别指出其优缺点以及自己的想法和建议。最后由指导教师进行总结和评价,肯定正确的做法,指出存在的不足。

[拓展阅读]

医药企业成功面试案例

毕业生小刘参加了某医药集团的校园招聘面试,并顺利地通过了三轮面试。他将个人经历记录下来,与大家分享,希望对求职者有所帮助。

1. 第一轮面试　首轮面试采用的是标准的小组讨论形式。12 名求职者被分为两个小组,六七位面试官在场(有几位面试官发言,其他人则在旁听)。首先,给求职者几分钟时间围坐在桌旁进行讨论,并将讨论结果记录在白纸上。在此过程中,人力资源人员持续观察求职者的表现。随后,每个小组将讨论结果展示出来,选出一名代表进行解释,并展开辩论(辩论形式正规,但建议求职者不要过于激进)。最后是个别提问环节,包括自我评价、与平时表现的差异、个人最大缺陷等,以及"如果只能有两个名额,将选择哪两位小组成员"。小组讨论的问题是关于酒店管理的,要求从十个影响酒店利润的因素中挑选五个进行排序。

建议:在群体面试中,求职者应把握机会表现自己,但不宜过于张扬,同时要确保自己有发言机会。在辩论时,应寻找机会发言两三次。在小组讨论中,担任计时员可能是一个不错的选择,如果没有充分把握,不建议担任组长。个人问题环节可能会涉及专业知识,因此应提前做好准备。

2. 第二轮面试　第二轮面试由两位面试官(一男一女,据观察,一位是市场部经理,另一位是人力资源部代表)主持,共有六位求职者参加。

面试流程包括:

(1)1~2 分钟的自我介绍。

(2)询问对医药行业的了解及对公司优势的看法。

(3)讨论个人专业与应聘职位的关联。

(4)谈论个人的职业规划。

(5)根据个人情况提出针对性问题,如校园经历、学习情况等。

建议:求职者首先应了解公司的企业文化等基本情况;其次,要将应聘职位与所学专业联系起来,展现说服力;再者,思考自己的期望和要求;最后,知晓面试中的问题旨在了解求职者对公司的要求和适应性,以及他们是否会长期留在公司。

另外,面试中出现了一个意外问题:有两位求职者来自同一班级,面试官要求他们互相指出对方的缺点。面对这种情况,求职者最好提前做好准备。

3. 第三轮面试　第二轮面试后,小刘已基本确信有机会进入下一轮,因此接到电话通知时并不感到意外。面试当天,小刘面对的是部门的直接上级主管。起初他有些紧张,担心无法回答深奥的问题。但进入面试后,他发现氛围非常轻松,问题涉及一些专业内容,尽管这些内容在学校课程中并未被详细讲解,但幸运的是,小刘平时广泛阅读,对这些问题都比较熟悉。大约 1 小时后,面试在轻松愉快的氛围中结束,领导态度和善,面带微笑,使小刘感到时间过得很快。

【课后作业】

1. 进行自我形象设计,加强仪态礼仪的练习。

2. 参加校园内招聘会,了解医院、医药企业、医学院校对医学生的招聘要求,掌握应聘面试技巧。

3. 搜集各类招聘单位的面试中的常见问题,以小组为单位进行模拟招聘演练。

4. 观看一些招聘面试的视频。

（王　然　杨婷惠　赵小文）

第九章　求职后适应良好

希望全国广大高校毕业生志存高远、脚踏实地,不畏艰难险阻,勇担时代使命,把个人的理想追求融入党和国家事业之中,为党、为祖国、为人民多作贡献。

——习近平总书记

 知识点

> 大学毕业步入职场是每个高校毕业生的必经之路。成功实现从学生到职业者角色转换将直接影响个人的职业生涯发展和身心健康。本章将帮助医学生掌握从业必备的执业资质要求,了解医学生就业的一般程序及如何从学生角色向职业角色转换等问题,帮助学生顺利渡过职场转换期,从容步入职场,实现自己的职业发展目标。

第一节　就业手续的办理

【迷惘与疑惑】

小熊为医学院校护理专业的大四学生,在求职期间参加了一场招聘会,并通过了一家公司的笔试和面试。用人单位提出小熊毕业后即可入职并签订劳动合同,不需要签订就业协议书,并口头承诺为小熊缴纳五险一金等。三个月后,小熊如约去公司报到,却被公司以现在公司只招收硕士研究生为由拒绝入职。小熊的问题出在哪里呢? 应该如何在求职过程中避免这种情况的发生、维护自己的权益呢?

【理论解析】

一、就业协议书

就业协议书是《全国普通高等学校毕业生就业协议书》的简称,是普通高等学校毕业生和用人单位在正式确立劳动人事关系前,经双向选择,在规定期限内确立就业关系、明确双方权利和义务所达成的书面协议。它是用人单位确认毕业生相关信息真实可靠以及接收毕业生的重要凭据,也是高校进行毕业生就业管理、编制就业方案以及毕业生办理就业落户手续等有关事项的重要依据。就业协议在毕业生到单位报到、用人单位正式接收后自行终止。就业协议通常由教育部或各省、市、自治区就业主管部门统一制表,目前绝大多数省份已经实现了线上自动生成就业协议书。

二、毕业生需要办理的手续

1. 毕业去向登记　作为毕业生办理离校手续的关键环节,教育部门建立了一套完善的毕业生毕业去向登记制度。在学校的指导下,毕业生(包括结业生)需要及时完成毕业去向登记,并确保去向信息的准确性。学校就业部门在核实信息后,会将相关信息及时报备给省级教育部门。实行定向招生就业的毕业生,必须严格按照定向协议就业,并登记去向信息。高校毕业生到户籍和档案接收管理部门办理相关手续时,教育部门会根据需要和毕业生授权,提供相应的去向登记信息查询服务。

2. 户口迁移　高校毕业生的户籍迁移相对灵活。毕业生可以选择将户籍迁往就业创业地(超大城市按照现有规定执行),也可以迁往入学前的户籍所在地。迁入地公安机关会根据毕业生的就业情况、个人意愿以及迁入地的落户政策要求,为毕业生办理户口迁移手续。

3. 档案转递　从2023年开始,组织人事部门和档案管理服务机构在审核与管理人事档案时,不再将就业报到证作为必需的存档材料。但之前档案中已有的就业报到证应继续保存,缺失的则无须补办。高校会在毕业生离校前将高校毕业生登记表、成绩单等重要材料归入学生档案,并按规定有序转递,个人不能自带和保管。档案的转递目的地会根据毕业生的就业情况而有所不同:

(1)机关、国有企事业单位就业或定向招生就业:转递至就业单位或定向单位。

(2)非公单位就业、灵活就业及自主创业:转递至就业创业地或户籍地的公共就业人才服务机构。转递至就业创业地的,需要提供相关就业创业信息。

(3)暂未就业:可根据本人意愿转递至户籍地的公共就业人才服务机构,或按规定在高校保留两年。档案接收管理部门应及时向社会公布服务机构和联系方式,相关单位和公共就业人才服务机构负责毕业生的档案接收工作。

4. 毕业报到入职　用人单位可以凭借劳动(聘用)合同、就业协议书(含网签协议)、普通高等教育学历证书或其他双方约定的证明材料,为高校毕业生办理报到入职手续。参加工作时间按照高校毕业生毕业后实际入职之日计算,法律法规另有规定的则从其规定。

5. 毕业生信息查询　高校毕业生和有关单位可通过中国高等教育学生信息网查询和验证高校毕业生的学历与学位信息。

三、毕业生的就业程序

医学生在大学最后一年一般为实习期,也是找工作的黄金时期。就业程序一般如下。

1. 认真填写《毕业生就业推荐表》,并准备好自己的自荐材料。自荐材料一般包括学校简介、专业介绍、个人简历、自荐信、获奖情况、参加的社会工作或社会实践情况、荣誉证书复印件等,要求形式多样,彰显个性。

2. 广泛搜集人才市场需求信息,并对所了解的需求信息进行筛选。

3. 进一步了解用人单位情况,确定职业方向,最好提前进行个人职业生涯规划。

4. 向用人单位报名,投送自荐材料,争取参加用人单位组织的笔试及面试的考核。

5. 完成去向登记(以黑龙江省毕业生为例)。学生本人登录黑龙江省大学生就业创业服务平台,完善用人单位相关信息,自动生成《全国普通高等学校毕业生就业协议书》,完成与用人单位线上签约;与用人单位线下签订就业协议或劳动合同等其他确定劳务关系的证明材料,需上传回黑龙江省大学生就业创业服务平台完成去向登记。

6. 将手续完备的《全国普通高等学校毕业生就业协议书》或劳动合同在第一时间送往学校就业部门。《全国普通高等学校毕业生就业协议书》需要打印三份,用人单位、毕业生本人及毕业学校各留存一份。

[拓展阅读]

就业流程常见问题

1. 毕业生报到时，用人单位拒绝接收怎么办？

未经高校和用人单位双方复议并报地方主管部门批准，学校不得随意改派毕业生，用人单位不得拒绝接收和退回毕业生。当遇到用人单位拒绝接收的情况，毕业生应主动向用人单位说明情况，避免与对方发生争执，更不要在不处理的情况下贸然返校，而是应及时与学校取得联系，由学校分清责任，并按照有关规定妥善处理。若因学校工作失误导致计划不落实、误派毕业生的，应由学校负责提出调整意见报批。如果用人单位发生重大变化(如撤销、合并、破产等)，导致无法接收毕业生的，应及时与学校协商，合理调整。若是用人单位对毕业生提出难以达到的且不符合政策规定的过高要求，则不能作为退回的理由。对于因毕业生本人身体原因提出退回的情况，如果是学生在校期间即有传染病史或精神病史而用人单位并不知情，直到毕业生报到时才被发现的，应允许提出退回；如果是报到后才患病的，则应按照在职人员病假的相关规定处理。

2. 签了协议后，又被录取为研究生、考取公务员或自费出国留学，怎么办？

只要毕业生提供如下材料，学校不会视为违约处理：

(1)将原签约单位同意解除就业协议的书面证明上传就业平台进行解约。

(2)将研究生录取通知书的复印件、公务员录取通知书或国外学校录取通知书拍照上传就业平台进行解约。

(3)将本人的申请报告及考取公务员的证明材料上传至就业平台，申请解约。

3. 申请出国(出境)的学生户口和档案如何办理？

毕业生要求办理出国(出境)不参加就业的，户口直接落回户籍所在地的人才交流服务中心。

【实践指导】

就业陷阱的应对措施

1. **拒绝一切非法收费**　招聘单位以任何形式向求职者收取押金、服装费、培训费等费用均为非法行为，求职者务必拒付并警惕此类骗局。

2. **警惕异地高薪招聘**　针对外地企业、分公司、分厂或办事处提出的高薪招聘职位，求职者应始终保持理智、清醒的态度，并对此类招聘信息持有高度警觉。切勿轻信口头承诺，务必在做决定前先向本地劳动保障部门进行咨询验证，确保招聘信息真实可靠，以免误入骗取劳动力、钱财的圈套。

3. **证件抵押需谨慎**　求职者在与用人单位接触的过程中，切勿将身份证、学生证、毕业证等关键身份证明及学历证明材料作为任何形式的抵押。

4. **学习劳动法规和政策**　求职者应提升求职素质和独立判断力，主动研读劳动法规、政策，以熟知自身权益与义务，从而在求职过程中有效维护自身的合法权益。

5. **多途径了解公司背景**　在求职过程中，求职者务必对招聘单位进行深入了解。求职者可以通过上网查找该招聘单位的相关资料，注意核查招聘单位的营业执照等相关证件；也可以咨询市场监督管理部门或人力资源和社会保障部门等权威机构，以确认公司的合法性和信誉度。

6. **签订劳动合同需谨慎**　求职者与用人单位签订劳动合同时，务必认真阅读合同内容，注意合同期限、工作内容、劳动条件和劳动保护、劳动报酬、劳动纪律等必备条款。同时,要特别留意合同中是否存在模糊不清或含糊的表述,以免日后产生纠纷。

7. 保护个人信息安全 在求职过程中,求职者注意不要透露过多的个人信息,如家庭详细地址、家人联系电话等;同时尽量避免提交身份证件原件或学历证明原件等重要文件,防止个人信息被滥用或用于违法活动。

8. 面试安全需注意 在面试前,求职者要仔细了解招聘单位的详细地址和联系电话等信息,并确保其准确性。面试时要注意面试地点的安全性和合法性,谨防被骗。若面试地点偏远或要求到外地面试,务必对招聘单位进行深入了解,谨慎行事。

9. 寻求法律保护 遭遇欺诈时,迅速向用人单位所在地的相关部门投诉报案是首要之策。如果是正规单位侵权,可向人力资源和社会保障部门申诉;针对无证、无照中介公司的欺诈行为,需同步向市场监管部门、人力资源和社会保障部门举报。如遇诈骗严重、金额巨大或人身安全受威胁时,务必立即报警,运用法律手段捍卫自身权益。

【课后作业】

向辅导员了解就业流程、就业方法和就业过程中需要注意的问题。可以索取一些资料,加深对就业的认识。在交流探讨前,列出自己期待解决的问题,结束后将要点进行梳理。

第二节 医学生执业的资质要求

【迷惘与疑惑】

2023 年,小丘在完成三年临床医学学习后,未取得医师执业资格,擅自在某市开设私人诊所,为周边居民提供医疗服务。同年 11 月,她应居民邓某某邀请,上门为其进行输液治疗。在后续的治疗过程中,邓某某于 12 月 3 日突发急性左心衰竭和急性肺水肿,不幸在送往医院途中去世。邓某某家属将小丘诉至法庭,索赔 47 万余元,指控其无证行医导致患者死亡。法院审理后认定,小丘的行为构成非法行医罪,违反了《中华人民共和国刑法》相关规定,因其缺乏合法执业资格,擅自实施医疗行为,造成了严重后果,必须承担相应的法律责任。

【理论解析】

医疗行业有其特殊性,为维护医务工作者的合法权益,规范诊疗行为,促进医疗卫生事业发展,保障医疗安全和人体健康,医疗行业有明确的准入资格规定。对于从事医疗护理等活动、履行保护生命、减轻痛苦、增进健康职责的卫生技术人员,必须取得相应的准入资质。未经注册取得《医师执业证书》《护士执业证书》《执业药师资格证书》等证书,不得从事医疗、预防、保健、护理等活动。

一、医学生可考取的相关执业资质

(一)医师资格证

2017 年 2 月 28 日,国家卫生和计划生育委员会发布了《医师执业注册管理办法》(国家卫生和计划生育委员会令第 13 号),该办法自 2017 年 4 月 1 日起施行。同时废止了 1999 年 7 月 16 日卫生部公布的《医师执业注册暂行办法》。

医师资格证是行业准入考试合格后获得的证书,国家执业医师资格考试是评价申请医师资格者是否具备从事医师工作所需的专业知识与技能的考试。医生要行医必须先参加执业医师资格考试,取得医师资格证。医师资格考试分为实践技能考试和医学综合笔试两部分。考试分为两级四类,即执业医师和执业助理医师两级;每级分为临床、中医、口腔、公共卫生四类。中医类包括中医、民族医和中西医结合,其中民族医又含藏医、傣医、哈萨克医、蒙医、维医、朝医和壮医七类,其他民族医医师暂不开考。到目前为止,我国医师资格考试共有 41 种类别。

医师取得《医师执业证书》后,应当按照注册的执业地点、执业类别、执业范围,从事相应的医疗、预防、保健活动。执业地点是指执业医师执业的医疗、预防、保健机构所在地的省级行政区划,以及执业助理医师执业的医疗、预防、保健机构所在地的县级行政区划。执业类别是指临床、中医(包括中医、民族医和中西医结合)、口腔、公共卫生。执业范围是指医师在医疗、预防、保健活动中从事的与其执业能力相适应的专业。

（二）住院医师规范化培训合格证

住院医师规范化培训是培养合格临床医师的必经途径,是加强卫生人才队伍建设、提高医疗卫生工作质量和水平的治本之策,是深化医药卫生体制改革和医学教育改革的重大举措。为贯彻《中共中央　国务院关于深化医药卫生体制改革的意见》(中发〔2009〕6 号)和《国家中长期人才发展规划纲要(2010—2020 年)》的精神,培养和建设一支适应人民群众健康保障需要的临床医师队伍,2013 年国家卫生计生委建立住院医师规范化培训制度。

住院医师规范化培训是一种针对医学专业毕业生进行的、旨在提高其临床技能和专业素养的系统性培训项目。这种培训通常是在完成医学院校的基础教育之后,在医院内进行的一种为期几年的、结构化的实践训练。住院医师在培训期间会轮转不同的临床科室,以便获得全面的临床经验和专业知识。

（三）执业药师资格证

执业药师是指经全国统一考试合格,取得《执业药师资格证书》并经注册登记,在药品生产、经营、使用单位中执业的药学技术人员。《执业药师资格制度暂行规定》是原人事部和国家医药管理总局为了加强对药学技术人员的职业准入控制,确保药品质量,保障人民用药的安全有效,根据《中华人民共和国药品管理法》《中共中央　国务院关于卫生改革与发展的决定》及职业资格制度的有关内容,制定的规定。

（四）临床医学检验技士／技师资格证

临床医学检验师是临床工作不可缺少的部分,他们负责检验人体体液、血液、排泄物、感染微生物等标本,通过客观的化验指标,为临床医生提供治疗依据。为贯彻国家原人事部、卫生部《关于加强卫生专业技术职务评聘工作的通知》等相关文件的精神,自 2001 年全国卫生专业初、中级技术资格以考代评工作正式实施。通过考试取得的资格代表了相应级别技术职务要求的水平与能力,作为单位聘任相应技术职务人员的必要依据。

（五）护士执业资格证

根据《护士条例》及《护士执业资格考试办法》的有关规定,凡在中等职业学校、高等学校完成国务院教育主管部门和国务院卫生主管部门规定的普通全日制 3 年以上的护理、助产专业课程学习,包括在教学、综合医院完成 8 个月以上护理临床实习,并取得相应学历证书的人员,可以申请参加护士执业资格考试。

国家护士执业资格考试是评价申请护士执业资格者是否具备执业所必需的护理专业知识与工作能力的考试。护士执业资格考试实行国家统一考试制度。统一考试大纲,统一命题,统一合格标准。护士执业资格考试是作为单位聘任相应技术职务的必要依据。

考试报名采用网上预报名方式,报名日期一般为每年 1 月份,由所在单位或所属卫生健康局组织报名确认及缴费等。考试采取人机对话形式,一般在每年的 5 月中旬。考试内容分为专业实务和实践能力,涵盖护理工作的各方面知识,每科满分为 150 分。同年 7 月国家卫生健康委员会公布护士执业资格考试成绩,考生须在指定时间内登录中国卫生人才网下载打印成绩单。考生成绩合格证明将作为申请护士执业注册的有效证明,护士执业注册申请应当自通过护士执业资格考试之日起 3 年内提出;逾期提出申请的,除准备注册必备的材料外,还应当提交在省、自治区、直辖市人民政府卫生行政部门规定的教学、综合医院接受 3 个月临床护理培训并考核合格的证明。

二、医学生职业发展及技术资格

绝大多数医学生的职业发展要经历职称晋升的过程。医务工作者的职称晋升是国家卫生和人事部门为了科学、客观、公正地评价临床医学及其他医学相关专业人员的技术水平和能力,完善评价机制,提高临床医学及其他医学相关专业人员的业务素质而进行的卫生专业技术职务评聘工作。

(一) 专业技术资格类别

临床医学、预防医学、全科医学专业技术资格包括初级资格(医士、医师)、中级资格(主治医师)和高级资格(副主任医师、主任医师)。药学、检验及其他卫生技术等专业技术资格包括初级资格(技士、技师)、中级资格(主管技师)和高级资格(副主任技师、主任技师)。护理专业技术资格包括初级资格(护士、护师)、中级资格(主管护师)和高级资格(副主任护师、主任护师)。医学各专业初、中级资格实行全国统一考试制度,高级资格的取得实行考评结合的方式。

(二) 专业技术资格晋升条件

符合原卫生部、人事部印发的《临床医学专业技术资格考试暂行规定》(卫人发〔2000〕462 号)和《预防医学、全科医学、药学、护理、其他卫生技术等专业技术资格考试暂行规定》(卫人发〔2001〕164 号)中报名条件的人员,均可报名参加相应级别和专业类别的考试(注:部分地区卫生资格考试报名条件可能会略有不同,具体以当地卫生健康局公布内容为准)。

1. 临床医学、预防医学、全科医学专业初级资格的获取流程

(1)参加国家医师资格考试:这是成为医生的第一步,所有希望从事临床医学、预防医学、全科医学等专业的人员必须通过国家统一组织的医师资格考试。

(2)取得执业助理医师资格:通过考试后,首先获得的是执业助理医师资格。拥有这一资格的医生可以被聘任为"医士",即初级职称中的较低一级。

(3)取得执业医师资格:随着经验积累和进一步的专业学习,执业助理医师可以升级为执业医师。取得执业医师资格后,医生可以被聘任为"医师",即初级职称中的较高一级。

2. 临床医学、预防医学、全科医学专业中级的报名资格要求

(1)遵守中华人民共和国的宪法和法律。

(2)遵守《中华人民共和国医师法》,并取得执业医师资格。

(3)具备良好的医德医风和敬业精神。

(4)已实施住院医师规范化培训的医疗机构的医师须取得该培训合格证书。

参加临床医学专业中级资格考试的人员,除具备上述所规定的条件外,还必须具备下列条件之一:

(1)取得医学中专学历,受聘担任医师职务满 7 年。

(2)取得医学大专学历,从事医师工作满 6 年。

(3)取得医学本科学历,从事医师工作满 4 年。

(4)取得临床医学硕士专业学位,从事医师工作满 2 年。

(5)取得临床医学博士专业学位。

3. 药学、护理、其他卫生技术等专业初级的报名资格要求

(1)遵守中华人民共和国的宪法和法律,具备良好的医德医风和敬业精神。

(2)具备相应专业中专以上学历。

4. 药学、护理、其他卫生技术等专业中级的报名资格要求

(1)遵守中华人民共和国的宪法和法律,具备良好的医德医风和敬业精神。

(2)取得相应专业中专学历,受聘担任药(护、技)师职务满 7 年。

(3)取得相应专业专科学历,受聘担任药(护、技)师职务满 6 年。

(4)取得相应专业本科学历,受聘担任药(护、技)师职务满 4 年。

(5)取得相应专业硕士学位,受聘担任药(护、技)师职务满 2 年。

(6)取得相应专业博士学位。

对符合报考条件的人员,不受单位性质和户籍的限制,均可根据本人所从事的工作选择报考专业类别参加考试。

5. 副主任医(药,护,技)师的晋升条件

(1)具有硕士学位,担任 5 年以上主治医(药,护,技)师职务。

(2)获得研究生班毕业证书或第二学士学位或具有研究生学历而未获硕士学位,担任主治医(药,护,技)师 6 年以上。

(3)大学本科毕业,担任 7 年以上主治医(药,护,技)师职务。

(4)具有本专业较系统的基础理论和专业知识,了解本专业国内外现状和发展趋势,能吸取最新科研成就并应用于实际工作。

(5)工作成绩突出,具有较丰富的临床和技术工作经验,能解决本专业复杂疑难问题。

(6)具有指导和组织本专业技术工作和科学研究的能力,具有指导和培养中、初级卫生技术人员的能力。

6. 医疗专业资格考试禁考规定 有下列情形之一的不得申请参加临床医学、预防医学、全科医学、药学、护理、技术专业技术资格的考试:

(1)医疗事故责任者未满 3 年。

(2)医疗差错责任者未满 1 年。

(3)受到行政处分者在处分时期内。

(4)伪造学历或考试期间有违纪行为未满 2 年。

(5)省级卫生行政部门规定的其他情形。

(三)晋升材料

晋升专业技术资格,各地卫生和人事部门的标准也稍有不同,但中级以下资格全国均为以考代评的方式,即通过全国统一考试。晋升副主任医师(技师、护师),则各地及各年需要的申报材料都不尽相同,一般情况下申报所需的材料为:学历或学位证书、中级职称证书(满 5 年);执业医师(护师)证书;现专业技术资格批复、聘书;职称外语合格证书(高级);职称计算机培训合格证书(高级);业绩成果:代表本人专业技术水平的业绩成果材料(任中级职称以来的不同年度的三份病案);在 ISSN、CN 专业期刊发表论文 2 篇;要通过副高专业实践能力考核(申报当年的上一年度组织考核);继续教育证书;年度考核合格证明等。晋升主任医师(技师、护师)则需要在副高资格标准上再增加。

(四)专业技术人才评价新政策

2018 年 7 月 3 日,中共中央办公厅、国务院办公厅印发了《关于深化项目评审、人才评价、机构评估改革的意见》(以下简称"意见")。该意见从进一步优化科研项目评审管理机制、改进科技人才评价方式、完善科研机构评估制度、加强监督评估和科研诚信体系建设、加强组织实施确保政策措施落地见效等五方面提出具体要求。

该意见对人才评价指标的设立要求突出品德、能力、业绩导向,克服唯论文、唯职称、唯学历、唯奖项倾向,推行代表作评价制度,注重标志性成果的质量、贡献、影响。把学科领域活跃度和影响力、重要学术组织或期刊任职、研发成果原创性、成果转化效益、科技服务满意度等作为重要评价指标。在对社会公益性研究、应用技术开发等类型科研人才的评价中,科学引文索引(SCI)和核心期刊论文发表数量、论文引用榜单和影响因子排名等仅作为评价参考。注重个人评价与团队评价相结合,尊重和认可团队所有参与者的实际贡献。引进海外人才要加强对其海外教育和科研经历的调查验证,不把教育、工作背景简单等同于科研水平。注重发挥同行评议机制在人才评价过程中的作用。探索对特殊人才采取特殊评价标准。对承担国防重大工程任务的人才可采用针对性评价措施,对国防科技涉密领域人才评价开辟特殊通道。

【实践指导】

医学生需要关注的网站

1. **国家卫生健康委员会人才交流服务中心(原中国卫生人才网)**　由国家卫生健康委员会人才交流服务中心主办,主要承担全国卫生健康人力资源开发与服务职能。

2. **中国医疗人才网**　网站成立于 2002 年,是广东省人才交流协会医疗人才专业委员会旗下官网,是中国专业、权威的医疗行业人才招聘网站。

3. **医脉通**　医脉通是一个医学专业网站,提供医学新闻、学术会议、继续教育课程、临床指南和文献检索等服务,帮助医生和医学毕业生了解行业动态和专业进展。

【课后作业】

制订一个详细的个人执业资格获取计划,包括计划获取的执业资格证书(如医师资格证、护士执业资格证等),以及为达到这些资格所需的学习路径、考试准备、实习安排和预期的时间规划。

第三节　医学生职业适应与发展

【迷惘与疑惑】

小贾是一名刚刚从医学院毕业的学生,求职期间换了四份工作,每一份工作上了几天班就辞职,因为他觉得和同学们在一起的感觉不一样,和同事们都谈不来,自己比较内向,工作能力不是很突出,领导好像也不是很喜欢自己,感觉职场就像战场一样,自己似乎永无出头之日了。

【理论解析】

每一个刚刚走向工作岗位的医学毕业生,都非常关心自己怎样才能顺利地适应新岗位的要求,充分发挥自己的专长,脱颖而出;怎样尽快地融入工作环境,建立和谐的人际关系;怎样树立良好的职业形象,迈好事业的第一步。即如何尽快完成从学生角色到职业角色的转换。

一、心理学上的角色转换概念

(一) 社会角色

就像演员在舞台上扮演不同的角色一样,人在处于不同的社会地位、从事不同的社会职业(或中心任务)时,都需要有相应的个人行为模式,即扮演不同的社会角色。因此,社会角色就是个人在社会关系体系中处于特定的社会地位,并符合社会要求的一套个人行为模式。

（二）角色转换

通常一个人会经常变换自己的角色,比如说下班回家,就要从职业角色变换为家庭成员角色。这种经常性的由上级到下级、由领导到子女、由医生到父亲、由学生到老师、由主人到客人的变换即为角色转换。从事职业(或中心任务)的变化、职务的升迁、家庭成员的增减等,都会产生新旧角色的转换。新旧角色转换的过程中必然伴随着新旧角色的冲突。

角色冲突是普遍存在的。不过,可以通过角色协调使得角色冲突尽可能地降至最低限度。协调新旧角色冲突的有效方法是角色学习,即通过观念培养和技能认知练习,提高角色扮演能力,使角色得以成功转换。

二、学生角色向职业角色转换的两个阶段

大学毕业生从学生角色转换到职业角色的过程中必然伴随着角色冲突。只有尽早做好准备,形成职业角色观念,提高职业角色技能,增强角色扮演能力,才能使自己的职业生涯有一个良好的开端。因此,充分把握好毕业前后的两个转换阶段至关重要。

（一）临床实习及毕业前夕的角色转换

目前,我国大学毕业生在每年7月初离校,奔赴工作岗位,但是就业工作一般从前一年的12月份就开始了,前后共有半年多的时间。医学生还要更早一些,一般在前一年的7月份就开始临床实习。可以说,这一时期是毕业生转换角色的重要阶段,主要表现在以下两方面:

(1)毕业前夕是择业的黄金季节。毕业生通过到各单位临床实习及与单位的"双向选择"过程,可以加深对单位的了解,合理地确定自己的职业定位,进而通过签订就业协议书来确定自己的就业意向。

(2)毕业生在与单位接触的过程中,能够全面地了解单位的基本情况,切身体会社会对自己的认可,并依据自身感受调整职业期望值,合理地定位自己的职业。这对角色的转换将产生深远的影响。

为了做好临床实习及毕业前夕的角色转换,医学生应该进行如下学习和训练:

(1)把握好宝贵的临床实习机会,学习与未来工作岗位有密切联系的专业知识和专业技能。大学的课程设置总体上偏重于基础知识的学习和基本技能的培养,而不一定涉及特定岗位上所需要的专业知识和技能。同时,通过学习和训练,还可以加深对未来职业岗位的认同,培养职业兴趣。

(2)进行非智力因素技能的训练。大学毕业生智力上相差并不太大,而非智力方面的技能却是影响毕业生择业、就业和创业的重要因素。毕业生要敢于克服在公众面前的害羞和胆怯等心理,这是给人留下良好印象的关键。还要提高书面表达能力和口头表达能力,在与人交往的过程中要诚恳而不谦卑,自尊而不倨傲,不急不躁,以富有感染力的幽默语言来展示自己的求职意愿。

(3)进行必要的心理准备,特别是要有"受挫准备"。医学生大都很有才华,但并非都能在自己的工作岗位上实现成功。过硬的职业技能对职业成功固然重要,充分的心理准备更是不可缺少的。如果心理准备不足,就可能产生过激情绪,这可能导致能力低下,在愤世嫉俗的言行中使得自己的才华泯灭。因此,在校期间要学习调整心态,充分做好心理上的"受挫准备"。在事业顺利的时候不沾沾自喜;以平常心对待工作上的平淡和不被重用;在屡试屡挫的境地中屡挫屡试,不懈追求;在似乎"一文不名"的地位上奋发向上,一鸣惊人。这是事业成功者的重要素质之一。

（二）见习期内的角色转换

大学生参加工作后的一年或半年为见习期,之后转为正式人员,这期间与大学相比,有很大区别。高校大多位于大中城市,学习和生活条件比较优越,空闲时间和自由支配时间比较

多,节奏也比较缓和,压力较小;而众多的职业岗位不一定在城市里,有的在位置偏僻的乡村,有的环境相当艰苦。由于工作繁忙,经常需要加班加点,尤其医务工作还需值夜班等,属于自己的时间越来越少。从大学学习环境到职业环境的变化,往往会加剧角色冲突。为此,大学毕业生应该加强见习期内的角色学习,使角色转换顺利实现。

一般来说,大学生要在较短的时间内获得同事的认同和领导的肯定,应当从以下三方面提高和锻炼自己。

1. 要善于展现自己的知识　大学毕业生因为具有新知识而受到同事的青睐和尊敬,但这也使得一些人与同事之间容易产生一定的距离。因此,大学生在同事面前一定要表现得谦虚、随和,在尊重同事丰富经验的同时,适时适度地展现自己的知识。例如,可以利用工作机会,特别是当同事在工作中遇到麻烦时,以谦虚诚恳的态度从理论上提出自己的见解,共同商讨,共同解决问题。也可以利用业余娱乐机会发挥自己的知识优势。在交流中让同事了解你的为人和性格,表明自己的世界观、人生观和价值观,缩短与同事间的距离,成为大家的朋友。要切忌以较高文凭自居自傲,那样只能使同事对你产生反感,使自己越来越脱离群众,变得孤立无助。

2. 要树立工作的责任意识　大学生对未来都有美好的愿望,都想在事业上大干一场,建功立业。但是多数人在走上工作岗位之初一般不会被委以重任,而是先从最简单的辅助性工作做起,这也符合人才成长的基本规律。但是,有不少人凭着对工作的新鲜感和学识上的优越感,认为自己被大材小用了,对一些工作不愿意干,甚至开始闹情绪。其实这是缺乏责任意识的表现,干任何一项工作都要有足够的热情,更要有丰富的随机应变能力。这种经验和能力的获得并非一朝一夕之功,它需要在平时的工作中积累和训练。显然,仅凭借热情和情绪是无法做好工作的,甚至是对工作的不负责任。因此,无论工作的大小,分工的高低,大学生都要以满腔的热情、高度的事业心和责任感认真对待,圆满完成。

3. 要培养实事求是的工作作风　大学毕业生具有较强的自尊心和自立意识,在工作上总想独当一面,取得成就。尽管很多人对待工作的态度是认真谨慎的,但工作中还是难免出现失误。工作失误并不可怕,可怕的是不能正确地认识失误,不能实事求是地去承认失误。如果工作中出现了失误,就要认真地分析原因,总结经验教训,找准失误点;同时要敢于向领导和同事承认,开展批评和自我批评,并勇于承担责任,以获得领导和同事的理解;另外,要虚心学习、请教,总结经验教训,避免类似失误再次发生。

另外,大学生要重视岗前培训这样的重要环节,因为岗前培训对于刚刚走上工作岗位的大学生的角色转换是非常重要和必要的。它不仅仅是让新员工了解单位的基本情况,熟悉规章制度和工作程序,更重要的是通过岗前培训来树立集体主义观念,培养人际协调能力和奉献精神。从某种意义上讲,岗前培训可以直接反映出新员工的素质高低,因此单位都非常重视,并依此分配岗位。毕业生一定要以认真的态度把握好这样一次充实自己、表现自己和提升自己的良机。事实证明,很多毕业生就是因为在岗前培训期间显露才华,表现出色而被委以重任。

三、角色转换过程中容易出现的问题

大学生在从学生角色向职业角色转换的过程中,往往会面临着新旧角色的冲突。有些人由于受到社会因素、家庭因素尤其是自身认知能力、人格心理发展、意志品质以及情绪情感等因素的影响,不能正确认识角色转换的实质,或者在角色转换中不能持之以恒,于是在从学生角色到职业角色的转换过程中容易出现以下问题。

(一) 对学生角色的依恋

一些毕业生在角色转换过程中容易依恋学生角色,出现怀旧心理。经过十多年的读书生涯,对学生角色的体验可以说是非常深刻了,学生生活使得每一位学生在学习、生活和思维方式上都养成了相对固定的习惯。因此,在职业生涯开始之初,许多人常常会自觉或者不自觉地

置身于学生角色之中,以学生角色的社会义务和社会规范来要求自己、对待工作,以学生角色的习惯方式来待人接物,观察和分析事物。

(二)对职业角色的畏惧

面对新环境,一些大学生在刚走进新的工作环境时,不知道工作应该从何入手,如何应对工作,怕担责任,怕出事故,怕闹笑话,怕造成不良影响。于是工作上就放不开手脚,"前怕狼后怕虎",缺乏年轻人应有的朝气和锐气。

(三)主观思想上的自傲

有一些毕业生对人才的理解不够全面和准确,认为自己接受了比较系统正规的高等教育,拿到了学历,学到了知识,已经是比较高层次的人才了。因而,往往看不起基层工作和基层工作人员,甚至认为一个堂堂的大学毕业生干一些琐碎不起眼的工作是大材小用,有失身份。于是就轻视实践,眼高手低。

(四)客观作风上的浮躁

一些人在角色转换过程中受社会环境的影响,表现出不踏实的浮躁作风和不稳定的情绪情感。一阵子想干这项工作,过一阵子又想干那项工作,不能深入工作内部了解工作性质、工作职责以及工作技巧。近年来,毕业生频繁变换单位的人数增多,就是因为一些学生入职很长时间后还不能稳定情绪,进入职业角色,反而认为单位有问题,没有适合自己的职位。事实上,如果不能静下心来踏踏实实地学习,适应工作,不管什么样的单位都不会适合。

四、角色转换的原则

角色转换是一个艰苦而长期的过程,需要坚持不懈的努力。同时,在角色转换过程中需要注意以下几条原则。

(一)热爱本职工作,树立救死扶伤的信念

热爱本职工作,安心工作岗位是学生角色向职业角色转换的基础。刚刚走上工作岗位的大学生,应当尽快地从学生学习生活的模式中切换出来,全身心投入工作岗位中去。如果"身在曹营心在汉",经过几个月甚至一年的适应还静不下心来,那么不仅对角色转换不利,而且会影响职业兴趣的培养和工作成绩的取得。甘于吃苦是角色转换的重要条件。只有甘于吃苦,才能实事求是地分析和对待角色转换中遇到的种种困难,并自觉地加以克服。

(二)虚心学习知识,提高治病救人的能力

虚心学习知识,提高治病救人的能力是角色转换的重要手段。由于专业课程设置的相对狭窄和大学生活的短暂,一个人在校期间学习到的东西毕竟是有限的,尤其是随着科学的发展和技术的进步,新的知识和技能不断出现,疾病谱及诊疗方法不断更新,很多知识和能力需要在工作实践中学习、锻炼和提高。大学毕业生在学校期间虽然学到了不少知识和技能,但面对全新的职业,还需要像小学生那样从头学起,虚心向有经验的技术人员、领导、师傅和同事学习,学习他们观察问题、分析问题和解决问题的方法,不断丰富自己的专业知识,提高自己的专业技能,最终达到自我完善。

(三)勤于观察思考,杜绝责任事故发生

勤于观察思考,杜绝责任事故发生是角色转换的有力保障。大学毕业生进入职业角色,只有发现问题并努力运用自身掌握的知识去解决问题,才能掌握大量的第一手资料;只有分析研究职业对象的内部规律,才能培养自己的独立见解。医务工作的对象是人,同样的病发生在不同人身上,症状和治疗方法也会有差别,职场新人要勤于观察思考,善于发现问题,主动寻求帮助,杜绝责任事故的发生,否则将影响职业角色成功转换,甚至影响职业发展。

(四)勇挑工作重担,增强社会责任意识

勇挑重担、具有较强的社会责任感是完成角色转换的重要标志。大学毕业生走上工作岗

位以后,应当从一开始就严格要求自己,树立主人翁意识,增强社会责任感,培养无私奉献的精神,任劳任怨,不计较个人的得失,努力承担岗位责任,主动适应工作环境,促使自己不断成长。

【实践指导】

认识你的生活角色

1. 参考图 9-1,在图 9-2 中写出你自己目前所扮演的全部生活角色,然后按照投入的大小画一个饼图。

2. 如果你的生活可以朝着你理想的方向发生改变,那么,你把你理想的角色分配画一个饼图。

3. 对照现实的饼图和理想的饼图,看看有什么因素妨碍了你的理想实现,或者你准备做什么可以让你的理想尽可能实现。

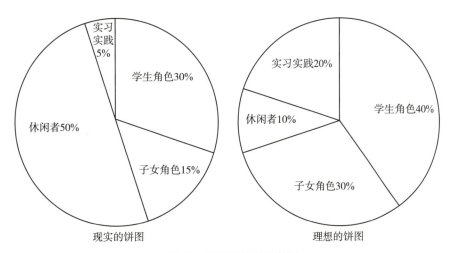

图 9-1　生活角色饼图实例

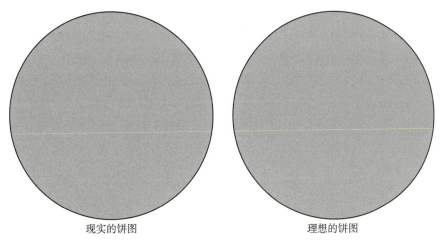

图 9-2　生活角色饼图

感悟：_____

_____

【课后作业】

　　请同学们选择一项自己认为有意义的体验活动,例如:拜访空巢老人,参观幼儿园,志愿者义工服务,参加庆典仪式,与家人一起出游,体验停水停电对生活的影响,探访心中理想学校,参观访问,等等。请发挥创意,不拘任何形式(文字、照片、作品……)将它做成纪录,与大家分享你的收获与成长体会。

(王廷华　刘潇潇)

第十章 创业常识

科技创新是核心,抓住了科技创新就抓住了牵动我国发展全局的牛鼻子。

——习近平总书记

 知识点

本章重点就创新创业的基本知识进行阐述,通过学习使学生对于创新创业的内涵、意义以及我国创新创业环境有所了解,明晰医学生创新创业应具备的基本素质和必备条件,旨在引导医学生培养创新意识,在不断尝试、摸索、反思中提升创新思维、创新方法和创业素质,培养医学生勇于创新的意识和敢于创业的勇气。

第一节 创新创业的基本概念

【迷惘与疑惑】

小晨是一名医学生,他的梦想是利用科技改变医疗现状。在一个阳光明媚的下午,小晨在图书馆偶然读到了一篇关于远程医疗的文章,激发了他的灵感。他意识到,随着互联网和移动通信技术的飞速发展,偏远地区的人们也应该享受到优质医疗资源。于是,小晨联合几位志同道合的同学,开始了他们的创业之旅。他们设计了一款名为"医路通"的 APP,通过集成 AI 诊断辅助、远程问诊和电子处方等功能,致力于打破地域限制,让医疗咨询变得触手可及。经过无数个日夜的努力,无数次的测试与改进,"医路通"终于上线,并迅速获得了用户的好评。小晨和他的团队不仅解决了许多人的就医难题,也为医学生创业开辟了一条新路径,证明了医学知识与科技创新结合的无限可能。

【理论解析】

一、创新的相关概念

(一)创新的内涵

1985 年,被誉为"现代管理之父"的彼得·德鲁克(Peter Drucker)发展了创新理论。他提出,任何使现有资源的财富创造潜力发生改变的行为,都可以称之为创新。德鲁克认为,创新不仅仅是创造,也并非一定是技术上的;一项创新的考验并不在于它的新奇性、它的科学内涵,或它的小聪明,而在于其推向市场后的成功程度,也就是能否为大众创造出新的价值。

创新是人类特有的认识能力和实践能力的体现,是人类主观能动性的高级表现形式,是推动民族进步和社会发展的不竭动力。目前主要根据创新活动中创新对象的不同,把创新分为知识创新和技术创新等。知识创新与技术创新作为人类创新活动的主要方面,它们之间存在着复杂的交互作用。知识创新是技术创新的基础,而技术创新是知识创新的应用与发展。

(二) 创新精神

人们的创新活动和创新能力源于人们在实践中培养起来的创新精神,具有高度创新精神的人,才会主动自觉地从事创新活动,才会有高度的创新能力。想要实现创新首先需要有创新精神,而创新精神又需要创新动机、创新兴趣和创新情感三方面同时发力:

(1) 创新动机:是创新精神的源头活水,它标志着创新活动的开始,是激发人们投身于创新实践并持续推进的原动力。

(2) 创新兴趣:充当着创新活动的催化剂,它反映了个体对新奇事物和活动的渴望与追求,为创新过程注入持续的动力。

(3) 创新情感:是创新过程中不可或缺的内在驱动,它自始至终伴随着创新活动,发挥着激励创新向着既定目标前进的关键作用。

(三) 创新思维

创新思维是一种以新颖、独特的方法思考问题和解决问题的思维方式。它以超常规的方式打破常规思维的限制,以全新的视角重新思考问题,从而获得与众不同的结果。当我们习惯于用普通思维去思考和解决问题时,就会形成思维惯性,从而弱化创新的能力;但当我们习惯于用创新思维的方式去思考和解决问题,我们的创新能力就会得到提升。由此可见,创新思维是可以通过创新方法的训练来培养的。

二、创业的内涵

创业本义是"创立基业""创建功业"。在英文中,"创业"有两种表达方式:一是"venture",二是"entrepreneurship"。"venture"一词的最初意义是"冒险",但在企业创业领域,它的实际意义并不是单纯的"冒险",而是被赋予了"冒险创建企业",即"创业"这一新的特定内涵。

结合我国当前实际,本书认为创业是通过必要的时间和努力发现与把握商业机会,通过创建企业或企业组织结构创新,筹集并配置各种资源,将新颖的产品或服务推向市场,从而最终实现创造经济价值和社会价值的过程。当然,从更广泛的意义上说,创业就是创造事业,是最高层次的就业。创业者进入市场、创建实业,是生活态度和生活方式的巨大转折,是为自己创建一个发挥才华、施展抱负、奉献社会和报效国家的舞台。

三、我国创新创业环境的特点

(一) 创新创业日益普及化

当前,我国创新创业活动最明显的特征就是表现出普及化趋势,我国已成为世界上创新创业活动最活跃的地区之一。这种普及化趋势体现在以下 4 方面:

一是创新创业的门槛降低,这不仅体现在政策支持上,还体现在技术、资金、市场等方面。国家出台了一系列优惠政策,为创业者提供资金支持、税收减免、创业培训等,降低了创业的门槛。同时,互联网、大数据、人工智能等技术的发展降低了技术门槛,让更多人有机会参与到创新创业中。

二是创新创业的主体逐渐扩展到社会各阶层,而不仅限于精英阶层。如今,大学生、农民工、退休人员等群体纷纷投身创新创业,形成了多元化、多层次、广泛参与的创新创业格局。

三是创新创业的领域不断拓宽,从传统的制造业、服务业,拓展到现代农业、新能源、生物医药、节能环保、文化创意等新兴产业,为我国经济转型升级提供了强大动力。

四是创新创业的氛围日益浓厚,社会整体创新意识显著提升。在我国,创新创业已成为一种时尚、一种价值追求。越来越多的人愿意投身创新创业,为我国经济社会发展贡献力量。各级政府、企业、高校、科研院所等纷纷搭建创新创业平台,举办各类创新创业大赛,激发了全社会创新创业的热情。

(二)创新创业教育蓬勃兴起

创新创业教育是指与创新创业有关的理论教育和实践教育的统称。我国经济的快速发展和产业结构的转型升级,对创新型人才的需求日益增长。创新创业教育的兴起,正是响应了这一需求,通过教育体系的改革和创新,培养具有创新思维和创业能力的年轻人。创新创业教育不仅在课程设置上注重理论与实践相结合,而且在教学方法上鼓励学生主动探索、勇于尝试,从而激发学生的创新潜能和创业热情。

(三)创新创业孵化器发展迅速

创新创业孵化器也称企业孵化器,是一种新型的创新创业经济组织,是为创新创业企业成长和发展提供系统支持与资源网络的经济组织形式。它通过提供低成本的研发、生产、经营的用地,通讯、网络办公等共享设施,系统的培训和咨询,政策、融资、法律和市场推广等方面的支持系统,使创新创业企业的创业成本得以降低,创新创业风险得以规避,创新创业成功率得以提高,创造出一种适于中小企业生存和成长的发展环境与发展空间。我国当前已经进入创新创业孵化器大国行列。创新创业孵化器的主要功能是将初始阶段的创新创业企业发展成为健康成长的企业,将创新创业者培养成为企业家。它已成为培养成功的创新创业企业家的摇篮和风险投资的理想投资场所。

(四)大学生创新创业扶植力度不断加大

近年来,我国高度重视大学生创新创业工作,不断完善政策体系,加大扶持力度。从资金支持、场地提供、税收优惠、人才培养等方面,为大学生创新创业提供全方位的支持。2021年国务院印发了《国务院办公厅关于进一步支持大学生创新创业的指导意见》(国办发〔2021〕35号)(以下简称《意见》),体现了国家对培养创新型人才和推动经济社会发展的高度重视。政府通过提供资金支持、政策优惠、教育培训和平台建设等多方面支持,为大学生创新创业营造了良好的环境。具体而言,《意见》涵盖了优化创新创业教育体系、加强创业指导服务、鼓励社会资本投入、完善创新创业孵化平台等多个层面,意在激发大学生的创新潜能和创业热情,促进其在创新驱动发展战略中发挥更大的作用。

此外,《意见》还强调了要深化高校与社会的合作,通过校企联合、产学研结合等方式,为大学生提供实践平台和创新机会。政府鼓励高校开设创新创业相关课程,加强学生的创新意识和创业能力培养。同时,通过税收减免、创业担保贷款和创业补贴等激励措施,降低大学生创业的门槛和风险。这些政策的实施,不仅有助于大学生实现个人价值和社会梦想,也为国家的创新发展注入了新的活力和动力。通过这些综合措施,大学生创新创业的生态系统正在逐步完善,为建设创新型国家奠定了坚实的基础。

(五)创新创业协会普遍建立

当前,清华大学、海南大学、吉林化工学院、南京航空航天大学等200多所院校已经建立了创新创业者协会。不仅如此,这种创新创业者协会还进行了横向扩展和纵向延伸,已经发展了青年创新创业者学会、中关村创新创业者学会、外出务工创新创业者学会等众多的创新创业协会组织。这种遍及国内外的、形式多样的创新创业协会对于创业者的创新创业活动给予多种帮助和指导,对其成长起到了重要的作用。

四、创业应具备的条件

(一)适合市场环境的创业项目

创业者首先要有符合市场需求的创业项目或者引领市场的技术理念,这是一切创业活动的基础。没有能够在市场上竞争的核心技术和产品,想要成功创业并持续发展壮大是非常困难的。特别是对于医学生创业者来说,医学相关领域要求的技术壁垒较高,所以医学生创业一定要有坚实的专业基础作为支撑,并且能够发现现有市场的缺口,用完善的商业模式进行创业实践,不建议学生盲目创业。

(二) 分工明确的创业团队

创业是一项庞大且复杂的工作,不是单凭一人之力能够完成的。一个分工明确的创业团队能够显著提高工作效率,加大创业的成功概率。创业团队的成员必须对项目的目标有共识,团队成员之间通过分享认知和合作行动来共同承担创新创业的责任。团队的形成能够实现优势互补、增加人才的凝聚力、提升创造力。一个完整的创业团队至少具备四种类型的人才,一是领导型人才,二是技术型人才,三是策划型人才,四是公关型人才。在组建团队之前,项目创始人一定要明确团队需要哪些方面的人才,并据此来组建创业团队。

(三) 充分准确的市场调研

市场调研是一种系统性的信息收集和分析方法,能够帮助创业者识别市场中潜在的机会与威胁,了解消费者的需求、偏好和购买行为,以及评估竞争对手的策略和市场趋势。通过充分的市场调研,大学生创业者可以更好地理解市场需求,优化产品或服务设计,制订合理的定价和营销策略,从而提高创业成功的可能性,减少创业资源浪费的风险。

(四) 了解大学生创业的优惠政策

为了鼓励大学生创业,国家及地方政府都出台了许多优惠政策,大学生在进行创业实践之前应充分了解不同地区为大学生创业者提供的不同政策,这样可以在资源有限的基础上实现资源的最大化利用。通过细致研究众多政策文件,大学生创业者可以归纳出一系列针对大学生创业者的扶持措施,例如减免税负、提供创业贷款及利息补贴、免除特定行政事业性费用、提供培训资金支持、放宽高校毕业生的户籍限制、培养创新人才、引入创新创业教育课程、改革创新创业教育体系、优化学籍管理政策、提供创业指导服务等。不同的省份和城市也会根据地区特点制定符合本地发展的大学生创业优惠政策。大学生可以通过有目的的学习和了解来获得政策支持,降低创业成本。

(五) 办理工商营业执照

大学生的创业过程需要履行一系列创业手续,在符合国家法律规定的前提下开展创业活动。因此,大学生需了解工商注册、营业执照办理的相关流程。

营业执照是企业或个体工商户合法经营的基本凭证,由相关工商行政管理部门颁发。它是一种法律文件,证明企业或个体经营者已经完成了法定的登记手续,并具备了开展经营活动的合法资格。营业执照通常包含企业的名称、住所、法定代表人、注册资金、类型、经营范围和成立日期等信息。

没有营业执照的企业或个体工商户将面临一系列法律后果。根据《无证无照经营查处办法》规定,任何单位或个人不得违反法律法规的规定,从事无证无照经营。无照经营可能会受到行政处罚,包括但不限于被责令停止违法行为、没收违法所得,并可能处以一定数额的罚款。情节严重的,可能会被责令关闭停业,并处以更高额的罚款。如果无照经营行为涉嫌犯罪,还将由公安机关追究其刑事责任。

【实践指导】

建立拟创业项目团队

1. **活动目标** 初步建立大学生创业项目团队,培养大学生的团队合作意识和沟通能力。

2. 活动步骤

(1)将全班学生分成若干小组,每组 4~6 人。要求学生在分组时尽量选择不同背景和兴趣爱好的同学,以实现团队成员的多样性。

(2)完成分组后,各小组开展团队建设活动,例如:制定团队口号、设计团队 Logo、团队成员自我介绍等,以增强团队凝聚力。

【课后作业】

在网易公开课等视频网站,学习感兴趣的创新创业类课程。

第二节　医学生创新精神的培育

【迷惘与疑惑】

小李刚刚从医学院校毕业,家庭经济条件较好,父母为她注册了一个小型药店,她一心想要发展好自己的"企业",结果学护理专业的她对于药品营销的相关知识和技能了解甚少,药店的销售额日益萎缩,目前已面临关门的危险。

【理论解析】

在投身创新创业实践之前,医学生除了需要系统学习创新创业的基础知识,正确理解创新创业的内涵、创新与创业的相互关系以外,还要学会如何运用创新思维来指导实践。同时,还需要具备一定的商业意识和市场分析能力,了解医疗健康行业的现状和发展趋势,以及潜在的市场需求和风险。只有将专业知识、创新思维和商业意识相结合,才能更好地把握创业机会,将创新创业实践转化为实际成果,为社会创造价值,并最终实现自身价值。

一、创新对医学生的意义

对于医学生而言,创新的意义深远,它不仅是个人职业发展的催化剂,更关系到国家的兴旺发达和民族的繁荣昌盛。

(一)创新在医学教育中的作用

传统的医学教育往往侧重于基础知识和临床技能的传授,而现代医学教育则更加重视批判性思维和创新能力的培养。医学生通过参与科研项目、案例分析、模拟训练等方式,不仅能够深化对医学知识的理解,还能学会如何运用这些知识解决实际问题,甚至创造出新的解决方案。这种教育模式的转变,鼓励医学生跳出固有的框架,勇于探索未知领域,为未来的医疗实践打下坚实的基础。

(二)创新提升临床实践效能

临床实践是医学生将理论知识转化为实际操作的关键环节,而创新则是这一转化过程中的加速器。无论是通过改进现有的诊疗流程,还是开发新的医疗设备和药物,创新都能显著提高医疗服务的效率和质量。例如,远程医疗、人工智能辅助诊断、个性化治疗方案等新兴技术的应用,不仅能够跨越地域限制,让患者享受到更便捷、精准的医疗服务,同时也为医学生提供了广阔的学习和实践空间。

(三)创新促进医疗体系的改革

面对人口老龄化、慢性病高发等全球性挑战,传统的医疗体系正面临前所未有的压力。医学生作为医疗体系的未来骨干,通过创新思维可以推动医疗体系向更加人性化、高效化和可持续化的方向发展。例如,推动分级诊疗体系的完善、优化医疗资源配置、促进医疗信息化建设等。医学生的创新精神和实践能力,能够在医疗体系的改革中发挥至关重要的作用。

(四) 创新助力医学生创业

如今,越来越多的医学生开始探索创新创业的道路,将自己在医学领域的专业知识与市场需求相结合,创立新型医疗服务企业或研发创新型医疗产品。无论是开发可穿戴健康监测设备,还是创办专注于特定疾病领域的专科诊所,医学生创业者们都在用自己的行动诠释着创新的力量。创业不仅能够为医学生提供实现个人价值的舞台,同时也为社会带来了更多高质量的医疗资源和服务。

创新是医学永恒的主题,对于医学生而言,拥抱创新意味着拥抱未来。在医学教育、临床实践、医疗体系改革以及创业的各领域,创新都发挥着不可替代的作用。医学生们应积极培养创新意识,不断提升自己的创新能力和实践技能,为推动医学科学发展、改善人类健康状况作出自己的贡献。

二、创新创业意识构建

创新创业意识引导着创新行为,具有较强的能动性,是创新型人才所必须具备的条件之一。在现实生活中,找到解决问题的更好方法就是创新,而这种去创造社会价值的过程就是创业。

(一) 培养创新意识

创新意识是指人们根据社会和个体生活发展的需要,引起创造前所未有的事物或观念的动机,并在创造活动中表现出的意向、愿望和设想。它是人类意识活动中一种积极的、富有成果性的表现形式,是人们进行创造活动的出发点和内在动力。

医学生创新意识的培养和确立要注重培养求知欲。学而创,创而学是创新的根本途径。青年医学生要具备勤奋求知精神,不断学习医学领域的新知识,才能在自主创新中发挥充分的作用。

医学生创新意识的培养要注重培养好奇心。将孩童时期天真的好奇心转化为求知时期的好奇心,这是坚持和发展好奇心的重要环节。要对自己接触到的现象保持旺盛的好奇心,敢于在新奇的现象面前提出问题,不要害怕提出的问题简单,也不要担心被人耻笑。

医学生创新意识的培养要注重培养创造欲。不满足于现成的思想、观点、方法,要经常思考如何在尊重医学的基础上创新发明,经常思考"能否换个角度看问题? 有没有更简捷有效的方法和途径?"等问题。

医学生创新意识的培养要注重培养质疑欲。"学起于思,思源于疑"。有疑问才能去思考,去探索,去创新。因此,医学生要大胆质疑,提出多种解决问题的方案,从而找出最佳方法。

当医学生的创新意识培养出来后,他们就会在生活中发现解决问题的更好方法,而实践方法的过程会激发创业意识和创业动力。

(二) 掌握创新方法

创新方法多种多样,掌握了创新方法有助于形成创新思维,提升创新能力。接下来和同学们介绍几种常用的创新方法。

1. **头脑风暴法** 头脑风暴法是一种集体创意方法,它鼓励参与者在特定时间内自由地提出尽可能多的想法,无论这些想法是否实际或成熟。这种方法由创造学和创造工程之父亚历克斯·奥斯本在 20 世纪 50 年代提出,目的是激发创新思维和解决问题的能力。

在实施头脑风暴法时,应遵循以下原则:

(1) 自由发散思维:鼓励参与者不受限制地思考,提出任何可能的想法,哪怕是看似荒谬的点子。

(2)延迟评判：在创意生成阶段，避免对任何想法进行评价或批评，以保持创意的流动。

(3)数量产生质量：鼓励提出大量想法，因为更多的创意往往能激发更有创意的解决方案。

(4)改进和结合：鼓励参与者在他人想法的基础上进行改进或将不同的想法结合起来，形成新的概念。

2. 六项思考帽法 六项思考帽法是一种创新的思维训练工具，由英国心理学家爱德华·德·波诺在1985年提出。这种方法通过使用六种不同颜色的帽子来代表不同的思考方式，帮助个人或团队从多个角度全面地分析问题和产生创意。

六项思考帽法的基本内容如下：

(1)白帽：代表客观和中立，关注事实和数据。在白帽阶段，参与者需要集中讨论与问题相关的客观信息，避免主观判断。

(2)红帽：象征情感和直觉，允许参与者表达个人感受和直觉反应。红帽阶段鼓励直接表达情感，无须提供逻辑理由。

(3)黑帽：代表批判和谨慎，关注问题和风险。在黑帽阶段，参与者需要从负面角度审视问题，提出可能的问题和障碍。

(4)黄帽：象征乐观和积极，强调机会和价值。黄帽阶段鼓励参与者寻找问题的积极面，探索解决方案的优势和好处。

(5)绿帽：代表创意和探索，鼓励创新和新想法。在绿帽阶段，参与者被鼓励跳出常规思维，提出新颖的想法和解决方案。

(6)蓝帽：象征控制和组织，负责协调和总结。蓝帽阶段负责引导整个思考过程，确保讨论有序进行，并在最后进行总结和归纳。

3. TRIZ TRIZ是一套由苏联发明家和工程师根里奇·阿奇舒勒(Genrich Altshuller)于1946年创立的问题解决理论和创新方法论。它基于对全球数百万专利的分析，总结出了解决技术矛盾和物理矛盾的系统化途径。TRIZ包含的内容有：

(1)技术矛盾：指在尝试改善产品或系统的某一性能时，却导致另一性能的恶化。

(2)物理矛盾：指系统中存在相互冲突的需求，无法通过常规方法解决。

(3)发明原理：TRIZ中提出的40个基本发明原理，用于解决技术矛盾。

(4)解决算法：TRIZ提供了一系列解决矛盾的算法和步骤，帮助找到创新解决方案。

(5)技术系统进化法则：描述了技术系统如何随时间进化的模式。

三、大学生创新、创业教育实践

大学生创新、创业教育不能停留在书本阶段，医学生要在实践过程中提升创新、创业能力。而进行实践的有效途径之一就是充分参与到大学生创新创业训练计划项目及创新创业竞赛之中。

(一)大学生创新创业训练计划项目

大学生创新创业训练计划项目(简称"大创项目")是由教育部设立的国家级项目，旨在激发大学生的创新精神和提升大学生的创业能力。该项目通过提供资金支持、指导教师、实践平台等资源，鼓励大学生参与科学研究、技术开发和社会服务等创新创业活动，培养具有创新意识和实践能力的高素质人才。

"大创项目"包含的内容分别是：

(1)创新训练项目：支持学生参与科学研究、技术开发等创新活动，探索新理论、新技术或新产品。

(2)创业训练项目：支持学生围绕创业点子进行市场调研、商业计划书撰写和创业实践。

（3）创业实践项目：为已经具备一定基础的创业团队提供进一步的支持，帮助其将创业项目推向市场。

大学生通过"大创项目"实践，可以大幅度提升自己的创新创业能力，并降低创业的试错成本，是大学生创新、创业实践的有效途径。

（二）大学生创新、创业竞赛

近年来，各级各类的创业竞赛不断增加，如何辨别和甄选这些竞赛成了大学生们新的关注点。中国高等教育学会官方网站上发布的全国普通高校大学生竞赛分析报告可以作为大学生们甄别竞赛的参考资料。

以中国国际大学生创新大赛为例。该比赛是目前国内规格最高的创新创业竞赛之一，旨在深入贯彻落实习近平总书记关于教育的重要论述和给大学生创新创业大赛"青年红色筑梦之旅"大学生重要回信精神，"三位一体"统筹推进教育、科技、人才工作，把创新教育贯穿教育活动全过程，加强拔尖创新人才自主培养，培育新质生产力，为教育强国建设支撑引领中国式现代化作出更大贡献。

参与此类竞赛，大学生能够在多个层面得到锻炼和成长。从创意的萌生到团队的组建，从人员的分工到项目的实施，再到成果的孵化和展示，每一个环节都是对大学生创新思维和创业能力的全方位考验。这些竞赛不仅是大学生展示才华的舞台，更是检验教育成果的试金石，有助于检验和提升大学生的创新与创业实践能力。

（三）大学生创新创业训练计划项目和大学生创新创业竞赛的关系

在具体的创新、创业实践中，学生们经常会混淆大学生创新创业训练计划项目和大学生创新创业竞赛，可以通过图 10-1 更清晰地理解两者的关系。

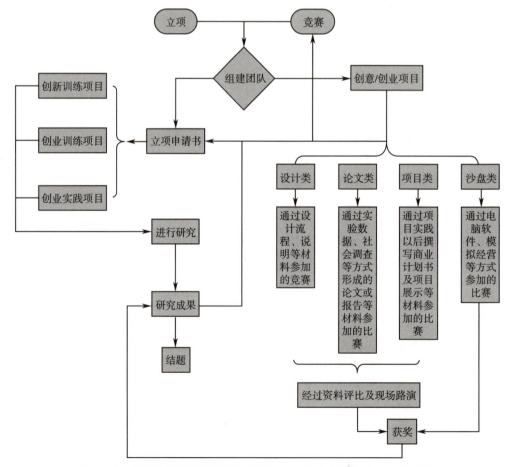

图 10-1　大学生创新创业训练计划项目和大学生创新创业竞赛的关系

【实践指导】

了解中国国际大学生创新大赛

通过官方网站,了解并整理中国国际大学生创新大赛的相关信息,将其填在表10-1中。

表 10-1 中国国际大学生创新大赛信息整理表

信息维度	信息简介
赛事宗旨	
评审规则	
参赛要求	
参赛流程	

【课后作业】

你认为什么是真正的创新精神?结合你的生活实践具体谈一下。

第三节 医学生创业素质的培养

【迷惘与疑惑】

某医学院校的一位毕业生想利用自身所学知识开办一家社区门诊。在创业初期,由于资金紧张,举步维艰,于是他用自己的一套旧房子到银行做抵押贷款,获得了5万元的贷款,并承诺一年内还清。为了获得银行的信任,他在不到一年的时间里,提前3个月就将本金和利息全部还清。不久之后,他第二次去该银行申请贷款,这次获得了10万元的贷款。由于第一次的合作十分愉快,此后他不断获得更高的贷款额度,最终使得他的社区门诊红红火火地运营起来。

【理论解析】

一、创业的意义

(一)创业活动是时代发展的需要

当前经济环境下,创新创业日益成为时代的潮流和主题。特别是互联网经济的蓬勃发展,催生了各种新的商业模式和商业理念,它们日益成为经济发展的新引擎。

创新创业是国家经济发展的直接推动力。李梦云、廖理、王正位合著的《城市创业对经济增长的影响探究》一文指出,某一区域内创新创业活动的活跃程度与该区域的经济发展速度之间存在显著的正相关关系,尤其是区域内创新创业活动对该区域未来两年的经济发展具有明显的促进作用。其内在的逻辑是:区域内创新创业活动会直接推动该区域内中小企业数量增加,从而引起该区域内社会财富和经济总量的增长。这一点在发达国家和地区尤为突出,与发展中国家和地区相比,发达国家和地区的企业相对数量通常更高。

近年来,我国创新创业活动日益活跃,新企业数量增长明显加快,企业素质也显著提高。

高校大学生的创业意愿也在逐步提升,这一现象充分印证了创业活动是时代发展的需要。

(二) 创新创业活动是推动我国经济结构转型的重要力量

创业者的有效创业数量越多,中小企业数量增加得越快,从这些企业中成长起来的大中型企业的数量也越多。不断增多的新创企业能够满足多样性和特殊性的社会需求,深化产业分工、缓解经济衰退的破坏性影响,消除垄断带来的诸多弊端,并合理开发利用资源。在此基础上,创新创业活动能够有效推动经济加速增长,并促进经济结构和社会经济发展模式趋于合理。

(三) 推动创新创业活动是实现充分就业、促进社会稳定与发展的有效手段

《中国青年创业发展报告(2021)》中提到,青年的创业项目多为初创期,10 人以下规模的企业占比达到 83.1%,平均每个项目带动就业人数约为 8.94 人,且这一趋势向好发展。世界主要国家实现充分就业的主要渠道是增加企业,特别是中小企业的数量。随着经济的发展和升级,传统的就业岗位不足以应对巨大的经济容量和发展规模,只有通过创业活动,扩大各类企业特别是中小企业的就业容量,才能不断创造新工作岗位,并且提高就业结构水平。

二、创新创业所需要的基本技能

在知识经济时代,创新创业成为大学毕业生一种新的择业途径,具有广阔的发展前景。为了取得创业成功,创新创业者必须具备一定的基本知识和技能。

一般来说,创新创业者必须具备以下八方面的能力。

(一) 创新能力(innovation ability)

创新贯穿于创业的全过程,无论是发现市场机遇、撰写创业计划,还是创业融资乃至对创业活动的管理与控制,都是一个创新的过程。因此,作为一个创业者,必须具备在技术和管理上的创新能力。当然,这里所说的创业者不仅限于个人,还包括团队在内的组织。创新能力源于创造性思维,很难想象一个墨守成规、循规蹈矩的人能够成为一个成功的创业者。

(二) 策划能力(planning ability)

管理学上通常将管理资源分为人、财、物、信息和时间等,这样的分类方法同样适用于新创企业。这些资源对于一个处于初创期的企业来说都是稀缺的,所以根据外部创业环境和掌握的创业机会进行富有创意的策划就显得至关重要。创新创业者发挥策划能力需要注意以下几方面的问题:第一,创新创业者在进行某项策划时必须考虑策划涉及的范围和有关限制因素,然后决定由谁来进行策划;第二,创新创业者要考虑某项策划的价值;第三,创新创业者要考虑策划的时机,进行为时尚早的策划同贻误战机一样,会导致失去创业机会;第四,创新创业者要考虑策划的根据和后果。

(三) 组织能力(organization ability)

早在 20 世纪初,法国管理学家亨利·法约尔(Henri Fayol)就将管理的职能归纳为计划、组织、指挥、协调和控制。对于新创企业而言,由于资源的缺乏和经验的不足,对有限的资源进行合理的组织就显得格外重要。组织能力是创新创业者不可或缺的能力之一,因为组织是创造价值的源泉。

(四) 管理能力(management ability)

创新创业者需要具备的第四项能力就是管理能力。管理能力与组织能力有着密不可分的联系,但是二者并不等同。管理能力主要包括以下四方面:

(1)决策能力:这里所说的决策既包括对实现目的、手段的规定,又包括对目的本身的规定。巴纳德将前者称为随机应变的决策;后者则为道德决策。对于创新创业者来说,道德决策显得比随机应变的决策更加重要,因为它决定了企业的目的,规定了企业的发展方向和经营理念。

(2)沟通能力:创新创业者在作为企业领导者的同时,也是沟通系统的中心。任何一个组

织都可以理解为一个信息传递的系统,而创业者常常位于组织的核心。

(3)激励能力:通俗地讲,就是善于调动人的积极性。通常激励的方式有很多,既包括物质激励,又包括精神激励;既包括制度方面的内容,又包括情感方面的内容。对于新创企业而言,创业者能否通过事业和情感吸引、激励人才具有深刻的意义。

(4)领导能力:创新创业者在组织中需要承担多种角色,其中重要的一项就是领导者。现代管理学认为,一个命令或信息是否能够引发行动,不再取决于发出命令的一方,而在于接受的一方。这就是我们常说的权威接受学说,而决定命令是否有效的关键是发令者是否具有威望,而与他所在的职位无关。这就要求创新创业者不仅要在技术和管理业务上具备令人信服的才能,而且要有良好的修养和高尚的道德情操。

(五)社交能力(social ability)

社交能力对于创新创业者来说也是必不可少的。由于新创企业是一个"后发者",所以社交活动必不可少。如果创新创业者具有较强的社交能力,就有可能获取更多的信息,并尽快与各界人士建立相互信赖的关系。纵观世界上成功的创业者,作为社交家活跃在国际舞台的大有人在。例如拥有国际视野的张瑞敏在管理海尔的过程中,通过其高超的社交技巧和管理能力,成功地将海尔打造成为全球知名的家电品牌。

(六)知识储备能力(ability of knowledge reserve)

"冰冻三尺非一日之寒",这句话我们耳熟能详,它告诉我们:创新、创业想要赢,贵在持之以恒。而良好的知识储备能力是持之以恒进行有关创新创业思考和学习的最基本能力。"恒",完成幼苗苗长为参天大树的抱负;"恒",实现小溪汇成江河的理想;"恒",成就了骏马之至千里的志向。对于创新、创业者来说,知识储备能力是十分必要的,良好的知识储备能力能够使得创业者更好地规避创业带来的风险以及提升在创新性方面的前沿竞争力。

(七)自控能力(self-control ability)

自控力,也可以通俗地理解成控制自己的注意力、情绪和欲望的能力。美国著名心理学家麦克·利兰对意志力的诠释使我们深受启发。他说:"一个有意锻炼自己并提升自控力的人,将会获得无比巨大的力量,这种力量不仅能够完全控制一个人的精神世界,而且能够使人的心理发展水平达到前所未有的高度,让一个人得到以前从未想过能拥有的智慧、天赋和能力。"而对于进行创业活动的学生来说,自控能力尤为重要,因为在创业的过程中存在着许多的风险,而金融诱惑是其中的陷阱之一,只有拥有良好的自控能力,才能在创新、创业过程中规避由于各种陷阱和诱惑带来的风险。

(八)抗压能力(resilience ability)

任何人都会面临不同程度的压力,而对于大学生创业者来说,面临的压力更加严峻。压力的来源主要分为外部环境和心理因素。当今的大学生由于生活环境的优越,普遍没有经历过太大的挫折,导致其抗压能力不强。而创业的过程压力巨大,当创业面临窘境甚至失败的时候,压力更是不言而喻。因此,在大学生创新、创业的教育中,提升抗压能力是必不可少的。

三、创新创业应掌握的基本知识

(一)专业知识

专业知识是指与创新创业目标直接关联并发挥作用的知识体系。它是人们长期的社会实践及社会分工的产物,在形式上表现为某种性质和类别的学科知识。可以说,专业知识是对某一领域内事物发展规律的概括和总结。对于医学生创新创业而言,专业知识的要求程度更高,由于医学专业知识的应用性很强,这些专业知识构成了医学生创新创业的基础。

(二)经济管理知识

在市场经济条件下,创新创业成败的关键很大程度上在于经营管理。医学生创新创业也不例外,在日益复杂激烈的市场竞争中,无论是开设门诊还是经营药品企业或其他行业,创新创业者不能仅凭经验和直觉去经营,必须运用有效的经营管理知识来武装自己,指导经营活动。同时,人力资源是社会的稀缺资源,创新创业者必须明白只有科学、合理地使用人力资源,才能为企业创造更多的财富。

(三) 金融知识

金融即资金的融通,它涉及如何获得发展所需资金等各方面的问题。一个创新创业者,无论有多强的经营能力,如果没有资金,就无法开展任何创业活动。因此,无论是在创新创业初期还是在创新创业过程中,筹集发展所需的资金都至关重要。

(四) 商业知识

创新创业者需要掌握必要的商业知识,其中包括:合法开业知识、营销知识、货物知识、资金及财务知识、服务行业知识、经济法常识、劳动用工及社会保障知识、公关及交际基本知识等。这些商业知识可以通过专业培训、就业指导咨询、广播电视媒体讲座、自学或向别人请教等多种方式获得,也可以边干边学,边学边干,带着问题学,学以致用,从而逐渐了解和掌握。

(五) 税收知识

税收是国家凭借政治权力参与社会分配、取得物质财富的一种手段。国家行使社会管理职能必须有物质基础作保证,税收就是这种物质基础的来源。税收具有强制性,即国家依靠国家权力,按照法律规定强制征收。纳税是政府调节经济的重要杠杆。依法纳税是纳税人的义务。

(六) 法律知识

我们的市场经济是法治经济。创业者通常需要对《中华人民共和国民法典》《中华人民共和国公司法》《中华人民共和国劳动法》《中华人民共和国反不正当竞争法》《中华人民共和国产品质量法》《中华人民共和国商标法》《中华人民共和国消费者权益保护法》《中华人民共和国知识产权法》等法律条文有所了解。

四、医学生创新创业应具备的素质

(一) 要有梦想和激情

创新创业是一个充满魅力的概念,它使人兴奋、冲动、热血沸腾。创新创业需要梦想和激情,没有对创新创业成功的渴望,很难想象能够取得创新创业成功。梦想是创新创业的摇篮,能够激发个体的创造力,使其从梦想家成为成功的创新创业者。梦想就是对自己说:一切皆有可能!将梦想变为现实生活中的一个目标,明确努力的方向,并保持清醒的头脑坚持到底,才能最终实现梦想。

(二) 拥有利于创业的人格特征

创新创业能力与人格有着密切的关系。例如探索欲望,表现在大学生身上,就是在解决问题初期,大学生会不满足于现有研究对问题的解释,希望能够对问题有新的发现;在解决问题的过程中,会不满足于自己已经取得的成果,而是希望能够进一步深入研究,更好地解决问题并有更大的发现。还有意志力,意志力是指在人的活动中克服各种困难以实现目标的一种心理品质。创新创业活动是与克服困难紧密相连的,活动中既要克服外在的困难,如任务具有挑战性及解决问题条件不充分等困难,更要克服内在的思维定式、知识经验不足以及提高经受打击的能力。因此,创新的人格需要具有克服困难的良好意志力。良好的意志力使学生在活动中能够坚忍不拔、不半途而废,而这对于创新创业活动至关重要。许多领域的创新活动经验证明,灵感只偏爱执着的人,只有在"山重水复疑无路"时继续坚持,才会有最终的发现。

想要了解人格、性格特征,可以通过兴趣测试、MBTI测试等方式全方位地来了解自己,从而更好地为创业做好准备。

（三）要有资金的准备

俗话说"巧妇难为无米之炊"。对于创新创业而言,没有资金的支持,再好的创意也难以转化为现实的生产力。在获取资金前,首先得明白自己需要多少资金,如何获得资金,资金的来源渠道等。创新创业者必须具备一定的商业概念,是选择债权作为资金来源还是选择股权作为资金来源,选择什么东西给自己的投资人做保障,这些基本问题将决定创新创业的前期是否成功。大学生要开拓思路,多渠道融资,除了银行贷款、自筹资金、民间借贷等传统途径外,还可充分利用天使投资、风险投资、创业基金等融资渠道。

（四）要有社会经验和人际关系的积累

一个人要成功,到底是知识更重要,还是人际关系更重要? 答案是两者都重要。社会经验和人际关系积累是创新创业成功的必要条件之一,可以比较的是,一个有广泛的社会关系和朋友的人肯定要比一个没有多少朋友的人创新创业成功的可能性要更大一些。因此人们常说,社会经验和人际关系积累也是一个人重要的财富。

（五）要有良好的心理素质和风险意识

凡是投资就都会有风险,不可能万无一失。市场经济条件下,无论从事哪种行业都难免会遭遇各种各样的挫折和失败,创新创业者总是要面对无数或隐藏或暴露的风险,所以想要创新创业成功,一定要具备过硬的心理素质和风险意识。

医学生创新创业是一项非常艰辛的事业,在创新创业过程中不仅会感到兴奋和激动,也会承担压力和风险。只有具备了更多的创新创业条件,才能够更好地加入创新创业的队伍中。

【实践指导】

五元大挑战

1. 活动目标　用五元创业基金在有限的时间内创造收益。

2. 活动步骤

（1）准备启动资金五元。

（2）各创业团队在五元创业基金的范围内随意调配、使用,不得使用五元创业基金以外的资金。在行动开始前,请用 5 分钟时间与团队伙伴讨论实施计划。

（3）五元大挑战正式开始,请在 20 分钟内尽可能多地创造收益。

（4）在表 10-2 中记录挑战过程中的收支。

表 10-2　五元大挑战收支情况记录表

支出情况		收入情况	
金额	来源	金额	来源

3. 活动反思

（1）总结收入情况与支出情况。

（2）总结创造最大价值的业务情况，并分析原因。

（3）最有趣的挣钱方法是哪一个？

（4）五元创业基金代表什么？

（5）在挑战过程中，发挥最大作用的资源是什么？为什么？

【课后作业】

制订一个初步的创新创业方案。

（高靖宇　刘单单）

参考文献

［1］ 中国教育科学研究院, 全国职业高等院校校长联席会议. 2022 中国职业教育质量年度报告. 北京: 高等教育出版社, 2023.

［2］ 钟谷兰, 杨开. 大学生职业生涯发展与规划. 2 版. 上海: 华东师范大学出版社, 2016.

［3］ 陈磊. 大学生职业发展教育. 重庆: 重庆大学出版社, 2018.

［4］ 国家职业分类大典修订工作委员会. 中华人民共和国职业分类大典. 北京: 中国劳动社会保障出版社, 2015.

［5］ 唐闻捷, 王占岳. 医学生职业生涯规划与发展. 杭州: 浙江大学出版社, 2013.

［6］ 李功迎. 医患行为与医患沟通技巧. 北京: 人民卫生出版社, 2012.

［7］ 周文霞, 谢宝国. 职业生涯研究与实践必备的 41 个理论. 北京: 北京大学出版社, 2022.

［8］ 吕茵, 师会芳, 张王民, 等. 医学生职业认同现状调查与提升策略研究. 中国医学伦理学, 2021, 34 (10): 1385-1389.

［9］ 郭倩, 李宝琴, 曾雪璐, 等. 医学院校大学生职业生涯规划课程思政建设的探索. 中国医药导报, 2022, 19 (1): 76-79.

［10］ 郭倩, 张研. 基于社会认知职业理论的医学院校就业指导教育策略分析. 医学与社会, 2018, 31 (10): 82-84.

［11］ 朱荣嘉, 徐立明, 刘韵一, 等. 公共卫生专业医学生个人专业发展认知状况调查. 医学与社会, 2018, 31 (8): 70-73.

［12］ 张思怡, 李情. 美国医学生职业生涯规划教育对我国的启示. 卫生职业教育, 2023, 41 (6): 34-36.

［13］ 陈昱臻, 李琳珠, 唐澜. 医学生生涯规划意识现状调查与对策研究. 卫生职业教育, 2023, 41 (4): 17-19.

［14］ 侯朝铭, 柏丁兮, 高静, 等. 认知重评对医学生职业认同影响: 学业情绪和学习动机的多重链式中介效应. 中国卫生事业管理, 2023, 40 (2): 142-147.

［15］ 赵晓华, 刘浩, 薛志敏, 等. 医学生职业认同感现状调查分析. 中国高等医学教育, 2014, 28 (12): 7-8.

［16］ 李晓伟, 吴燕, 王建六, 等. 长学制医学生职业认知及择业观的现状调查. 中国高等医学教育, 2015, 29 (7): 10-11.

［17］ 杨欣, 黄欢欢, 胡丹, 等. 医学实习生对医务人员职业安全认知的质性研究. 中国卫生质量管理, 2022, 29 (9): 26-29, 38.

［18］ 杨晓丽. 大学生的职业决策自我效能感培育研究——以上海健康医学院为例. 卫生职业教育, 2022, 40 (2): 27-28.

［19］ 王新柳, 高永健, 王飞, 等. 药学本科生职业决策自我效能感与毕业取向的关系. 就业与保障, 2020, 32 (23): 107-108.

［20］ 郜晋瑜, 袁芮. 医学生就业形势及高校辅导员的就业指导策略探讨. 佳木斯职业学院学报, 2023, 39 (3): 134-136.

［21］ 张团慧, 朱洋洋, 马苏娟. 医学生就业意向的调查及对策探究. 科教导刊(中旬刊), 2019 (2): 188-189.

［22］ 牛磊磊. 全面提升医学生就业能力的现实考量——医学生文学修养及沟通能力现状调查分析. 卫生职业教育, 2016, 34 (5): 5-7.

［23］ 李永宁, 苏小云. 生涯发展理念下医学生就业能力培育研究. 教育现代化, 2019, 6 (76): 242-243.

［24］ 束玉洁, 景婷, 余结根, 等. 医学生职业发展与就业指导课程思政建设初探. 承德医学院学报, 2022, 39 (5): 437-440.

［25］ 陈彦潼, 钟雁玲, 杨桂涛, 等. 医学生职业素养发展的影响因素作用效应. 中国高等医学教育, 2022, 36 (8): 41-42.

附录　大学生职业生涯与发展规划表

附表 1-1　×××大学期间生涯规划表

一般情况	姓名		性别		年龄		政治面貌	
	就读学校				院、系			
	所学专业				感兴趣的专业			
	起止时限							
	年龄跨度							
规划总目标	就业		考研		留学		创业	
具体方向		我的气质						
自我分析（包括现状分析与潜力测评的发展潜能）	认识自我	我的性格						
		我的能力						
		我的兴趣						
		我的职业价值观						
		我心中理想的职业						
	角色转为目标	从依赖到独立的转变						
		从被动学习到主动学习的转变						
		从未成年人向成年人的转变						
环境因素分析	学校学习、生活等环境分析	本专业的课程设置（可另附表）						
		与未来职业发展有关的课程设置（可另附表）						
	行业发展趋势与就业环境分析							
	国家相关政策法规、经济形势分析							
我的现状与规划成功标准之间的匹配分析	我的优势							

续表

我的现状与规划成功标准之间的匹配分析	我的不足		
征求意见	家长建议		
	老师建议		
	同学建议		
	朋友建议		
大学生生涯规划目标分解	大一的目标	1. 学业规划目标	
		2. 生活成长规划目标	
		3. 社会活动规划目标	
	大二的目标	1. 学业规划目标	
		2. 生活成长规划目标	
		3. 社会活动规划目标	
	大三的目标	1. 学业规划目标	
		2. 生活成长规划目标	
		3. 社会活动规划目标	
	大四的目标	1. 学业规划目标	
		2. 生活成长规划目标	
		3. 社会活动规划目标	
	大五的目标	1. 学业规划目标	
		2. 生活成长规划目标	
		3. 社会活动规划目标	
大学期间生涯规划目标组合	学习目标	专业学习目标	
		与职业相关的学习目标	
	生活成长目标	体魄健康	
		心理健康	
		学会理财	
		学会管理时间	
		正确交友	
	社会实践目标	参加社团目标	
		见习、实习目标	
		假期社会实践目标	
大学期间生涯规划成功标准	学习生涯成功标准	专业学习成绩优良	
		与总目标相关的学习成绩优良	
	生活成长成功标准	体魄健康	
		心理健康	
		会理财	
		会管理时间	
		人际沟通能力强	
	社会实践成功标准	积极参与社团活动,成为社团骨干	
		见习、实习成绩优良	
		认识社会与职业	

续表

找出差距	
缩小差距的方案	

附表 1-2　×××大学期间生涯规划××(阶段)实施、评估与修正表

一般情况		姓名		性别		年龄		政治面貌	
		就读学校					院、系		
		所学专业		感兴趣的专业					
		起止时限							
总目标									

		学习目标	生活成长目标	社会实践目标
××阶段 分目标		1. 专业学习成绩优良 2. 与总目标相关的学习成绩优良	1. 体魄健康 2. 心理健康 3. 会理财 4. 会管理时间 5. 人际沟通能力强	1. 积极参与社团活动,成为社团骨干 2. 实习成绩优良 3. 认识社会与职业
实施 (具体方案)	1. 制订的实施方案应该详细、可以量化 2. 便于评估 3. 必须围绕阶段目标制订	1. 文化基础课程考核成绩优良门数××门 2. 相关专业课程考核优良门数××门 3. 选修课程考核成绩优良门数××门	1. 每天坚持体育锻炼××小时 2. 坚持心理素质训练 3. 每月收支平衡 4. 时间安排合理	1. 参加了××社团,每周参加社会活动××次 2. 参加社会公益活动 3. 实习成绩优良
评估 (内容)	1. 达到规划标准的情况 2. 未达标的情况 3. 找出差距并分析原因	1. 达标门数 2. 未达标门数 3. 差距有 4. 原因是	1. 达标的地方 2. 未达标的地方 3. 差距有 4. 原因是	1. 达标的地方 2. 未达标的地方 3. 差距有 4. 原因是
修正 (内容)	1. 目标过高过大,不切合实际,需修订目标 2. 实施方案不符合实际,需要调整 3. 执行方案不力,要加强实施			

附表 1-3　大学生毕业后职业生涯与发展规划表

一般情况	姓名		性别		年龄		政治面貌	
	最高学历				婚姻状态			
	所学专业				感兴趣的专业			
	起止时限							
	年龄跨度							
规划总目标								
职业方向	职业方向一							
	职业方向二							
	职业方向二							
自我分析(包括现状分析与发展潜能测评)	认识自我	我的气质						
		我的性格						
		我的能力						
		我的兴趣						
		我的职业价值观						
		我心中理想的职业						
环境因素分析	社会环境分析							
	职业环境分析							
	行业发展趋势与就业环境分析							
	企业分析							
	国家相关政策法规、经济形势分析							
我的现状与规划成功标准之间的匹配分析	我的优势							
	我的不足							
征求意见	家长建议							
	老师建议							
	同事建议							
	朋友建议							
大学生生涯规划目标分解	阶段一的目标（　一　年）							
	阶段二的目标（　一　年）							
	阶段三的目标（　一　年）							

大学生生涯规划目标分解	阶段四的目标（　一　年）		
	阶段五的目标（　一　年）		
大学期间生涯规划目标组合	人生目标	职业目标	
		财富目标	
		家庭目标	
		社会价值目标	
	长期目标	职业目标	
		财富目标	
		家庭目标	
		社会价值目标	
	中期目标	职业目标	
		财富目标	
		家庭目标	
		社会价值目标	
大学期间生涯规划成功标准	职业目标成功标准		
	家庭目标成功标准		
	社会价值成功标准		
找出差距			
缩小差距的方案			

注：在制订出大学期间的规划之后，还要进一步根据规划制订出按学期、月、周、日实施的方案，并在实施过程中及时进行评估，总结实施的效果，必要时对方案进行修正。

后 记

这部由人民卫生出版社立项出版的创新教材《医学生职业发展与就业指导教程》，凝聚了哈尔滨医科大学编写人员及多位领导的心血和期待，汇集了所有参编院校编写人员的智慧与辛勤汗水。

在教材再版之际，我们要感谢哈尔滨医科大学领导及哈尔滨医科大学大庆校区的各位领导，对本教材编写和出版工作给予的高度重视和大力支持！特别感谢哈尔滨医科大学大庆校区人文社科系原主任、硕士研究生导师王彩霞教授（退休），作为国内医学人文领域德高望重、成绩斐然的专家亲自参与教材的审定，这不仅是我们编者最大的荣幸，是对此教材的最大支持与首肯，同时也是医学院校的专家学者对所有医学生成长与未来发展的最大关怀。

本教材的总策划人是哈尔滨医科大学大庆校区大学生就业指导中心副主任全艳，本教材的编写大纲也由全艳构思、审定。全艳研究员多年从事大学生职业生涯规划及就业指导的教学、研究及咨询工作，拥有全球生涯规划师（GCDF）、国家高级职业指导师、国家二级心理咨询师等多项职业资质。连续两次被聘为黑龙江省高校就业指导教师专家库专家，连续两次被聘为大庆市职业指导专家组成员。曾指导学生参加黑龙江省大学生职业生涯规划大赛连续两届获得一等奖，指导学生参加全国首届大学生职业生涯规划大赛获得职教组就业赛道铜奖一人。本版教材在王彩霞教授、全艳研究员的共同策划下，吸纳了最新的职业生涯规划和大学生职业发展立体理念以及设计方法，充分体现医学特色、实践特色和创新特色。

编写中我们引用和参考了许多专家、学者和同仁的文献和资料，为本书增添了光彩和分量，也在此致以诚挚的谢意！

虽然我们为此教材的再版编写付出了许多的努力，但疏漏和错误在所难免，我们真诚希望广大医学生和读者以及同仁们不吝赐教，衷心感谢！

编者
2025 年 5 月